井冈山大学人文学院汉语言文学省一流专业建设丛书

主编　刘晓鑫　龚奎林

口语表达实训教程

KOUYÜ BIAODA

SHIXUN JIAOCHENG

张　睫　吴翔明　编著

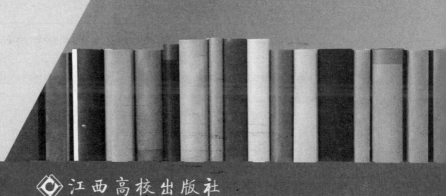

江西高校出版社

图书在版编目(CIP)数据

口语表达实训教程/张睫,吴翔明编著.--南昌:江西高校出版社,2022.2(2023.8重印)

(井冈山大学人文学院汉语言文学省一流专业建设丛书/刘晓鑫,龚奎林主编)

ISBN 978 - 7 - 5762 - 2317 - 0

Ⅰ.①口… Ⅱ.①张… ②吴… Ⅲ.①普通话—口语—高等学校—教材 Ⅳ.①H193.2

中国版本图书馆 CIP 数据核字(2022)第 013658 号

出 版 发 行	江西高校出版社
社 址	江西省南昌市洪都北大道96号
总编室电话	(0791)88504319
销 售 电 话	(0791)88522516
网 址	www. juacp. com
印 刷	南昌市光华印刷有限责任公司
经 销	全国新华书店
开 本	700mm×1000mm 1/16
印 张	16.75
字 数	260 千字
版 次	2022 年 2 月第 1 版
	2023 年 8 月第 2 次印刷
书 号	ISBN 978 - 7 - 5762 - 2317 - 0
定 价	58.00 元

赣版权登字 -07 -2022 -81

井冈山大学人文学院是学校办学历史最为悠久和重点发展的教学院系之一,下辖中文系、历史系和新闻系三个教学系,内设井冈山大学庐陵文化研究中心、井冈山大学非物质文化遗产研究中心、井冈山大学新闻与影视制作研究中心、井冈山大学江西文学评论与创研中心、井冈山大学书法研究院五个研究机构。其中,井冈山大学庐陵文化研究中心是江西省高校人文社会科学重点研究基地。汉语言文学专业为学校传统优势专业,1958 年学校建校时就创办了中文科,1997 年开始招收本科生;2005 年被列入江西高校品牌专业;2008 年被遴选为国家级特色专业;2012 年被遴选为江西省普通本科高校专业综合改革试点建设专业;2013 年在全国高校第一批录取线招生;2019 年被列入江西省一流专业建设名单;2020 年入选江西省一流本科专业建设点名单;2021 年,汉语言专业研究成果获批教育部首批"新文科"项目。

汉语言文学专业恪守"以文化人,以德铸魂"的办学理念和以"新文科"为导向的专业定位,坚持立德树人,坚持 OBE 成果导向,立足井冈,服务地方,培养具有道德规范和教育情怀、专业基础扎实、教学创新能力强、具有综合育人和终身学习发展能力的较高素质的教师教育及应用型人才。根据省一流本科专业和新文科项目建设要求,坚守"以生为本,全面发展"的理念,整合并优化课程结构,打造六大菜单式课程模块——课程思政模块、文学模块、语言模块、中学语文教学模块、创意写作模块与实践实训模块。老师们兢兢业业,勤勉教学,刻苦钻研,积极推进"学生主体"的教学改革,打造在线开放课程,加大新形态教材的探讨力度。

重视学生创作和研究能力的培养一直是学院的传统。在老师们的辛勤指导下,学生创作取得了不俗的成绩。学院建立江西文学评论与创研中心校级平台,恢复学生社团——露珠诗社,一直开展创意写作教学。在曾纪虎、龚奎林、汪剑豪等老师的指导下,学生在《十月》《诗刊》《星火》《作品》《青春》《名作欣赏》《西湖》《中州大学学报》《当代文坛》《现代艺术》《长江丛刊》等省级以上刊物发表文学评论和文学作品多篇。

为了推动汉语言文学专业的高质量发展,感谢老师们的辛勤付出,我们将多年探索的教学成果汇编为《井冈山大学人文学院汉语言文学省一流专业建设丛书》,作为我们主持的教育部首批新文科研究与改革实践项目"地方高校新文科'中文+'人才培养模式改革与实践——以井冈山大学汉语言文学专业为例"的阶段性成果。该丛书分为5类。第一类是特色教材(9本):《文秘写作》(朱中方、刘云兰、赵永君主编)、《口语表达实训教程》(张睫、吴翔明主编)、《诗歌写作与实训》(曾纪虎、龚奎林主编)、《县域新闻精品赏析》(郭辉、梁长荣主编)、《中国古典文献学概论》(邓声国主编)、《语言调查导论》(田祥胜、龙安隆主编)、《文学评论写作与实训》(龚奎林、汪剑豪、赵庆超主编)、《庐陵文化概论》(邓声国、陈冬根主编)、《电影剧本写作实用教程》(汪剑豪主编);第二类是学生作品(2 本):《那山花开——井冈山大学人文学院学生文学作品集(2015—2018 年度)》(曾纪虎、龚奎林主编)、《时间的痕迹——井冈山大学人文学院学生文学作品集(2019—2021 年度)》(曾纪虎、陈冬根主编);第三类是师范技能教学书籍(2 本):《中学语文教学设计与案例分析教程》(刘梅珍主编)、《插上飞翔的翅膀——初中语文写作教程》(陈冬根、欧阳伟、朱宝琴主编);第四类是美育素养书籍(2 本):《文学欣赏》(刘晓鑫主编)、《影视欣赏》(龚奎林、许苏、张莹主编);第五类是学术专辑《庐陵学术》(邓声国、丁功谊主编)。期待以后有更多的人才培养成果,以展示学院的精气神。

是为序。

井冈山大学人文学院院长　刘晓鑫

2021 年 10 月

　　无论是日常交际还是在专业领域,口语表达都是一种社会需求,更是人们必备的一种技能。既然是技能,它就可以通过后天的训练获得。口语表达训练类课程,在国内各高校开设已久,它是一门理论丰富、实践性非常强的课程。基于人才培养的需要,以及编者多年来口语表达课程的教学实践与教学经验,我们编写了这本《口语表达实训教程》。

　　本教材注重理论与实践的结合,将语言学、心理学、社交学、口才学相关理论融入礼仪、人际沟通、表演、求职等各个方面,以基本功训练、口语表达技能训练、常用口语表达形式训练为抓手,培养学生的口语表达能力,提高学生的综合素质,为学生日后成为各行各业的优秀人才打下坚实的基础。本教材服务的对象是各高等院校的学生和相关课程的教师。为便于自修与教学,我们在内容上化繁为简,突出重点。

　　本教材共十章,包括基础篇、实训篇、应用篇三个篇章,从有声语言的训练到态势语的训练,再到各类实用语言表达形式的训练与应用,主要有普通话与口语表达、科学发声、形体训练、朗读与朗诵、演讲、讲故事、口头介绍、应聘面试、教师口语等具体内容。教材的第一、二、三、四章以及附录由张睫、吴翔明编写,第五章和第七章由彭晖编写,第六章由黄帅编写,第八章由邱斌编写,第九章由周静编写,第十章由聂桂兰编写。

我们在编写本教材的过程中,参考了很多其他口语表达训练类的教材和相关论著,吸收了众多专家、同行的观点和案例,但为了行文方便,未能一一注明。在此,特向本教材引用和参考的专著、教材、报刊、文章的作者表示诚挚的谢意。

因编者水平有限及成书时间紧张,教材中难免存在错误和不妥之处,诚望读者批评、指正。

《口语表达实训教程》编委会

2021 年 6 月 30 日

目　录 CONTENTS

上编　基础篇

第一章　总论 /002

第一节　口语与口语表达能力　/002

第二节　口语表达的特点与要求　/003

第三节　口语表达能力的训练方法　/007

第二章　普通话与口语表达　/009

第一节　声母　/009

第二节　韵母　/019

第三节　声调　/027

第四节　音变　/030

第五节　普通话水平测试　/036

第三章　口语表达与科学发声　/041

第一节　吐字归音　/041

第二节　气息控制　/047

第三节　共鸣训练　/049

第四章　态势语训练　/053

中编　实训篇

第五章　朗读与朗诵　/062

第一节　朗读与朗诵的区别与联系　/062

第二节　朗读与朗诵前的准备　/064

第三节　朗读与朗诵的一般技巧　/071

第六章　故事讲述　/090

第一节　故事讲述概说及故事的选择　/090

第二节　故事讲述的能力及技巧训练　/094

第七章　演讲　/114

第一节　演讲是一门艺术　/114

第二节　如何准备命题演讲　/116

第三节　如何有效地登台演讲　/127

第四节　如何开展即兴演讲　/134

下编　应用篇

第八章　口头介绍　/142

第一节　自我介绍　/142

第二节　介绍他人　/152

第三节　其他类型的介绍　/158

第九章　求职应聘　/167

第一节　面试概说　/167

第二节　求职应聘中的自我介绍　/170

第三节　求职应聘中的交谈技巧　/171

第四节　求职应聘中交谈的语言技巧　/174

第五节　求职应聘中的礼仪　/178

第十章　教师口语　/185

第一节　教师的语言素养　/185

第二节　教师课堂教学口语　/189

第三节　教师教育工作口语　/194

附录一　普通话水平测试用朗读作品　/199

附录二　普通话水平测试用命题说话题目　/248

附录三　普通话测试中难读易错词语　/250

上编　基础篇

第一章 总 论

第一节 口语与口语表达能力

口语是口头言语的简称,是一个人凭借自己的发音器官所发出的有声言语。口语是人们口头交际时使用的语言,是最早被人类普遍应用的语言形式。作为人类最重要的交际工具,口语产生在先,书面语则是有了文字之后,在口语的基础上创造出来的。书面语是口语的加工形式。它们虽然关系密切、互相依存、互相影响,但属于不尽相同的两种言语的功能体系。口语是运用有声语言,通过口说耳听进行交际的;书面语是运用文字,通过手写眼看来传递信息的。

"语文"一名,始用于一九四九年华北人民政府教科书编审委员会选用中小学课本之时。前此中学称"国文",小学称"国语",至是乃统而一之。彼时同人之意,以为口头为"语",书面为"文",文本于语,不可偏指,故合言之。亦见此学科听、说、读、写宜并重,诵习课本,练习作文,固为读写之事,而苟忽于听说,不注意训练,则读写之成效亦将减损。

——叶圣陶《语文教育书简》

一个人口头上词句妥帖,干净利落,写下来就不会残缺错乱,拖沓累赘;口头上有条有理,细致严密,写下来就不会颠三倒四,矛盾百出。基本上照着口头上说的去写,写出来当然还需要加工润饰,然而并不费力。相反,说话支离破碎,语无伦次,到了提起笔来才去选词造句,调理思路,作文成了苦事,写出来再去修改也十分艰巨。这个道理是很清楚的,实例是很多的。

——张志公《语文教学需要大大提高效率》

尽管口头语言和书面语言都是表达思想的工具,但就心理本质和表达对象来说,它们是各具特点的两种不同的表达方式。我们不能单纯用书面语言的训练,代替口头语言的训练,因为在日常生活与社会交往中,人们更多的是使用口头语言。我们不仅需要有"文采",更需要有"口才"。在某种程度上,口头语言比书面语言起着更直接、更广泛的交际作用。

口语表达能力是当代大学就业和创业的必备技能,这种能力的高低往往影响到一个人的成长与发展。口语表达能力就是指运用口头语言来表达自己的思想、情感,以达到与人交流的目的的一种能力。从语言学角度来看,它属于言语范畴,是对语言的具体运用;从语体角度来看,它属于口语语体,与书面语有较大的区别;从信息论的角度来看,它具有编码、发送、接收、解码、反馈这样一个复杂的动态过程。它是心理、生理、物理活动的整合,更是说话人的语言能力、知识积淀、心理素质、社会经验的综合体现。口语表达能力包括以下几个方面:语码能力,即熟练运用语言代码(对我们而言即指汉语标准语——普通话)的语音、语义、词汇和语法等语言要素的能力;语篇能力,即根据表达的具体需求组合词句构成表达段落、篇章的能力;发送能力,即运用声音(发声技巧、语调技巧)、体势及其他辅助手段发送信息和传达信息的能力;适切能力,即适应具体的不同的交际对象、语用环境、人际关系、文化氛围的心理调适能力和表达定位能力;策略能力,即针对特定的口语表达形式(如社交口语、职业口语、艺术口语)选择和使用不同策略、不同模式的能力。

第二节　口语表达的特点与要求

作为一门语言,汉语的表达形式分为口头表达和书面表达。口头语言表达的载体是声音;书面语言表达的载体是文字。尽管它们都是语言交流表达的形式,但二者有很大的区别。首先,口头表达使用的范围广、频率高,和书面表达比起来,具有更明显的广泛性和群众性。其次,口头表达的对象是听众,说话的针对性比较强,随时都可以了解到受话者的反应。它要求说话的人要边讲述、边观察、边判断,眼和耳同时接收外来信息,综合分析,十分敏捷地做出相应的回答。这与把自己要说的话写成文章,让读者去阅读是不同的。再次,口头表达不仅可以用声调和节奏来表示强调、区分,而且可以借助表情、神态、动作来表情达意。口头表达这种借助辅助手段所构成生动形象的情景是书面表达不具备的,它所收到的效果往往也是书面表达无法达到的。最后,口头语言表达从构思、选词到转化为语言的过程很短促,它一旦转化为语言就是最终的形式,转瞬即逝,不能修改。这一特点决定了说话人必须思维敏捷,反应迅速,判断准确,要善于调动全部的语言资源,马上找到恰当的词,脱口而出。书面表达就不同了,写文章的人可以有足够的时间反复推敲,多次修改。

一、口语表达的特点

在人们的日常工作和生活中,口语表达的表现形式多种多样。若按言语方向来分,口语表达的表现形式可分为独白体、对话体。独白言语由一个人单独发言,其他人则作为他的听众;对话言语是两个人或更多的人在一起交谈。若按语体功能来分,口语表达的表现形式可分为日常性口语体、事务性口语体、艺术性口语体。若按有无文字依据来分,口语表达的表现形式可分为有文字依据、不完全有文字依据、无文字依据。若按语言使用的规范性来分,口语表达的表现形式可分为谈话体、讨论体、演讲体。尽管口语表达有丰富的运用类型,但也有共同的特点:

1. 有声性

众所周知,声音是口语表达的载体,口语表达主要依靠由声音表现的音节、词汇、语句、语段、语调等因素构成的表意、表情系统,来传递信息、交流思想、表达情感。"有声性"是口语表达最显著的特点。它要求声音准确清晰、清亮圆润、富于变化。口语表达靠口耳相传,声音一发出即消逝,这对说话人的思维速度、广度和深度,言语的组织效率都提出了很高的要求。

2. 通俗性

正因为声音在空气中滞留的时间很短,转瞬即逝,听众很难对一段内容复杂的语音进行有效的记忆。所以,口语表达讲究通俗简约、自然明了。在思维上,多采用一维的线性结构;在句式结构上,多用短句、单句,少用长句、复句,即使要表达复杂的意思,也最好分成几句来表达;在词语选择上,多用大众化词语,力求平易自然,不用生造词语、文言词语、专业术语、生僻词语、容易产生歧义的词语。

3. 现场性

在口头表达过程中,说者与听者一般情况下是直接面对面的,在相同的时间共处于相同的地点。因为口语表达有规定的情境,有特定的对象、环境、氛围,所以它具有强烈的现场感。又因为口语表达是一个由"说—听"构成的双向互动系统,因此,说者在不同的现场针对不同的对象,必须说切合语境的话,不仅要明白自己说话时的身份,而且要根据听者的身份、心理、情绪、知识背景的不同,相应地改变说话的方式、方法、内容等。同时说者在说话的过程中还要善于根据现场情况随时灵活、得体地做出调整,以达到最好的口头表达效果。

4.综合性

书面表达只借助文字,而口头表达除借助声音之外,还借助"态势语"(说话时的手势、姿态、动作等)和"类语言"(说话时的哭、笑、叹息等)等辅助手段,以增强表达效果或补充表达的意思和情绪。口语表达时,说者要同时协调思维、语言、视觉、听觉等多种因素,综合利用各种社会知识、专业知识,并调动语音、语调、言辞、态势来表达,这就是它的综合性的体现。

二、口语表达的要求

口语表达是一个将自我的观点看法,经过内部言语的组织,借助准确的词语、概念,排列成严密的逻辑句式、语段,采用恰当的修辞方法,迅速、准确、生动、得体地转换成外部语言,并成功地发送出去的过程。口语表达有最基本的要求,如语音标准,吐字清晰;词语准确,句子连贯,用语规范;表情自然,姿态稳重;内容具体,结构完整;思路清晰,条理分明。口语表达也有较高的要求,如节奏适中,停顿适当,语速合乎要求;语言生动;能够运用各种修辞手法,措辞得体,有幽默感和艺术性;思想深刻,主题突出,感染力强;思维敏捷,逻辑严密。具体来讲,我们在口语表达训练和实践中要达到以下三个标准:

1.音美

口语表达的音美是一种外在美,指口语表达的声音美,主要体现为语音标准清晰,词句准确流畅。在口语表达时,语音要做到标准清晰;声母、韵母、声调准确无误;变调、轻声、儿化韵的发音,语气词"啊"的音变,词语轻重格等均能做到规范;吐字清晰,气息饱满;语音连贯且流畅,语调自然。同时,词句上要做到准确流畅,多用口语词,少用书面语、古语词,不用生僻词、同音词、专业词语、容易产生歧义的词语,减少由于词义晦涩、词语生僻、词语堆砌带来的信息干扰。说话人用词应该少雕琢、少渲染,做到通俗易懂、平易自然。在句式选择上,多用短句,少用长句;多用单句,少用复句。另外,说话人要改掉平时说话时带"口头禅"的毛病,如"嗯、呃、这个、也就是说、然后"等;避免重复或反复纠正说过的话。只有语音标准、用词准确、语句流畅,表意才有可能清楚明晰。

2. 意美

口语表达的意美是一种内在美,指口语表达的内容美,主要体现为内容集中明确,结构有序合理。口语表达是一种社会实践活动,无论演讲、交谈、辩论,还是采访、谈判、聊天等,都是为实现一定的目的而进行的,应该有一个明确的话题中心。这个话题中心必须用明确、简短的语句加以概括、提炼,成为说话的主旨或核心。在说话时,说话人要学会合理地限制话题,从小处着手,使内容相对集中,保证说话有清晰的范围和明确的指向。话题不同,所采用的结构就不同。口语表达时应根据表达对象、表达目的、表达场合的不同,以及具体表达形式的需要,来组织话语;在结构上,应该有话题导入、主体展开、收拢全篇这几个主要环节,做到首尾呼应,层次分明,过渡自然,主次有别。只有结构有序,各种材料才能有机地串联起来,形成一个整体。如果结构松散,甚至完全没有结构,就会让听者感到思路不清,语脉不明,表达残缺。

3. 形美

口语表达的形美是一种形象美,指口语表达者的气质风度美,主要体现为态势语自然得体、适度协调。态势语是口语表达的辅助手段,是通过体态、手势、表情、眼神等非语言因素,传达信息的一种言语辅助形式。在人们的日常交际过程中,态势语起着不可估量的作用:补充、强化口语信息,沟通、交流情感,调控交际过程,展示个人形象。态势语是口语表达者的自然流露,是有声语言的有机组成部分。说话人要根据个人身份、表达场合、表达内容和感情的需要,做到自然得体,不要为了追求美而画蛇添足,更不能为了追求所谓风度而机械模仿。在口语表达过程中,态势语并非越多越好,动作的幅度、力度、频率等要适度协调(态势语各构成要素之间要做到局部与整体协调一致),并且与有声语言协调一致,突出口语表达的目的。总之,在口语表达过程中,态势语从另一个层面反映了表达者的思想境界与气质风度。一种表情、一种姿态、一个眼神、一个微笑,都会产生意想不到表达的效果。

第三节　口语表达能力的训练方法

口语表达能力,简单讲就是运用口头语言表达思想感情的能力。具体来讲,口语表达是人们将自己的思维(内部语言),借助词语按照一定的句式快速转换为有声语言(外部语言)的过程。在这个过程中,从思维(内部语言)到快速选词造句,到有声语言(外部语言),必须迅速、快捷。由此可见,口语表达能力是一个人综合能力的体现。提高口头表达能力,是一个逐步积累、厚积薄发的过程,是思维敏捷、思路清晰的表现,更是努力实践、勤学多练的结果。因此,要想提高口语表达能力,必须从多方面进行训练。

一、打好口语表达的底色——腹有诗书气自华

出色的口语表达能力,其实是由多种内在素质综合决定的。它需要冷静的头脑、敏捷的思维、超人的智慧、渊博的知识及一定的文化修养,正所谓"腹有诗书气自华"。知识储备训练,是口语表达的根基、土壤,是口语表达能力不断提高的不竭动力。因此,一个人要想成为一个优秀的口语表达者,就必须努力学习有关理论、知识、经验。如学好演讲学、逻辑学、辩论学、文学、史学、哲学、社会学、心理学等多门学科的知识,是必不可少的。

二、增添口语表达的亮色——绝知此事要躬行

人们常常用"绘声绘色""有声有色"来形容一个人高超的口语表达能力。提升口语表达的"声色"需要不断练习,光掌握理论知识是远远不够的,正所谓"绝知此事要躬行"。首先要练气、练声。在生活中,大家都喜欢听那些饱满圆润、悦耳动听的声音,而不愿听干瘪无力、沙哑干涩的声音。所以锻炼出一副好嗓子,练就悦耳动听的声音,是口语表达"有声有色"的保证。其次要练习各种表达技巧。良好的口语表达能力,离不开对吐字归音、重音、停连、节奏、语气、语调、态势语运用等表达技巧的掌握,可以通过朗读、朗诵、介绍、讲故事、演讲、辩论等项目进行系统的训练,从而逐步掌握这些技巧。只有这样,口头语言的表现力才有可能得到提高,口语表达的"声色"感才能实现。

三、保持口语表达的本色——平生种种是真诚

在口语表达中,表达者说了什么,听众不一定都能记住,但表达者带给听众

的感受,他们永远忘不了。真诚比技巧更重要,这就要求表达者在口语表达过程中,应杜绝一切虚假和造作,坚持"真实的身份、真诚的态度、真挚的感情、真切的语气",正所谓"平生种种是真诚"。真诚,是表达心理和表达态度的最高范式,也是最根本的要求。真诚地表达,需要一定的方式和方法:首先,内容要真实,表达者要学会讲真话,要用真情实感直抵心灵;其次,真诚建立在对听众的尊重上,没有尊重的口语交际是不可能持续下去的。真诚是人生最高的美德,也是口语表达训练中最为核心的抓手。学说话要先学做人,保持本色方能成就精彩。

口语表达能力的训练,是一个持之以恒的过程。在训练中要坚持"打好底色、增添亮色、保持本色",通过勤学苦练,努力做到"言之有物,言之有理、言之有序、言之有文",使口语表达成为个人的一项必备技能。

第二章 普通话与口语表达

口语表达的基础是标准的普通话。普通话是现代汉族的共同语,是我国宪法规定的全国通用语,在国际事务中是中华人民共和国的代表语言。普通话的定义是"以北京语音为标准音,以北方话为基础方言,以典范的现代白话文著作作为语法规范的现代汉民族共同语"。普通话系统由语音、词汇、语法三部分组成,它与方言的分歧主要在语音上,语音是普通话学习的重点。语音无法像词汇和语法那样自学,普通话语音的口耳训练离不开正确的指导。普通话语音系统是以北京语音为标准,以声母、韵母、声调为音节要素,以变调、轻声和儿化音等为语流音变特征的有机整体。

第一节 声 母

一、什么是声母

声母是汉语音节开头的辅音。普通话有 21 个辅音声母(除零声母外),不同的声母由不同的发音部位和发音方法决定。

二、声母的发音部位

发音部位是指气流受到阻碍的部位。按照发音部位,声母可分为七类——双唇音、唇齿音、舌尖前音(平舌音)、舌尖中音、舌尖后音(翘舌音)、舌面音(舌面前音)和舌根音(舌面后音)。

(一)双唇音

发音时,上下唇闭合使气流受到阻碍而形成的音,叫双唇音。双唇音一共有三个:b、p、m。

(二)唇齿音

发音时,上齿和下唇内侧靠近,受到阻碍而发出的音,叫唇齿音。唇齿音只有一个:f。

(三)舌尖前音(平舌音)

发音时,舌尖接触或接近上齿背,使气流受到阻碍而发出的音,叫舌尖前音,俗称平舌音。舌尖前音一共有 3 个:z、c、s。

(四)舌尖中音

发音时,舌尖接触上齿龈,使气流受到阻碍而发出的音,叫舌尖中音。舌尖中音一共有 4 个:d、t、n、l。

(五)舌尖后音(翘舌音)

发音时,舌尖接触或接近硬腭前部,使气流受到阻碍而发出的音,叫舌尖后音,俗称翘舌音。舌尖后音一共有 4 个:zh、ch、sh、r。

(六)舌面音(舌面前音)

发音时,舌面前部接触或接近硬腭前部,使气流受到阻碍而发出的音,叫舌面音。舌面音一共有 3 个:j、q、x。

(七)舌根音(舌面后音)

发音时,舌面后部(舌根)接触或接近硬腭后部,使气流受到阻碍而发出的音,叫舌根音。舌根音一共有 3 个:g、k、h。

三、声母的发音方法

声母的发音方法是指发音时,气流在发音部位构成阻碍和克服阻碍的方法。下文主要从三个方面进行分析:构成阻碍和克服阻碍的方式,声带是否颤动以及气流的强弱。

(一)构成阻碍和克服阻碍的方式

根据发音时发音器官构成阻碍与克服阻碍的方式,普通话的辅音声母可分为五类:塞音、擦音、塞擦音、鼻音和边音。

1. 塞音

发音时,发音器官的某两个部位完全闭合,阻塞气流,但是气流用力冲破阻碍,爆破成音,这样形成的音就叫塞音。普通话的辅音声母中一共有 6 个塞音:b、p、d、t、g、k。

2. 擦音

发音时,发音器官的某两个部位靠近,形成窄缝,使气流从中摩擦而出,形成擦音。普通话的辅音声母中一共有 6 个擦音:f、s、sh、r、x、h。

3.塞擦音

发音时,发音器官的某两个部位首先完全闭合,阻塞气流,然后逐渐打开,形成窄缝,使气流从中摩擦而出,形成塞擦音。普通话的辅音声母中一共有6个塞擦音:z、c、zh、ch、j、q。

4.鼻音

发音时,发音器官在口腔的某两个部位完全闭合,阻塞气流,然后软腭下降,打开鼻腔通道,使气流从中流出,造成鼻腔共鸣,声带颤动而成音。普通话声母中共有2个鼻音:m、n。

5.边音

发音时,舌尖抵住硬腭前部,阻挡了气流在口腔前端的出路,使气流转而从舌头两边流出,同时使声带颤动而成音。普通话声母中只有1个边音:l。

(二)声带是否颤动

根据声带是否颤动,普通话的声母分为清音和浊音。使声带颤动的称为浊音,普通话共有4个浊音声母:m、n、l、r。无法使声带颤动的称为清音,普通话共有17个清音声母,分别是:b、p、f、d、t、z、c、s、zh、ch、sh、j、q、x、g、k、h。

(三)气流的强弱

根据发音时气流的强弱情况,普通话中的塞音和塞擦音可分为送气音、不送气音两类。发音时,气流较强的叫送气音,共有6个:p、t、c、ch、q、k。气流较弱的叫不送气音,也有6个:b、d、z、zh、j、g。

按照以上分类,普通话声母列表如下:

发音方法 / 发音部位	塞音		塞擦音		擦音	鼻音	边音
	清音				浊音		
	不送气	送气	不送气	送气			
双唇音	b	p				m	
唇齿音					f		
舌尖前音			z	c	s		
舌尖中音	d	t				n	l
舌尖后音			zh	ch	sh	r	
舌面音			j	q	x		
舌根音	g	k			h		

四、声母辨析

中国幅员辽阔,方言分布比较复杂,方言的声母系统与普通话声母系统存在较大的差异。这些差异是学习普通话的难点。针对方言中出现的声母问题,我们着重从以下五组难点声母进行解析。

(一)平舌音 z、c、s 与翘舌音 zh、ch、sh

1.声母解析

按照普通话声母系统的分类,z、c、s 是舌尖前音(平舌音),zh、ch、sh 是舌尖后音(翘舌音),二者的差异在于发音部位。发音部位不同,造成音色截然不同。发平舌音时,双唇微启,舌尖和上齿背(或下齿背)形成阻碍,阻塞气流,软腭上升,封闭鼻腔通道;发翘舌音时,双唇微启,舌尖和硬腭前部形成阻碍,软腭上升,封闭鼻腔通道,如图 2 - 1:

 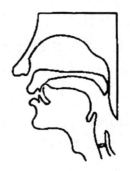

1 平舌音 z、c、s   2 翘舌音 zh、ch、sh

图 2 - 1

2.声母训练

(1)对比训练

z – zh	自治	尊重	增长	做主	栽种	最终	杂志	组装	赞助	资质
zh – z	制造	准则	种族	转载	张嘴	装载	种子	知足	正宗	骤增
c – ch	促成	操场	财产	此处	草船	菜场	辞呈	仓储	擦车	操持
ch – c	纯粹	储藏	差错	尺寸	吃醋	柴草	场次	筹措	冲刺	齿唇
s – sh	松树	宿舍	算术	损失	飒爽	扫射	厮杀	送审	丧生	琐事
sh – s	收缩	山色	十四	申诉	寿司	食宿	上诉	绳索	深邃	输送

(2)绕口令训练

《撕字纸》:

隔着窗户撕字纸,一次撕下横字纸,一次撕下竖字纸,是字纸撕字纸,不是字纸,不要胡乱撕一地纸。

《三山撑四水》:

三山撑四水,四水绕三山,三山四水春常在,四水三山四时春。

《大车拉小车》:

大车拉小车,小车拉小石头,石头掉下来,砸了小脚指头。

《四是四,十是十》:

四是四,十是十;十四是十四,四十是四十;

别把四十说细席,别把十四说席细。

要想说好四和十,全靠舌头和牙齿。

要想说对四,舌头碰牙齿;

要想说对十,舌头别伸直。

认真学,常练习,十四、四十、四十四。

(二)唇齿音 f 和舌根音 h

1. 声母解析

很多方言区会将 f 和 h 混淆。发声母 f 的音时,口腔前部的上齿与下唇对气流形成阻碍,是唇齿音。而 h 是口腔后部的舌根与软硬腭交界处对气流形成阻碍,是舌根音,发音部位明显比 f 更靠后。要解决这两者相混的问题,首先要清楚每一个字的正确读音,做到心中有数;其次是熟练发音的问题,通过一定量的对比练习逐步熟悉两个不同的发音部位。除了针对性的练习外,在日常说话的正常语速中也要注意二者的区别,并及时纠正错误的发音。

2. 声母训练

(1)对比训练

f–h 发挥 繁华 凤凰 孵化 分会 复活 放火 奉还 附会 防护

h–f 划分 花费 化肥 混纺 会费 回访 花房 荒废 画风 恢复

发展—花展 防风—黄蜂 反复—缓付 废话—绘画

分头—昏头 房山—黄山 飞赴—恢复 富丽—互利

(2)绕口令训练

《粉红女和女粉红》:

正月里,正月正,姐妹二人去逛灯,大姐名叫粉红女,二姐名叫女粉红。粉红女身穿一件粉红袄,女粉红身穿一件袄粉红。粉红女怀抱一瓶粉红酒,女粉红怀抱一瓶酒粉红。姐妹找了个无人处,推杯换盏饮刘伶。

女粉红喝了粉红女的粉红酒,粉红女喝了女粉红的酒粉红,粉红女喝了一个酩酊醉,女粉红喝了一个醉酩酊。女粉红揪着粉红女就打,粉红女揪着女粉红就拧。女粉红撕了粉红女的粉红袄,粉红女就撕了女粉红的袄粉红。

姐妹打罢落下手,自己买线自己缝。粉红女买了一条粉红线,女粉红买了一条线粉红。粉红女是反缝缝缝粉红袄,女粉红是缝反缝缝袄粉红。

《化肥会挥发》:

黑化肥发灰,灰化肥发黑。黑化肥发灰会挥发,灰化肥挥发会发黑。黑化肥挥发发灰会花飞,灰化肥挥发发黑会飞花。

(三)鼻音 n 和边音 l

1.声母解析

这两个声母都是舌尖中音,发音部位相同,由舌尖和上齿龈构成阻碍。发音方法的不同是差异形成的主要原因。发鼻音 n 时,舌尖和上齿龈构成阻碍,堵塞气流,使之无法从口腔内通过,软腭下垂,打开鼻腔通道,使气流转而从鼻腔流出,同时使声带颤动,发出鼻音。发边音 l 时,气流受阻的部位与鼻音 n 相同。不同的是,软腭上升,堵住鼻腔通道,使气流从舌头两边流出,声带颤动而成音。区分 n 和 l 是很多南方人的共同难题。要彻底攻破这个难关,首先要掌握它们的发音要领,然后就是要"认字",知道该字的正确读音。

2.声母训练

(1)对比训练

| n—l | 纳凉 | 奶酪 | 暖流 | 鸟类 | 年龄 | 农林 | 脑力 | 能量 | 女篮 | 努力 |
| l—n | 理念 | 老年 | 冷暖 | 落难 | 烈女 | 辽宁 | 连年 | 两难 | 凌虐 | 老农 |

怒放—录放　浓重—隆重　姑娘—估量　无奈—无赖

牛气—流气　大怒—大陆　年息—怜惜　女客—旅客

(2)绕口令训练

《四辆四轮大马车》:

门口有四辆四轮大马车,你爱拉哪两辆来拉哪两辆。

《老龙闹老农》:

老龙恼怒闹老农,老农恼怒闹老龙。农怒龙恼农更怒,龙恼农怒龙怕农。

《牛郎恋刘娘》:

牛郎年年恋刘娘,刘娘连连念牛郎。牛郎恋刘娘,刘娘念牛郎,郎恋娘来娘念郎。

《养牛》:

刘有流养了六头小黄牛,牛久楼养了六头小奶牛。刘有流告诉牛久楼,村西有野草肥溜溜,牛吃了连毛都会流油;牛久楼告诉刘有流,村东有野草香悠悠,牛吃了连油都会顺毛流。刘有流与牛久楼,决心要努力多养牛。

(四)翘舌音 r 与边音 l

1. 声母解析

r 是舌尖后浊擦音,l 是舌尖中浊边音。这两个声母音色上存在差异与发音部位和发音方法都有关系。从发音部位来看,r 和 zh、ch、sh 一样,都是翘舌音,发音时,构阻部位为舌尖与硬腭前部;l 和 d、t、n 一样,为舌尖中音,发音时,构阻部位为舌尖与上齿龈。从发音方法来看,r 是浊擦音,发音时,舌尖和硬腭前部形成窄缝,使声带颤动,气流从口腔前端流出;l 是浊边音,舌尖和上齿龈接触,使声带颤动,气流从舌头两边流出。

2. 声母训练

(1)对比训练

r-l 日历 热流 容量 燃料 扰乱 认领 蹂躏 肉瘤 人类 绕梁
l-r 例如 利润 丽人 烈日 猎人 利刃 留任 缭绕 两人 恋人

(2)绕口令训练

《说日》:

夏日无日日亦热,冬日有日日益寒,春日日出天渐暖,晒衣晒被晒褥单,秋日云高复云淡,遥看红日迫西山。

(五)舌面音 j、q、x

1. 声母解析

一些人受发音习惯的影响,发音时将 j、q、x 往前挤靠,发成"尖音"了。所谓"尖音",是指 z、c、s 与 i、ü 相拼。而在普通话语音中,并没有尖音。大部分人出现这个问题的原因是将 j、q、x 的音发到了 z、c、s 的位置,如 j+i 读成 z+i,这种现象广泛存在于某些方言区中,同时越来越多的人将这种发音习惯带到了普通话中。这种发音是不准确的。戏曲艺术中有这种发音就另当别论。

要改正发尖音的习惯并不难。我们知道,j、q、x 是舌面音,即舌面抬起接近硬腭前部,而发 z、c、s 的音时,舌尖抬起接近上齿背。因此,将 j、q、x 发成尖音的根本原因是发音位置偏前了。在校正时,首先注意阻碍气流发出的发音位置尽量往后靠,甚至可以用 g、k、h 的位置来带发;其次检查舌尖是否上抬了,要尽量使舌尖往下放,不要让舌尖碰到上齿背,应该上抬的是舌面。

2.声母训练

(1)对比训练

j-j 积极 交际 结晶 僵局 解决 艰巨 家教 孑孓 经济 矫健

q-q 漆器 齐全 祈求 取钱 亲切 抢亲 轻巧 崎岖 秋千 确切

x-x 嬉戏 休闲 休息 雄心 消息 血腥 学习 血型 学校 现象

(2)绕口令训练

《稀奇》:

稀奇稀奇真稀奇,麻雀踩死老母鸡,蚂蚁身长三尺六,八十岁的老头躺在摇篮里。

《锡匠与漆匠》:

西巷有个漆匠,七巷有个锡匠。西巷的漆匠偷了七巷锡匠的锡,七巷的锡匠偷了西巷漆匠的漆。西巷的漆匠为七巷的锡匠偷漆而生气,七巷的锡匠为西巷的漆匠偷锡受刺激。一个生气,一个受刺激,岂不知你俩都目无法纪。

《棋迷下棋》:

两个棋迷,一个姓米,一个姓齐。米棋迷、齐棋迷一起下棋。米棋迷要吃齐棋迷的车,齐棋迷不让米棋迷吃车。从早起就下棋,下到日偏西,不知是米棋迷胜过齐棋迷,还是齐棋迷胜过米棋迷。

【思考与练习】

1.掌握声母的发音部位和发音方法,找到自己的发音问题,并为自己制作比较具体的声母学习任务书。

2.用标准普通话朗读以下歌词。

稻 香

周杰伦

对这个世界

如果你有太多的抱怨

跌倒了

就不敢继续往前走

为什么人要这么的脆弱

堕落

请你打开电视看看

多少人为生命在努力勇敢地走下去

我们是不是该知足

珍惜一切

就算没有拥有

还记得

你说家是唯一的城堡

随着稻香

河流继续奔跑

微微笑

小时候的梦我知道

不要哭

让萤火虫带着你逃跑

乡间的歌谣

永远的依靠

回家吧

回到最初的美好

不要这么容易

就想放弃

就像我说的

追不到的梦想

换个梦不就得了

为自己的人生鲜艳上色

先把爱涂上喜欢的颜色

笑一个吧

功成名就不是目的

让自己快乐快乐

这才叫作意义

童年的纸飞机

现在终于飞回我手里

所谓的那快乐

赤脚在田里追蜻蜓

追到累了

偷摘水果

被蜜蜂给叮到怕了

谁在偷笑呢

我靠着稻草人

吹着风

唱着歌

睡着了

哦　哦　午后吉他在虫鸣中更清脆

哦　哦　阳光洒在路上不怕心碎

珍惜一切

就算没有拥有

还记得

你说家是唯一的城堡

随着稻香

河流继续奔跑

微微笑

小时候的梦我知道

不要哭

让萤火虫带着你逃跑

乡间的歌谣

永远的依靠

回家吧

回到最初的美好

还记得

你说家是唯一的城堡

随着稻香

河流继续奔跑

微微笑

小时候的梦我知道

不要哭

让萤火虫带着你逃跑

乡间的歌谣

永远的依靠

回家吧

回到最初的美好

3. 写出并读准《太平歌》每个字的声母。

子夜久难明,喜报东方亮。此日笙歌颂太平,众口齐欢唱。

第二节　韵　　母

一、什么是韵母？

韵母是音节中声母后面的音素,例如,"美(měi)"的声母是"m",韵母是"ei"。汉语普通话拼音中,韵母一共有 39 个。

普通话韵母总表

韵母　按口型分 按结构分		开口呼	齐齿呼	合口呼	撮口呼	按口型分　韵母 按韵尾分
单韵母	单元音韵母	-i[ɿ] -i[ʅ]	i	u	ü	无韵尾韵母
		ɑ				
		o				
		e				
		ê				
		er				

续表

韵母 / 按口型分 / 按结构分		开口呼	齐齿呼	合口呼	撮口呼	按口型分 / 韵母 / 按韵尾分
复韵母	复元音韵母		ia	ua		元音韵尾韵母
				uo		
			ie		üe	
		ai		uai		
		ei		uei		
		ao	iao			鼻音韵尾韵母
		ou	iou			
	带鼻音韵母	an	ian	uan	üan	
		en	in	uen	ün	
		ang	iang	uang		
		eng	ing	ueng		
				ong	iong	

二、韵母的分类

普通话韵母根据内部构成成分,可分为单韵母、复韵母、鼻韵母。

(一)单韵母

单韵母是一个元音构成的韵母,也叫单元音韵母。普通话中有 10 个单韵母,其中有 7 个舌面元音,2 个舌尖元音,1 个卷舌元音。元音的内部差异主要来自舌位的前后、高低以及唇形的圆展。

1. 舌面元音

舌面元音是指发音时舌面的某个部位隆起而发出的元音。舌面元音是较为常见的元音。

i——舌面前高不圆唇元音。发音时,双唇微展,舌面前部隆起,与硬腭前部形成窄缝,舌尖轻抵下齿龈,软腭上升,封闭鼻腔通道,使声带颤动成声。

ü——舌面前高圆唇元音。发音情况与 i 相同,只是双唇撮成圆形。

ê——舌面前半低不圆唇元音。发音时,双唇微展,舌位半低,舌尖抵住下齿龈,软腭上升,封闭鼻腔通道,使声带颤动成声。这个元音一般出现在韵母

ie、üe 中,普通话中以它作为韵腹的字只有一个:欸。

　　a——舌面央低不圆唇元音。发音时,口腔自然张开,舌位最低,舌尖抵住下齿龈,软腭上升,封闭鼻腔通道,使声带颤动成声。

　　u——舌面后高圆唇元音。发音时,舌头后缩,舌面后部抬起接近软腭,双唇拢成圆形,软腭上升,封闭鼻腔通道,使声带颤动成声。

　　o——舌面后半高圆唇元音。发音时,舌头后缩,舌面后部抬起与软腭相对,舌位半高,双唇拢成圆形,软腭上升,封闭鼻腔通道,使声带颤动成声。

　　e——舌面后半高不圆唇元音。发音情况与 i 同,只是双唇自然展开。

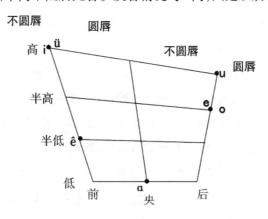

图 2-2　舌面元音舌位图

2. 舌尖元音

舌尖元音是与舌面元音不同的较为特殊的元音。发音时,舌尖上升,靠近上齿背或硬腭前部,使口腔气流通路变窄,但又不发生摩擦。根据发音时舌尖位置的前后可将舌尖元音分为舌尖前元音和舌尖后元音两种。

　　-i[ɿ]——舌尖前高不圆唇元音。发音时,舌尖靠近上齿背形成窄缝,气流不摩擦,自然展唇,软腭上升,封闭鼻腔通道,使声带颤动成声。这个元音只和声母 z、c、s 相拼。

　　-i[ʅ]——舌尖后高不圆唇元音。发音时,舌尖靠近硬腭前部形成窄缝,气流不摩擦,自然展唇,软腭上升,封闭鼻腔通道,使声带颤动成声。这个元音只和声母 zh、ch、sh、r 相拼。

3. 卷舌元音

卷舌元音是把舌尖卷起来,使舌面和舌尖同时起作用而发出的元音。普通话中有一个卷舌元音——er。

er——卷舌央中不圆唇元音。发音时,舌位半高,舌尖卷起与硬腭后部相对,展唇,软腭上升,封闭鼻腔通道,使声带颤动成声。

(二)复韵母

复韵母是由两个或三个元音复合而成的韵母,普通话中一共有 13 个复韵母。组成韵母的元音可以分为韵头、韵腹、韵尾,韵腹是指韵母中发音较响亮的元音,它前面的元音叫韵头,后面的叫韵尾。复韵母可以分为前响复韵母(韵腹＋韵尾)、后响复韵母(韵头＋韵腹)和中响复韵母(韵头＋韵腹＋韵尾)。

1. 前响复韵母

前响复韵母由韵腹和韵尾构成,韵腹发音清晰响亮,韵尾发音轻短。普通话中一共有 4 个前响复韵母:ai、ei、ao、ou。

ai——发音时,口腔自然张开,舌位由前 a 的低位向前 i 的高位移动抬起,唇形由张开转为微展,软腭上升,封闭鼻腔通道,使声带颤动成声。

ei——发音时,双唇微展,舌尖抵住下齿背,舌位由前 e 的半高位向 i 的高位移动隆起,软腭上升,封闭鼻腔通道,使声带颤动成声。

ao——发音时,口腔自然张开,舌头后缩,舌位由后 a 的低位向半高的 o 位移动,唇形转为圆形,软腭上升,封闭鼻腔通道,使声带颤动成声。

ou——发音时,双唇拢圆,舌头后缩,舌位由半高的 o 位向高位的 u 移动,唇形由大圆变成小圆,软腭上升,封闭鼻腔通道,使声带颤动成声。

2. 后响复韵母

后响复韵母由韵头和韵腹构成。韵头发音轻短,韵腹发音清晰响亮。普通话中一共有 5 个后响复韵母:ia、ie、ua、uo、üe。

ia——发音时,舌位由高位迅速降至最低,舌面由前部向中央移动,唇形由扁平转为大开,软腭上升,封闭鼻腔通道,使声带颤动成声。

ie——发音时,舌位由高位迅速降至半低,唇形由扁平转为微展,开口度略大,软腭上升,封闭鼻腔通道,使声带颤动成声。

ua——发音时,舌位由高位迅速降至最低,舌面由后部向中央移动,唇形由圆形转为大开,软腭上升,封闭鼻腔通道,使声带颤动成声。

uo——发音时,双唇拢圆,舌头后缩,舌位由高位迅速降至半高,开口度逐渐变大,软腭上升,封闭鼻腔通道,使声带颤动成声。

üe——发音时,双唇撮圆,舌位由高位 ü 迅速降至半低,唇形由圆形变成微展,软腭上升,封闭鼻腔通道,使声带颤动成声。

3.中响复韵母

中响复韵母由韵头、韵腹和韵尾三个元音构成。发音时,韵头轻短,韵腹清晰响亮,韵尾轻短。普通话中一共有 4 个中响复韵母:iao、iou、uai、uei。

iao——发音时,舌位由高位迅速降至最低,然后再次升到半高;舌面由前 i 移至后 a、o;唇形由扁平转为大开,再转为圆形,软腭上升,封闭鼻腔通道,使声带颤动成声。

iou——发音时,舌位由高位迅速降至半高,然后再升至最高;舌面由前 i 移至央元音[ə],最后移至后 u;唇形由扁平逐渐拢圆,软腭上升,封闭鼻腔通道,使声带颤动成声。

uai——发音时,舌位由后高元音 u 向前低元音 a 方向移动,然后再向前高元音 i 方向抬起;唇形由圆形转为大开,再变为扁平状,软腭上升,封闭鼻腔通道,使声带颤动成声。

uei——发音时,舌位由后高元音 u 向前半高元音 e 方向移动,然后再向前高元音 i 方向抬起;唇形由圆形变为半张,再变为扁平状,软腭上升,封闭鼻腔通道,使声带颤动成声。

(三)鼻韵母

鼻韵母是由元音和鼻辅音韵尾构成的韵母。根据韵尾的不同,鼻韵母可以分为前鼻音韵母和后鼻音韵母两类,前鼻音韵母是指"n(舌尖中浊鼻音)"做韵尾的韵母,后鼻音韵母是指"ng(舌面后浊鼻音)"做韵尾的韵母。普通话中一共有 16 个鼻韵母,前鼻音韵母有 8 个:an、ian、uan、üan、en、uen、in、ün。后鼻音韵母有 8 个:ang、iang、uang、eng、ueng、ing、iong、ong。

三、韵母辨析

(一)分清 o 和 e

1.韵母解析

o 和 e 都是舌面单元音韵母,发音时,舌位的高低和前后都一样,但唇形的圆展不同。o 是舌面后半高圆唇元音,e 是舌面后半高不圆唇元音。有些方言往往分不清楚这两个韵母,例如东北方言把一些字的韵母 o 读成韵母 e,重庆方言把一些字的韵母 e 读成韵母 o。

2.韵母训练

(1)对比训练

o	婆婆	磨破	伯伯	默默	泼墨	磨墨	卧佛
e	哥哥	各个	色泽	隔阂	可乐	合格	舍得
o-e	破格	磨合	博客	墨盒	薄荷	波折	破壳
e-o	刻薄	胳膊	磕破				

(2)绕口令训练

《菠萝和萝卜》：

打南坡走来个老婆婆,两手托着两筐箩。左手托着的筐箩装着菠萝,右手托着的筐箩装着萝卜。你说说,是老婆婆左手托着的筐箩装的菠萝多,还是她右手托着的筐箩装的萝卜多? 说得对,送你菠萝和萝卜;说得不对,让你扛着筐箩上山坡。

《鹅过河》：

坡上立着一只鹅,坡下就是一条河。宽宽的河,肥肥的鹅,鹅要过河,河要渡鹅。不知是鹅过河还是河渡鹅。

(二)分清 i 和 ü

1.韵母解析

i 和 ü 是一对舌面单元音韵母,i 是舌面前高不圆唇元音,ü 是舌面前高圆唇元音。发韵母 ü 时,在展开嘴唇发高元音 i 的基础上,舌位不动,将嘴唇撮圆,就可以发出 ü 的音来。西南地区的云南、贵州以及部分客家方言区没有 ü 和以 ü 开头的撮口呼韵母,往往将 i 和 ü 都读成 i。例如云南方言把"圆圈"念成"沿签","小鱼"和"小姨"没有区别。这些方言区的人在学习普通话时,应先掌握韵母 ü 的发音技巧,反复练习,并留意普通话中有撮口呼韵母的字,注意其与齐齿呼韵母的区别。

2.韵母训练

(1)对比训练

i	弟媳	厘米	谜底	乙醚	礼仪	起立	凄厉
ü	局域	须臾	语序	捋取	曲剧	聚居	据区
i-ü	奇遇	体虚	疫区	崎岖	抑郁	骑驴	必须
ü-i	预计	履历	曲艺	具体	虚拟	语气	玉璧

（2）绕口令训练

《女小吕和女老李》：

这天天下雨，体育局穿绿雨衣的女小吕，去找穿绿运动衣的女老李。穿绿雨衣的女小吕，没找到穿绿运动衣的女老李，穿绿运动衣的女老李，也没见着穿绿雨衣的女小吕。

《男女演员》：

男演员、女演员，登台演戏说方言。男演员说吴方言，女演员说闽南言。男演员演远东劲旅飞行员，女演员演鲁迅文学研究员。吴语言，闽南言，研究员，飞行员，你说男女演员演得全不全。

（三）分清前鼻音韵尾 n 和后鼻音韵尾 ng

1. 韵母解析

韵尾 n 和韵尾 ng 都是鼻音，发音时气流从鼻腔通过，但口腔形成阻碍的部位不同。n 是舌尖中音，发音时舌尖和上齿龈形成阻碍；ng 是舌根音，发音时舌面后部上抬，与软腭形成阻碍。许多方言区都有前、后鼻音相混的情况，因此，要准确把握前、后鼻音韵母发音，并且熟记各自所属的字。

2. 韵母训练

（1）对比训练

an – ang　担心—当心　心烦—心房　天坛—天堂　散失—丧失　开饭—开放　产房—厂房　反问—访问　鱼竿—鱼缸　赞颂—葬送　施展—师长

en – eng　人参—人生　木盆—木棚　真理—争理　瓜分—刮风　长针—长征　绅士—声势　陈旧—成就　清真—清蒸　申明—声明　诊治—整治

in – ing　信服—幸福　金银—经营　贫民—平民　弹琴—谈情　辛勤—心情　寝室—请示　亲生—轻生　轻信—青杏　频繁—平凡　临时—零食

（2）绕口令训练

《张康和詹丹》：

张康当董事长，詹丹当厂长，张康帮助詹丹，詹丹帮助张康。

《船和床》：

那边划来一艘船，这边漂去一张床，船床河中互相撞，不知船撞床，还是床撞船。

《陈庄城和程庄城》：

陈庄程庄都有城,陈庄城通程庄城。陈庄城和程庄城,两庄城墙都有门。陈庄城进程庄人,陈庄人进程庄城。请问陈程两庄城,两庄城门都进人,哪个城进陈庄人,程庄人进哪个城?

《文春和孙纯》:

文春住在孙家村,孙纯住在昆仑屯。文春进城卖春笋,孙纯进城卖馄饨。文春闻到孙纯的馄饨香喷喷,孙纯看到文春的春笋肉墩墩,文春买了孙纯香喷喷的馄饨,孙纯买了文春肉墩墩的春笋。

《殷英敏和应尹铭》:

东庄儿住着个殷英敏,西庄儿住着个应尹铭。应尹铭挖蚯蚓,殷英敏捕苍蝇。不管天阴或天晴,两人工作不停。为了比辛勤,两人通了信,要看谁行谁不行。不知是殷英敏的苍蝇多过应尹铭的蚯蚓,还是应尹铭的蚯蚓多过殷英敏的苍蝇。

【思考与练习】

1.掌握韵母的发音方法,找到自己的发音问题,并为自己制作比较具体的韵母学习任务书。

2.用标准的普通话朗读以下歌词。

同 一 首 歌

陈 哲

鲜花曾告诉我你怎样走过

大地知道你心中的每一个角落

甜蜜的梦啊谁都不会错过

终于迎来今天这欢聚时刻

水千条山万座

我们曾走过

每一次相逢和笑脸都彼此铭刻

在阳光灿烂欢乐的日子里

我们手拉手啊想说的太多

星光洒满了所有的童年

风雨走遍了世间的角落

同样的感受给了我们同样的渴望

同样的欢乐给了我们同一首歌

阳光想渗透所有的语言

春天把友好的故事传说

同样的感受给了我们同样的渴望

同样的欢乐给了我们同一首歌

3. 朗读以下作品

卜算子·咏梅

毛泽东

风雨送春归,飞雪迎春到。已是悬崖百丈冰,犹有花枝俏。

俏也不争春,只把春来报。待到山花烂漫时,她在丛中笑。

第三节　声　　调

一、什么是声调?

同声母、韵母一样,声调也是汉语音节的重要组成部分。声调是指声音的音高变化,具有区别意义的作用。汉语是有声调的语言,汉语抑扬顿挫的音乐美与声调的巧妙运用是密不可分的。

二、调类和调值

普通话有阴平、阳平、上声、去声四个调类,这种系统是从古汉语继承而来的。在我国南朝齐梁之间,古人就已经把古汉语分为平、上、去、入四类声调。经过漫长的发展,普通话目前的这种调类系统最终形成了。

在普通话中,通过对其语音的记录整理,我们得到四种调类的调值。

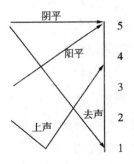

图 2-3　五度标调法

调值所指的仅是一个相对的音高,而非绝对的音高。普通话的四声分别是阴平(55)高平调、阳平(35)高升调、上声(214)降升调、去声(51)全降调。值得注意的是,声调在实际发声过程中的读音是连续的,中间没有停顿和跳跃。

三、声调辨析

1.声调对比训练

(1)同调相连音节训练

春天花开　江山多娇　人民团结　群情昂扬

厂长领导　理想美好　日夜奋战　创造世界

(2)四声顺序音节训练

光明磊落　山河锦绣　胸怀广阔　英雄好汉

兵强马壮　山明水秀　坚持努力　心明眼亮

(3)四声交错音节训练

落花流水　不拘小节　画龙点睛　浩如烟海

举足轻重　语重心长　万紫千红　逆水行舟

2.绕口令训练

《堂堂端糖汤》:

堂堂端糖汤,要去塘上堂,汤烫糖又淌,汤淌糖又烫,堂堂躺堂上。

《施氏食狮史》:

石室诗士施氏,嗜狮,誓食十狮。施氏时时适市视狮。十时,适十狮适市。是时,适施氏适市。施氏视是十狮,恃矢势,使是十狮逝世。施氏拾是十狮尸,适石室。石室湿,氏使侍拭石室。石室拭,氏始试食是十狮尸。食时,始识是十狮尸,实十石狮尸。试释是事。

《四声歌》:

学好声韵辨四声,阴阳上去要分明。

部位方法要找准,开齐合撮属口型。

双唇班报必百波,舌面积结教坚精。

翘舌主争真知道,平舌资则早在增。

擦音发翻飞分复,送气查柴产彻称。

合口呼午枯胡古,开口呼坡歌安康。

撮口虚学寻徐剧,齐齿衣优摇业英。

前鼻恩因烟弯稳,后鼻昂迎中拥生。

咬紧字头归字尾,阴阳上去记变声。

循序渐进坚持练,不难达到纯和清。

【思考与练习】

1.掌握声调的发音方法,找到自己的发音问题,并为自己制作比较具体的声调学习任务书。

2.用标准的普通话朗读以下古诗,体会声调的变化,感受不同调类的调值。

黄 鹤 楼

崔 颢

昔人已乘黄鹤去,此地空余黄鹤楼。黄鹤一去不复返,白云千载空悠悠。

晴川历历汉阳树,芳草萋萋鹦鹉洲。日暮乡关何处是?烟波江上使人愁。

登金陵凤凰台

李 白

凤凰台上凤凰游,凤去台空江自流。吴宫花草埋幽径,晋代衣冠成古丘。

三山半落青天外,二水中分白鹭洲。总为浮云能蔽日,长安不见使人愁。

蜀 相

杜 甫

丞相祠堂何处寻?锦官城外柏森森。映阶碧草自春色,隔叶黄鹂空好音。

三顾频烦天下计,两朝开济老臣心。出师未捷身先死,长使英雄泪满襟。

锦 瑟

李商隐

锦瑟无端五十弦,一弦一柱思华年。庄生晓梦迷蝴蝶,望帝春心托杜鹃。

沧海月明珠有泪,蓝田日暖玉生烟。此情可待成追忆?只是当时已惘然。

钱塘湖春行

白居易

孤山寺北贾亭西,水面初平云脚低。几处早莺争暖树,谁家新燕啄春泥。

乱花渐欲迷人眼,浅草才能没马蹄。最爱湖东行不足,绿杨阴里白沙堤。

第四节 音 变

一、什么是音变?

音变即语流音变,是语言流动的结果。人们平时在进行说话、朗诵、播音等言语活动时,语音并不是一个个孤立发出的,而是连续发出的。在这连续的语流中,一连串音紧密连接,发音部位和发音方法不断改变,有时难免相互影响,产生明显的变化。这种变化就叫"语流音变"。

普通话中常见的音变现象主要包括变调、轻声、儿化和语气词"啊"的音变。

二、变调

在语流中,音节连续发音时,由于临近音节声调的相互影响,有些音节的声调起了一定的变化,而与单字调值不同,这种变化就叫"变调"。普通话中常见的变调包括上声变调、"一"和"不"的变调。

(一)上声的变调

在汉语普通话中,上声变调是最为常见的音变现象。除了上声字单独出现或出现在词尾、句尾时的情况,当上声字处在词语或者句子中的其他位置时均需要变调。上声字的变调规律见下表:

双音节词上声变调规律表

变调条件		变调结果	示例
两个上声字连读(214＋214)		前一个上声字读为阳平(35＋214)	洗脸、婉转、友好、美女、演讲、雨伞
上声字与非上声字连读(214＋55、35、51)		上声字读为半上(21＋55、35、51)	小说、首都、祖国、表扬、比赛、解放
上声字与轻声字连读	上声在非上声转化来的轻声前	上声字读为半上(21＋0)	里头、怎么、仿佛、我的、两个、尾巴
	上声在上声转化来的轻声前	上声字读为阳平(35＋0)或半上(21＋0)	洗洗、瞅瞅、想想、马虎、姥姥、嫂嫂

多音节词上声变调规律表

变调条件	变调结果	示例
单音节＋双音节	21＋35＋214	买手表、老保守、演小品
双音节＋单音节	35＋35＋214	古典美、草稿本、表演者

(二)"一""不"的变调

"一"的单字调是阴平,"不"的单字调是去声。它们在单念或词句末尾时读原调,其变调受到后一个连续音节声调的影响。变调规律如下:

	"一"的读音	"不"的读音
单念、词尾、表序数	不变调 （如:一、二、三,统一、第一）	不变调 （如:不、偏不、行不）
非去声前	变去声 （如:一边、一直、一百）	不变调 （如:不安、不曾、不齿）
去声前	变阳平 （如:一半、一块儿）	变阳平 （如:不会、不错）
夹在词中	轻声 （如:问一问、看一看）	轻声 （如:看不见、睡不着）

三、轻声

现代汉语普通话中有四个调类——阴平、阳平、上声、去声。轻声并不是一个独立的调类,而是从以上四个声调中演变出来的调子。

轻声是指某些音节失去了原有的声调而被念成较轻、较短的声调。现代汉语中有规律可循的轻声有结构助词,如"的、得、地";动态助词,如"着、了、过";语气词,如"吧、吗、呢、啊";名词后缀,如"子、头、们、儿";名词、代词后表示方位的成分,如"上、下、里、边、面";重叠式名词,动词的第二个音节,如"星星、看看"。

有些词念不念轻声意思大不相同。要根据相应的语境,确定与所需表达意义相对应的是轻声还是非轻声再读,如"大意""地道"。

普通话中有习惯上必读轻声的词,需要识别、熟读、记忆。

四、儿化

儿化又称儿化韵,是普通话和某些汉语方言中的一种语音现象,即词的后缀"儿"字不自成音节,而同前面的音节合在一起,使前一个音节的韵母变成卷舌韵母,如"小鸟儿""香味儿"。有的儿化词不但能区别词性和词义,而且可以表示亲切或喜爱的感情色彩,如"小孩儿""脸蛋儿"。

【思考与练习】

1. 熟读并记忆"普通话水平测试用轻声词语表"

普通话水平测试用轻声词语表

(一)

爱人	案子	巴掌	把子	把子	爸爸	白净	班子	板子	帮手
梆子	膀子	棒槌	棒子	包袱	包涵	包子	豹子	杯子	被子
本事	本子	鼻子	比方	鞭子	扁担	鞭子	别扭	饼子	拨弄
脖子	簸箕	补丁	不由得	不在乎	步子	部分	裁缝	财主	
苍蝇	差事	柴火	肠子	厂子	场子	车子	称呼	池子	尺子
虫子	绸子	除了	锄头	畜生	窗户	窗子	锤子	刺猬	凑合
村子	奉拉	答应	打扮	打点	打发	打量	打算	打听	大方
大爷	大夫	带子	袋子	耽搁	耽误	单子	胆子	担子	刀子
道士	稻子	灯笼	提防	笛子	底子	地道	地方	弟弟	弟兄
点心	调子	钉子	东家	东西	动静	动弹	豆腐	豆子	嘟囔

(二)

肚子	肚子	缎子	对付	对头	队伍	多么	蛾子	儿子	耳朵
贩子	房子	份子	风筝	疯子	福气	斧子	盖子	甘蔗	杆子
杆子	干事	杠子	高粱	膏药	稿子	告诉	疙瘩	哥哥	胳膊
鸽子	格子	个子	根子	跟头	工夫	弓子	公公	功夫	钩子
姑姑	姑娘	谷子	骨头	故事	寡妇	褂子	怪物	关系	官司
罐头	罐子	规矩	闺女	鬼子	柜子	棍子	锅子	果子	蛤蟆
孩子	含糊	汉子	行当	合同	和尚	核桃	盒子	红火	猴子
后头	厚道	狐狸	胡琴	糊涂	皇上	幌子	胡萝卜	活泼	火候
伙计	护士	机灵	脊梁	记号	记性	夹子	家伙	架势	架子
嫁妆	尖子	茧子	剪子	见识	毽子	将就	交情	饺子	叫唤

（三）

轿子	结实	街坊	姐夫	姐姐	戒指	金子	精神	镜子	舅舅
橘子	句子	卷子	咳嗽	客气	空子	口袋	口子	扣子	窟窿
裤子	快活	筷子	框子	困难	阔气	喇叭	喇嘛	篮子	懒得
浪头	老婆	老实	老太太	老头子	老爷	老子	姥姥	累赘	篱笆
里头	力气	厉害	利落	利索	例子	栗子	痢疾	连累	帘子
凉快	粮食	两口子	料子	林子	翎子	领子	溜达	聋子	笼子
炉子	路子	轮子	萝卜	骡子	骆驼	妈妈	麻烦	麻利	麻子
马虎	码头	买卖	麦子	馒头	忙活	冒失	帽子	眉毛	媒人
妹妹	门道	眯缝	迷糊	面子	苗条	苗头	名堂	名字	明白
蘑菇	模糊	木匠	木头	那么	奶奶	难为	脑袋	脑子	能耐

（四）

你们	念叨	念头	娘家	镊子	奴子	女婿	暖和	疟疾	拍子
牌楼	牌子	盘算	盘子	胖子	狍子	盆子	朋友	棚子	脾气
皮子	痞子	屁股	片子	便宜	骗子	票子	漂亮	瓶子	婆家
婆婆	铺盖	欺负	旗子	前头	钳子	茄子	亲戚	勤快	清楚
亲家	曲子	圈子	拳头	裙子	热闹	人家	人们	认识	日子
褥子	塞子	嗓子	嫂子	扫帚	沙子	傻子	扇子	商量	上司
上头	烧饼	勺子	少爷	哨子	舌头	身子	什么	婶子	生意
牲口	绳子	师父	师傅	虱子	狮子	石匠	石榴	石头	时候
实在	拾掇	使唤	世故	似的	事情	柿子	收成	收拾	首饰
叔叔	梳子	舒服	舒坦	疏忽	爽快	思量	算计	岁数	孙子

（五）

他们	它们	她们	台子	太太	摊子	坛子	毯子	桃子	特务
梯子	蹄子	挑剔	挑子	条子	跳蚤	铁匠	亭子	头发	头子
兔子	妥当	唾沫	挖苦	娃娃	袜子	晚上	尾巴	委屈	为了
位置	位子	蚊子	稳当	我们	屋子	稀罕	席子	媳妇	喜欢
瞎子	匣子	下巴	吓唬	先生	乡下	箱子	相声	消息	小伙子
小气	小子	笑话	谢谢	心思	星星	猩猩	行李	性子	兄弟
休息	秀才	秀气	袖子	靴子	学生	学问	丫头	鸭子	衙门

哑巴　胭脂　烟筒　眼睛　燕子　秧歌　养活　样子　吆喝　妖精
钥匙　椰子　爷爷　叶子　一辈子　衣服　衣裳　椅子　意思　银子
影子　应酬　柚子　冤枉　院子　月饼　月亮　云彩　运气　在乎

（六）

咱们　早上　怎么　扎实　眨巴　栅栏　宅子　寨子　张罗　丈夫
帐篷　丈人　帐子　招呼　招牌　折腾　这个　这么　枕头　镇子
芝麻　知识　侄子　指甲　指头　种子　珠子　竹子　主意　主子
柱子　爪子　转悠　庄稼　庄子　壮实　状元　锥子　桌子　字号
自在　粽子　祖宗　嘴巴　作坊　琢磨

2. 熟读并记忆"普通话水平测试用儿化词语表"

普通话水平测试用儿化词语表

（一）

刀把儿　号码儿　戏法儿　在哪儿　找碴儿　打杂儿　板擦儿　名牌儿
鞋带儿　壶盖儿　小孩儿　加塞儿　快板儿　老伴儿　蒜瓣儿　脸盘儿
脸蛋儿　收摊儿　栅栏儿　包干儿　笔杆儿　门槛儿

（二）

药方儿　赶趟儿　香肠儿　瓜瓤儿

（三）

掉价儿　一下儿　豆芽儿　小辫儿　照片儿　扇面儿　差点儿　一点儿
雨点儿　聊天儿　拉链儿　冒尖儿　坎肩儿　牙签儿　露馅儿　心眼儿

（四）

鼻梁儿　透亮儿　花样儿

（五）

脑瓜儿　大褂儿　麻花儿　笑话儿　牙刷儿　一块儿　茶馆儿　饭馆儿
火罐儿　落款儿　打转儿　拐弯儿　好玩儿　大腕儿

（六）

蛋黄儿　打晃儿　天窗儿

（七）

烟卷儿　手绢儿　出圈儿　包圆儿　人缘儿　绕远儿　杂院儿

（八）

刀背儿　摸黑儿　老本儿　花盆儿　嗓门儿　把门儿　哥们儿　纳闷儿
后跟儿　高跟儿鞋　别针儿　一阵儿　走神儿　大婶儿　小人儿书
杏仁儿　刀刃儿

（九）

钢镚儿　夹缝儿　脖颈儿　提成儿

（十）

半截儿　小鞋儿　旦角儿　主角儿

（十一）

跑腿儿　一会儿　耳垂儿　墨水儿　围嘴儿　走味儿　打盹儿　胖墩儿
砂轮儿　冰棍儿　没准儿　开春儿　小瓮儿

（十二）

瓜子儿　石子儿　没词儿　挑刺儿　墨汁儿　锯齿儿　记事儿

（十三）

针鼻儿　垫底儿　肚脐儿　玩意儿　有劲儿　送信儿　脚印儿

（十四）

花瓶儿　打鸣儿　图钉儿　门铃儿　眼镜儿　蛋清儿　火星儿　人影儿

（十五）

毛驴儿　小曲儿　痰盂儿　合群儿

（十六）

模特儿　逗乐儿　唱歌儿　挨个儿　打嗝儿　饭盒儿　在这儿

（十七）

碎步儿　没谱儿　儿媳妇儿　梨核儿　泪珠儿　有数儿

（十八）

果冻儿　门洞儿　胡同儿　抽空儿　酒盅儿　小葱儿　小熊儿

（十九）

红包儿　灯泡儿　半道儿　手套儿　跳高儿　叫好儿　口罩儿　绝招儿
口哨儿　蜜枣儿

（二十）

鱼漂儿　火苗儿　跑调儿　面条儿　豆角儿　开窍儿

（二十一）

衣兜儿　老头儿　年头儿　小偷儿　门口儿　纽扣儿　线轴儿　小丑儿
加油儿

（二十二）

顶牛儿　抓阄儿　棉球儿

（二十三）

火锅儿　做活儿　大伙儿　邮戳儿　小说儿　被窝儿　耳膜儿　粉末儿

第五节　普通话水平测试

推广普通话是全民族的大事,而普通话水平测试,是我国新时期推广普通话工作适时采取的一项重大举措;它的诞生和推行,标志着我国推广、普及普通话工作逐步走向制度化、规范化、科学化的新阶段。

普通话水平测试的直接目的,是以普通话语音、词汇、语法规范为参照标准,通过测试评定应试人普通话口语水平接近这一标准的程度,评定他所达到的水平等级,为逐步实行持证上岗制度服务。普通话水平测试考查的是一种语言能力,是指从方言转到标准语的口语运用能力,即应试者按照普通话语音、词汇、语法规范说话的能力,是一种标准参照性考试。

一、普通话水平测试的形式和内容

普通话水平测试采用口试方式进行,测试内容包括有文字凭借和无文字凭借两部分。有文字凭借的测试项分别检测语音、词汇、语法和阅读理解、朗读能力。无文字凭借的说话部分,全面检测和评估应试人连续使用普通话口语时所达到的熟练、自然、规范程度。

教育部、国家语言文字工作委员会2003年颁布的《普通话水平测试大纲》规定,普通话水平测试一共包括五个测试项:读单音节字词、读多音节词语、朗读短文、选择判断、命题说话,总分为100分。大纲还规定,各省、自治区、直辖市语言文字工作部门可以根据测试对象或本地区的实际情况,决定是否免测"选择判断"项,如免测该项,"命题说话"项的分值由30分调整为40分。

以下是江西省普通话水平测试的测试内容、具体要求和评分方法。

江西省普通话水平测试免去了"选择判断"这一项,共测四个项目:

(一)读单音节字词(100 个音节,不含轻声、儿化音节),限时 3.5 分钟,共 10 分

此项测试中的 100 个单音节中,每个声母出现次数一般不少于 3 次,每个韵母出现次数一般不少于 2 次,4 个声调出现的次数大致均衡,目的是考查应试者普通话声母、韵母、声调发音的标准程度。

评分标准:

1. 语音错误,每个音节扣 0.1 分。

2. 语音缺陷,每个音节扣 0.05 分。

3. 超时 1 分钟以内,扣 0.5 分;超时 1 分钟以上(含 1 分钟),扣 1 分。

(二)读多音节词语(100 个音节),限时 2.5 分钟,共 20 分

此项测试中的 100 个音节,除声母、韵母、声调出现的次数与读单音节字词的要求相同外,上声和上声相连的词语不少于 3 个,上声和非上声相连的词语不少于 4 个,轻声不少于 3 个,儿化不少于 4 个,且为不同的儿化韵母,目的是考查应试者普通话声母、韵母、声调和变调、轻声、儿化读音的标准程度。

评分标准:

1. 语音错误,每个音节扣 0.2 分。

2. 语音缺陷,每个音节扣 0.1 分。

3. 超时 1 分钟以内,扣 0.5 分;超时 1 分钟以上(含 1 分钟),扣 1 分。

(三)朗读短文(1 篇,400 个音节),限时 4 分钟,共 30 分

此项测试的朗读短文从《普通话水平测试用朗读作品》中选取,评分以作品的前 400 个音节(即双斜线"//"之前的文字,不含标点符号和括住的音节)为限,目的是考查应试人员用普通话朗读书面材料的水平,在测查声母、韵母、声调读音标准程度的同时,重点测查连读音变、停连、语调以及流畅程度。

评分标准:

1. 语音错误,每个音节扣 0.1 分;漏读或增读 1 个音节,扣 0.1 分。

2. 声母或韵母的系统性语音缺陷,视程度扣 0.5 分、1 分。

3. 语调偏误,视程度扣 0.5 分、1 分、2 分。

4. 停连不当,视程度扣 0.5 分、1 分、2 分。

5. 朗读不流畅(包括回读),视程度扣 0.5 分、1 分、2 分。

6. 超时扣 1 分。

(四)命题说话,限时 3 分钟,共 40 分

说话题从《普通话水平测试用话题》中选取,由应试人从抽取的两个话题中选定其中一个,连续说一段话。这项测试的目的是考查应试人在没有文字凭借的情况下说普通话的水平,重点测查语音标准程度、词汇语法规范程度和自然流畅程度。要求应试人单向说话,如应试人有明显背稿、离题、说话难以继续等表现时,该项测试成绩将受到一定的影响。

评分标准:

1. 语音标准程度,25 分,分六档

一档:语音标准,或极少有失误,扣 0 分、1 分、2 分。

二档:语音错误在 10 次以下,有方音但不明显,扣 3 分、4 分。

三档:语音错误在 10 次以下,但方音比较明显;或语音错误在 10 次至 15 次之间,有方音但不明显,扣 5 分、6 分。

四档:语音错误在 10 次至 15 次之间,方音比较明显,扣 7 分、8 分。

五档:语音错误超过 15 次,方音明显,扣 9 分、10 分、11 分。

六档:语音错误多,方音重,扣 12 分、13 分、14 分。

2. 词汇语法规范程度,10 分,分三档

一档:词汇、语法规范,扣 0 分。

二档:词汇、语法偶有不规范的情况,扣 0.5 分、1 分。

三档:词汇、语法屡有不规范的情况,扣 2 分、3 分。

3. 自然流畅程度,5 分,分三档

一档:语言自然流畅,扣 0 分。

二档:语言基本流畅,口语化较差,有背稿子的表现,扣 0.5 分、1 分。

三档:语言不连贯,语调生硬,扣 2 分、3 分。

4. 朗读文本(背稿、内容雷同)

(1)背诵各类媒体(报纸、杂志、书籍、网络)正式或非正式发表的作品。

(2)多人共同用一篇说话稿。

(3)在说话过程中多次重复或大段重复相同话语。

上述情况有明显表现扣 1 分,较为严重扣 2 分,非常严重扣 3 分。

背稿或内容雷同超过 2 分 30 秒扣 40 分,即命题说话项成绩为 0 分。

5. 无效语料

(1)在命题说话过程中,不断重复相同语句,大量使用"嗯""啊"等语气词代替正常说话内容。

(2)用读题、读数、读秒等与话题无关的语料填充说话时间。

出现上述情况,累计占时每20秒扣1分,以此类推,扣完6分为止。有效话语不满30秒(含30秒),扣40分,即命题说话项成绩为0分。

6. 离题

说话内容明显离题扣1分,严重离题视程度扣2到3分。

完全离题导致说话内容全篇无效,扣40分,即命题说话项成绩为0分。

7. 缺时

(1)应试人因操作计算机不熟练而耽误时间,开头空缺6秒可以不记为缺时,从第7秒开始计算缺时。

(2)在命题说话过程中,长时间停顿、失语(超过6秒开始累计缺时)。

(3)在命题说话过程中,应试者由于准备不充分,难以继续而终止说话。

累计缺时每20秒扣1分,以此类推,扣完6分为止。说话累计不足30秒(含30秒),扣40分,即命题说话项成绩为0分。

二、普通话水平测试的等级确定

《普通话水平测试大纲》第四条规定:

普通话水平划分为三个级别,每个级别内划分两个等次。其中:

97分及其以上,为一级甲等;

92分及其以上但不足97分,为一级乙等;

87分及其以上但不足92分,为二级甲等;

80分及其以上但不足87分,为二级乙等;

70分及其以上但不足80分,为三级甲等;

60分及其以上但不足70分,为三级乙等。

三、普通话水平测试的对象及达标要求

教育部2003年发布的《普通话水平测试管理规定》第15条规定应接受测试的人员为:

1. 教师和申请教师资格的人员;

2. 广播电台、电视台的播音员、节目主持人;

3.影视话剧演员；

4.国家机关工作人员；

5.师范类专业、播音与主持艺术专业、影视话剧表演专业以及其他与口语表达密切相关专业的学生。

6.行业主管部门规定的其他应该接受测试的人员。

江西省教育厅2003年发布的《江西省普通话水平测试管理细则》第20条至27条对测试对象及达标要求做了更为详细的规定：

各级各类学校、幼儿园及其他教育机构的教师普通话水平不低于二级,其中语文教师、现代汉语教师和对外汉语教师不低于二级甲等,普通话语音教师不低于一级。

师范类专业及其他与口语表达密切相关专业的毕业生,普通话达不到合格标准者应缓发毕业证书。

申请认定教师资格证的人员(申请高等学校副教授以上教师职务或具有博士学位申请高等学校教师资格者除外),普通话水平不低于二级。

国家机关工作人员(1954年1月1日以后出生)普通话水平不低于三级甲等。

省级广播电台、电视台的播音员、节目主持人,普通话水平应达到一级甲等,市、县级广播电台、电视台的播音员、节目主持人的普通话水平应达到一级乙等。

影视话剧的表演和配音演员,播音、主持人专业和影剧表演专业的教师、毕业生,普通话水平应达到一级乙等。

行业主管部门规定的其他应该接受测试的人员,其普通话达标等级,由国家行业主管部门规定。

社会各界人士均可自愿申请接受测试。

第三章　口语表达与科学发声

声音信息的传递是口语交流思想的基础。这种声音信息的交流,要求用优美、动听的语音,使听者毫不费力地接受其思想内容,并从中受到启迪和教育。要达到这样的目的,说话人的语音不仅要正确、清晰,还必须生动感人,富有表现力和感染力。在口语表达中,要使自己的声音具有这种艺术魅力,说话人就必须在掌握普通话基础发音的基础上,注意各种发音技巧的训练。改善声音的要素有三个:吐字归音、气息控制和共鸣训练。

第一节　吐　字　归　音

吐字归音是我国传统曲艺理论的重要组成部分。随着社会生活的发展,吐字归音理论逐渐成为现代口语表达理论的基本要求。吐字含糊不清往往会给听众造成听觉上的困难,影响口语表达信息传递功能的发挥。

通常来说,吐字的过程可以分为三个部分,分别是出字、立字和归音,或者称为字头、字腹和字尾三个阶段的发音。根据汉字的字音特点,一个音节可分为字头、字腹、字尾三部分。字头相当于声母或声母加韵头,字腹相当于韵腹,字尾相当于韵尾。如"江"(jiāng),字头为 ji,字腹为 ɑ,字尾是 ng。

民间说唱的发音方式要求一个音节的发音过程有头有尾,形成一个完整的"枣核形"状态,以此求得字正腔圆的效果,口语表达训练也应效仿、借鉴这种方式。这是对吐字归音过程的形象化描述,它涉及音节各部分用时长短和口腔开合的圆展度。

吐字归音的三个阶段是一个完整的统一活动过程,具体来讲可以总结为以下三个要求:

一、出字准确,弹发有力

出字是指吐字归音过程中对字头的处理,字头的发音对于保证整个字音的

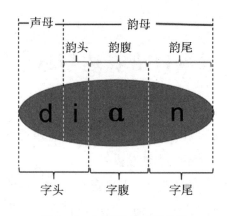

图 3 - 1   "电"字的吐字发音

清晰响亮起着关键作用。出字要求部位准确,弹发有力。

声母的发音必须找准发音部位即气流受阻的部位,口腔内蓄气要足,阻气要有力,力量集中在阻气部位的纵中部,不要满口用力,弹发时要干净敏捷。由于韵头对声母的影响,字头的发音还要注意唇形正确,该圆则圆,该扁则扁。零声母音节,出字也要有一定的力度。

有人把出字阶段称为咬字阶段,把字叼住然后弹发出来,并且做了一个形象的比喻:咬字就像母老虎叼着小老虎,叼的力度要适中,如果力度过大,小老虎会被咬伤甚至被咬死;如果力度过小,则很有可能叼不住。可见,出字的力度至关重要。

出字的力度主要是磨炼我们的"口齿",这里的口齿最主要的就是舌头和嘴唇这两个发音部位,我们的训练需要围绕它们展开。

1. 双唇训练

(1)发音提示

一些人说话吐字不清,双唇没有力量就是原因之一。这些人说话时,不习惯动用唇的力量或者是唇的力量并不集中,这样字音就仿佛裹在嘴里,含含糊糊。

要用好唇的力量,就一定要找准发音技巧。唇用力的点要相对集中,集中在上唇中央的 1/3 处使最巧的劲,也就是说突破阻碍发出声音的时候,力量尽量从上唇中央的 1/3 处突破,并不是仅从某一点用力。要特别注意的是,不要裹唇,要自然抿唇,力量支点在唇的内缘。

（2）绕口令训练

《炮兵和标兵》：

八百标兵奔北坡，炮兵并排北边跑。炮兵怕把标兵碰，标兵怕碰炮兵炮。

《班干部》：

班干部管班干部，班干部让班干部管班干部，班干部就管班干部。班干部不让班干部管班干部，班干部就管不了班干部。

《八千八百八十八》：

出北门，朝北走，走出八千八百八十八大步，来到八千八百八十八里铺。八千八百八十八里铺，种了八千八百八十八棵芭蕉树，飞来八千八百八十八个八哥鸟，要在这八千八百八十八棵芭蕉树上住。惹恼了八千八百八十八个老伯伯，掏出八千八百八十八个白弹弓，不让这八千八百八十八个八哥鸟，在这八千八百八十八棵芭蕉树上住。跑来了八千八百八十八个白胖小哥哥，拽住这八千八百八十八个老伯伯，不要打这八千八百八十八个八哥鸟。

2. 舌头训练

（1）发音提示

发音时清晰度不够，除了唇的力量不足，还有可能是舌尖的力量不够集中。有些人在发音的时候，舌尖习惯团作一团儿说话，这会严重影响字音的清晰度。我们可以借助 d、t 这组音的练习来锻炼舌尖的力量。这组音是舌尖抵住上齿龈发出来的。要将这组音发得清晰有力，就要在舌尖的力度上下功夫。要想发音清晰，就要保证成阻的面积尽量小，使舌尖和上齿龈接触成一个点而不能成一个面，可以通过发"滴溜溜、咕咚咚、哗啦啦"等象声词来练习。

（2）绕口令训练

《短刀》：

调到敌岛打特盗，特盗太刁投短刀。挡推顶打短刀掉，踏盗得刀盗打倒。

《断头台》：

断头台倒吊短单刀，歹徒登台偷短刀。断头台塌盗跌倒，对对短刀叮当掉。

《炖冻豆腐》：

会炖你的炖冻豆腐，就炖你的炖冻豆腐；不会炖你的炖冻豆腐，就别炖你的炖冻豆腐。要是冒充会炖你的炖冻豆腐，炖坏了你的炖冻豆腐，就吃不成你的炖冻豆腐。

二、立字立起,圆润饱满

立字是指韵腹(主要元音)的发音过程,要求拉开立起,声音要明亮、圆润、饱满,要求韵腹发得清晰响亮。因为在汉语音节中,韵腹开口度最大,发音共鸣最饱满,声音最响亮,而且韵腹也是声调的主要体现者。只有韵腹响亮,每个汉字才能真正"立得住",掷地有声。

有一些方言区的人,将 ai 的音发得像 ei,将 iao 的音发得像 iou,发 an 又像发 en,这都是发音时口腔开度不够所造成的,这种发音给人的听感是字音扁,不圆润。另外,发韵母尤其是发复合韵母时,舌位是有动程的,比如发 iou 时,舌位由前高点 i 到后半高 o 再到后高 u,整个发音过程要自然流畅。不能因为舌头偷懒而发得不够舒展,也不能简单地拼加三个元音。我们也可以通过绕口令训练来感受字腹的开度,以取得较清晰的音色和丰富的泛音共鸣。

《娃娃和南瓜》:

墙头上有个老南瓜,掉下来打着胖娃娃,娃娃叫妈妈,妈妈摸娃娃,娃娃骂南瓜。

《哥哥的锅》:

大哥有个大锅,二哥有个二锅;大哥要换二哥的二锅,二哥不换大哥的大锅。

《扫雪》:

退休干部大老谢,拿起扫帚上街去扫雪。小杰看见谢老爹自己在扫雪,小杰回屋叫小铁,小铁在打铁。小铁放下铁,又去找小雪。他们几个都上街,帮助老爹收拾雪。

《槐树底下的戏台》:

槐树槐,槐树槐,槐树底下搭戏台。人家的姑娘都来了,我家的姑娘还没来。说着说着就来了,骑着驴,打着伞,歪着脑袋上戏台。

《秃老眉与小魔鬼》:

南边来了个秃老眉,北边来了个小魔鬼。秃老眉打断了小魔鬼的腿,小魔鬼咬破了秃老眉的嘴。

《包饺子》:

一个大嫂子,一个大小子,坐在一块儿比包饺子。不知是大嫂子包的饺子不如大小子,还是大小子包的饺子不如大嫂子。

《姥姥和娇娇》：

老姥姥问姥姥,姥姥老问老姥姥。小娇娇吃饺饺,娇娇老吃小饺饺。

《借绿豆》：

出南门,走六步,见着六叔和六舅;叫声六叔和六舅,借我六斗六升好绿豆。过了秋,打了豆,还我六叔六舅六斗六升好绿豆。

《老头儿喝酒》：

一个老头儿一盅酒,就着一块藕,吃一口,喝一口。一棵柳树搂一搂,一个小猴儿扭一扭。十个老头儿十盅酒,就着十块藕,吃十口,喝十口。十棵柳树搂一搂,十个小猴儿扭一扭。

三、归音到位,干净利索

归音是指对字尾的处理,字尾收得恰当与否,对字音的完整清晰起着重要作用。归音要求到位恰当,干净利索。到位,是针对不收而言的,意思是尾音要归到应有的位置上。这里说的到位不是要求舌位高紧,闭合完全,而是要求舌位趋向明显,口腔逐渐闭合。

普通话韵尾一共有四个 i、u(o)、n、ng,归音时要特别注意口型和舌位的变化。

i 做韵尾,舌位要提到一定的高度。如:

槐树歪歪,坐个乖乖,乖乖用手,摔了老酒,酒瓶摔坏,奶奶不怪。

u 做韵尾,嘴唇要撮起收圆。如:

高高山上有座庙,庙里住着俩老道,一个年纪老,一个年纪小。庙前长着许多草,有时候老老道煎药,小老道采药;有时候小老道煎药,老老道采药。

n 做韵尾,舌尖要收到上齿龈,关闭口腔通道。如:

谭家谭老汉,挑担到蛋摊,买了半担蛋;挑担到炭摊,买了半担炭。满担是蛋炭,老汉忙回赶,回家蛋炒饭,进门跨门槛,脚下绊一绊,跌了谭老汉,破了半担蛋,翻了半担炭,脏了木门槛。老汉看一看,急得满头汗,连说怎么办。

ng 做韵尾,舌根要收到软硬腭交界处,关闭口腔通道。如:

小光和小刚,抬着水桶上山冈。上山冈,歇歇凉,拿起竹竿玩打仗。乒乒乒,乓乓乓,打来打去砸了缸。

【思考与练习】

1.生活中,你见过口齿不清的情形吗?试分析其原因,同时提供几个帮助他们的小妙招。

2.练习锻炼唇舌力度的口部操。

节数	名称	动作要领
第一节	打响	紧闭双唇,力度集中在唇中央三分之一处,唇齿相依不裹唇,然后发爆破音,如"b、p",再加韵母进行练习
第二节	噘展	向前噘起双唇,向嘴角两边展开双唇
第三节	噘包	向前噘起双唇,然后分别向左右歪,向上抬,向下压
第四节	噘绕	噘起双唇,然后向左向右分别做360度的旋绕运动
第五节	伸舌	张开嘴巴,尽可能将舌头向前伸,反复多次
第六节	顶舌	紧闭嘴巴,用舌头顶左右脸颊
第七节	绕舌	舌头在唇齿之间顺时针、逆时针旋绕
第八节	立舌	舌头上翘立起,重复多次
第九节	弹舌	舌尖轻触上齿根部。练习发"d、t、n、l"的音,再加上韵母进行练习

3.朗读以下作品,体会每个字出字、立字、归音的过程,做到字正腔圆。

沁园春·雪

毛泽东

北国风光,千里冰封,万里雪飘。望长城内外,惟余莽莽;大河上下,顿时滔滔。山舞银蛇,原驰蜡象,欲与天公试比高。须晴日,看红装素裹,分外妖娆。

江山如此多娇,引无数英雄竞折腰。惜秦皇汉武,略输文采;唐宗宋祖,稍逊风骚。一代天骄,成吉思汗,只识弯弓射大雕。俱往矣,数风流人物,还看今朝。

第二节 气 息 控 制

"气者,音之帅也",口语表达的过程可以说是气息主导下的发声。为了使说话的气息保持通畅,我们需要通过练习来改善个人气息的使用习惯。气息控制好了,不仅说话省力,而且美化了音色,也能让口语表达更为动听。

气息的控制主要依赖呼吸。人的日常呼吸方式主要有三种:胸式呼吸、腹式呼吸和胸腹式联合呼吸。胸式呼吸,是成人常用的呼吸方式,吸进的气流充塞于上胸部,气息较浅,不易控制。说话时如果长时间使用胸部呼吸会使声带疲劳。腹式呼吸主要依靠膈肌的收缩或放松,使腹部一起一伏地进行活动。气量少便难以控制,音色也显得较闷。胸腹式联合呼吸,会全面扩张胸腔和腹腔的容积,气流被吸进肺部底端,吸气量大,也具有一定的厚度,容易产生坚实明亮的音色。我们可以通过学习胸腹式联合呼吸,科学地依据不同的语言环境和语言表达的需要,调整用声状况,使听者获得听觉和心理的享受。

一、吸气训练

胸腹式联合呼吸要求将气流吸到肺底,最重要的是两肋向两侧打开。要领如下:

心理状态:要精神饱满,心态积极,做到"兴奋从容两肋开,不觉吸气气自来"。

身体状态:喉松鼻通,肩部放松,胸部稍前倾,头颈之间取平视角度,小腹自然内收,坐站要立腰。

基本要求:

1.扩展两肋:双肩自然放松,双臂可自由活动,深吸气,扩展两肋,增大胸腔的前后左右径,从而使气容量增大。

2.吸气要深:吸气时要有吸向肺底的感觉,此时横膈膜下降,体内积蓄较多的空气。

3.小腹内收:在吸气的同时,腹部肌肉应向小腹的中心(即丹田)位置收缩,用收缩的感觉控制气息。

我们可以通过"闻花香"和"半打哈欠"的方式来体会吸气的过程。

二、呼气训练

"吸气一大片,呼气一条线;气断情不断,声断意不断",呼气时,尽量不要让气息瞬间就毫无控制地呼出去。控制的要领在于下腹收缩,上腹壁尽量保持住,目的是不让张开的两肋一下就懈怠了,气息应随着发声徐徐呼出。具体呼气要领如下:

1. 平稳:均匀平衡地呼出气息,并能根据感情的变化,变换呼气状态。

2. 控制:吸气时,呼气肌肉群体工作的同时,吸气肌肉群体仍要持续进行工作,并且要控制住腹肌向丹田收缩的力量,这样呼气才能持久。

3. 变化:随着所表达内容和感情的变化,调节呼气的强弱、快慢,要学会无声吸气,同时要加大强唇、舌的力度。

平日可以做以下练习:

1. 吸气后徐徐吹去桌面上的灰尘。

2. 吸气后发"啊——",注意气息要稳而持久。

3. 吸气后呼气,同时发"小芳——""毛毛——",注意不要有用嗓子"喊"的感觉。

4. 吸气后呼气发声,从 1 数到 10,注意不要憋气发声,做到气息、声音自然通畅。

三、综合训练

1. 慢吸快呼训练

保持慢吸的正常状态,吸气之后,用一口气尽量又多又快地说话,可以用简单重复的绕口令来练。

《数枣》:

出东门,过大桥,大桥底下一树枣,拿着杆子去打枣,青的多,红的少:一个枣,两个枣,三个枣,四个枣,五个枣,六个枣,七个枣,八个枣,九个枣,十个枣,九个枣,八个枣,七个枣,六个枣,五个枣,四个枣,三个枣,两个枣,一个枣。这是一个绕口令,一口气说完才叫好。

2. 快吸快呼的训练

快吸时应注意保持慢吸时"两肋打开,吸到肺底,腹壁站定"的基本状态,只是将慢慢吸气,改为不经意间一张嘴瞬间吸气到位。可选用快板、戏曲、曲艺说白的贯口段子进行训练,要求呼吸控制急而不促,快而不乱,长而不喘。

《报菜名》:

谢谢各位光临本餐厅,我们的菜品应有尽有:

蒸羊羔、蒸熊掌、蒸鹿尾儿、烧花鸭、烧雏鸡儿、烧子鹅、卤煮咸鸭、酱鸡、腊肉、松花、小肚儿、晾肉、香肠、什锦苏盘、熏鸡、白肚儿、清蒸八宝猪、江米酿鸭子、罐儿野鸡、罐儿鹌鹑、卤什锦、卤子鹅、山鸡、兔脯、菜蟒、银鱼、清蒸哈什蚂、烩鸭丝、烩鸭腰、烩鸭条、清拌鸭丝、黄心管儿、焖白鳝、焖黄鳝、豆豉鲇鱼、锅烧鲤鱼、锅烧鲇鱼、清拌甲鱼、抓炒鲤鱼、抓炒对虾、软炸里脊、软炸鸡、什锦套肠儿、卤煮寒鸭儿、麻酥油卷儿、熘鲜蘑、熘鱼脯、熘鱼肚、熘鱼片儿、醋熘肉片儿、烩三鲜、烩白蘑、烩鸽子蛋、炒银丝、烩鳗鱼、炒白虾、炝青蛤、炒面鱼、炒竹笋、芙蓉燕菜、炒虾仁、烩虾仁、烩腰花儿、烩海参、炒蹄筋儿、锅烧海参、锅烧白菜、炸木耳、炒肝尖儿、桂花翅子、清蒸翅子、炸飞禽、炸汁儿、炸排骨、清蒸江瑶柱、糖熘勾芡仁米、拌鸡丝、拌肚丝、什锦豆腐、什锦丁儿、糟鸭、糟熘鱼片儿、熘蟹肉、炒蟹肉、烩蟹肉、清拌蟹肉、蒸南瓜、酿倭瓜、炒丝瓜、酿冬瓜、焖鸡掌儿、焖鸭掌儿、焖笋、炝茭白、茄子晒炉肉、鸭羹、蟹肉羹、鸡血汤、三鲜木樨汤、红丸子、白丸子、南煎丸子、四喜丸子、三鲜丸子、氽丸子、鲜虾丸子、鱼脯丸子、馅炸丸子、豆腐丸子、樱桃肉、马牙肉、米粉肉、一品肉、栗子肉、坛子肉、红焖肉、黄焖肉、酱豆腐肉、晒炉肉、炖肉、黏糊肉、烀肉、扣肉、松肉、罐儿肉、烧肉、大肉、烤肉、白肉、红肘子、白肘子、熏肘子、水晶肘子、蜜蜡肘子、锅烧肘子、扒肘条、炖羊肉、酱羊肉、烧羊肉、清羔羊肉、五香羊肉、氽三样、爆三样、炸卷果儿、烩散丹、烩酸燕儿、烩银丝、烩白杂碎、氽节子、烩节子、炸绣球、三鲜鱼翅、栗子鸡、氽鲤鱼、酱汁鲫鱼、活钻鲤鱼、板鸭、筒子鸡。

您需要点哪几样呢?

第三节　共鸣训练

排除外在的辅助因素(特殊的环境、扩音器的使用等),我们的声带原本发出的声音是很微弱的。但发音时,声波使身体内部发生振动,振动的声波和原来的声波汇合在一起,加强了原来的声音,才使我们听到的声音扩大了,这就是共鸣现象。

人体的口腔、鼻腔、胸腔等组成了一个天然的共鸣腔体,当声带振动时,如能把气流送到各个腔体,就能产生共振,起到扩大发声效率、美化声音的作用。

口腔共鸣能使声音结实、明亮;胸腔共鸣能使声音浑厚、洪亮;鼻腔共鸣能使声音明丽、高亢。我们一般采取"口腔为主、三腔共鸣"的说话方式,使声音既圆润丰满、洪亮浑厚,又朴实自然、清晰真切。

一、口腔共鸣

口腔共鸣是语音的制造场,是人体中最灵活的共鸣区。口腔共鸣的时候呼吸通畅,声音自然、圆润,往往呈现自然、舒展、轻柔等语言形象。要使口腔共鸣达到一定的效果,我们就必须充分开发口腔的创造空间:

1. 提颧肌

面部呈微笑状,颧肌用力向上提起,使口腔前上部有宽展的感觉,鼻孔也随之稍微张大,同时使唇(尤其是上唇)贴紧牙齿,这对提高声音的高度和字眼的清晰度都有明显作用。怎样训练提颧肌呢? 很简单,我们可以咬一根筷子,去找到颧肌上提的感觉。需要注意的是,提颧肌并不是简单地对颧肌进行提拉收缩,要注意力度,不然说话时,脸上就变成假笑了。

2. 打牙关

上、下颌之间的关节俗称牙关。打开你的牙关,使后槽牙能放松开闭,其作用是丰富口腔共鸣,使咬字的位置适中,力量稳健,上牙槽有上提的感觉。要锻炼牙关,我们可以学习"狮子大开口"这样的动作,去夸张地寻找上、下牙关的距离感。

3. 挺软腭

挺起你的软腭,即抬起上腭的后部,呈半打哈欠状。其作用是增大口腔后部的空间,改善音色,同时缩小鼻咽入口,避免声音大量灌入鼻腔造成的鼻音。

4. 松下巴

在发音的过程中,如果你的下巴太用力,会带动整个下颌、下唇处于紧张状态,发出来的声音会给人非常局促的感觉。想缓解这种状态,松下巴是最简单的一个方法。松下巴可以连带放松喉部,让你的声音松弛,发音舒展。我们模仿吃西瓜或者其他瓜果类食品的时候,找到用上齿去啃瓜皮的感觉,而完全不用下齿,这样就可以很形象地感知到下巴放松了。

将提、打、挺、松四个步骤结合在一起,这样你的口腔的前、中、后部都打开了,整个口腔处于"前紧后松,上提下松"的咬字状态,发出的字音将更加圆润清晰。需要注意的是,这四个步骤的练习是同时进行的。提和挺是在口腔上部发生的;打和松是在口腔下部发生的。这是一对相反的作用力,我们在练习的时候,不要机械照搬,而应多多练习,平衡关系。

下面要注意的是发音时声音送出的路线和字音着力的位置。声带发出的声音,要像一条带子,下与气息相连,从小腹抽出,垂直向上,经过咽部,成为一束声流,沿着口腔上口盖的软腭和硬腭的中纵线前行,到达硬腭前端,最后流出口外。当字音打在硬腭前端的位置时,音色是最稳、最亮的。

我们按以上提示慢慢练习以下词语:

来日方长　来龙去脉　狼狈不堪　老当益壮　盖世无双　排山倒海
燎原烈火　道貌岸然　逍遥法外　庞然大物　张冠李戴　咬牙切齿

二、胸腔共鸣

在语音发声时,我们最主要的是利用口腔共鸣,但一定成分的胸腔共鸣可以增加声音的厚度和结实感。如果你的发声胸腔共鸣成分太少,基本集中在口腔和鼻腔,就很容易形成声音发飘的效果。

胸腔共鸣是低音区的共鸣,音流通过该区时,说话人能够明显感觉到声波在胸腔内振动。胸腔共鸣有助于表达深沉、厚重、忧伤、阴郁等情感。

加强胸腔共鸣的练习可以按如下提示进行:

1. 取中低音,稍稍增大音量,发第四声"嘿"。喉部放松,尽量发得沉而结实,感觉到声音在胸部振动。

2. 用气息托着慢发开口度较大的上声,字音适度靠后:好、海、讲、美、吼。

3. 用中低音唱熟悉的慢歌。

胸腔共鸣的整体感觉是喉部放松,气息通畅,声音在胸部有饱满感。具体方法是喉部松弛,适度提高音量,降低音高,字音靠后,这时更容易体会到胸腔共鸣的效果。

三、鼻腔共鸣

鼻腔共鸣是高音共鸣区,音流通过该区共鸣可以获得高亢响亮的声音。适量的鼻腔共鸣可以为声音增添亮色和集中度,有助于表现强烈、高亢的情感及辽阔、宏大的场景和气势。

鼻腔共鸣是通过软腭来实现的。当软腭放松,鼻腔通路打开时,声音在鼻腔得到共鸣。鼻腔共鸣可以通过学牛叫来体会。练习者平时也可以通过鼻音的训练找到最佳共鸣状态,如练习"妈妈、买卖、光芒、荒凉"等词。值得注意的是,鼻腔共鸣时要减少鼻音色彩,如果鼻腔从元音开始就共振,表明鼻腔共鸣使用过度,应减少元音的鼻化程度。

【思考与练习】

1.学鸭叫声。发 ga、ga、ga 的声音来体会口腔共鸣,共鸣运用得不好,声音会听起来枯燥、刺耳;运用得好,声音就圆润、动听。

2.用适当的低音练习朗读《春晓》,注意加强韵脚的胸腔共鸣。

3.大声呼唤练习。假设某人在离自己 100 米处,大声呼唤"喂——,那——里——危——险——,快——离——开",来体会鼻腔共鸣。

第四章　态势语训练

在人们的交往和信息传递中,有两种语言,一种是口头语言,即我们所说的话语;另一种就是态势语言。口头语言是通过耳来接收的,而态势语言则是通过眼来接收的。口语表达追求审美效果,就不能无视伴随左右的态势语的质量。在交际中,人们若善于依赖态势语则能在口语运用上做到既经济又省力;在口语艺术中,人们若善于依赖适度美化的态势语,就会使口语艺术充满魅力。

一、什么是态势语?

态势语,又称为可视语言、体态语言、无声语言,是指能在一定程度上表达说话者的思想感情的眼神、表情、姿态、动作,是以人体姿态动作表示意义的信息传输交流。比如我们常说的"摇头不算,点头算",就是用摇头或点头来表达不同意或同意的信息。再比如,我们常用竖起大拇指表示"好",用微笑表示满意、赞同,用咬牙切齿表示愤恨。聋哑人就是靠态势语来表达思想感情的。在人们的可视交往中,口头语言和态势语言是不可分割、同时存在的。

态势语言的作用在于辅助有声语言更准确、更有效地表情达意,弥补有声语言表达上的不足。口语明显的局限性在于其线性特点严重制约了收听效率,因而只有让态势语与口语协调配合,才能弥补口语的不足,为它扩容和提速。美国学者费洛拉·戴维尔在《怎样识别形体语言》中说,"心理学家阿尔伯特·梅拉比安发明了一个公式:信息总效果=7%的文字+38%的声音+55%的面部表情。当你认识到即使'我恨你'这个词也能使人听起来带有爱昵的情意时,声音和面部表情的重要性就显而易见了"。

态势语言有助于人际间的情感沟通。一方面,通过态势语言,可以洞察交往对象的心理、性格,了解对方的行为目标、动机和情感过程,巧妙地掌握对方的意图,获取大量的信息。比如,在演讲中时时注意观众的表情、姿势和动作,可以及时得到重要的反馈信息,如眼神游离表示不感兴趣;交头接耳表示可能有问题;嚅动嘴唇表示看法不同;坐立不安表明注意力已经分散……演讲者只有及时了解观众,才能灵活演讲。另一方面,说话人也可以运用态势语向交往对象输出思想和感情信息,及时、含蓄、幽默地将自己的感情信息和工作意向传达给对方。另外,演讲人也要善于用自己的眼神、表情、动作来影响观众,准确传递鼓励、友好、平等、请求合作等信息。

同时,因为态势语言是以动的主体形象出现在听者面前,作用于听者双眼的,所以,准确、协调、自然、优美、灵活自如的态势语言的运用,还会造成一种现实的艺术美,给听者以美的享受。凡是渴望自己的朗诵声情并茂的人,若能将态势语作为辅助艺术来精益求精,则会获得出众的效果。

美国著名社会心理学家克特·W.巴克将态势语分为三大类:

第一类为动态无声类,如头部的各种运动、变化着的面部表情、各种眼神的变化、有动态感的手势和身体动作(如耸肩、摇头、弯腰之类)。

第二类为静态无声类,如衣着服饰、相对静止的站姿、有稳定性状的气质和精神面貌、讲话过程中的停顿和突然出现的沉默。

第三类为有声类,如出声的哭泣、唉声叹气、咳喘呼吸、各种各样的笑、拍桌打椅、击掌、语调的升降、语气、语速和节奏。

本书重点讲述表情语、手势语、体态语三种态势语言。

二、表情语

面部表情是人们通过面部来表达思想感情的一种身体语言,它是运用态势语言的关键所在,能迅速、敏捷、准确、真实地反映情感,传递信息。面部表情是凭借眉、眼、嘴及面部肌肉的变化等体现出来的,内容极为丰富。面部表情可表现肯定与否定、积极与消极、强烈与轻微、接纳与拒绝等情感。由于它可控、易变,效果较为明显,个体可通过它显示情感,表达对他人的兴趣,显示对某事物的理解,并表明自己的判断,所以,表情是人们运用较多的态势语言形式之一。

在面部器官中,最重要的部位是眼睛,眼睛是最重要的信息传递渠道,可以表达忽视、漠视、轻视、藐视、鄙视、蔑视、重视、媚视、妒视、侧视、敌视、怒视……两眼向前注视,表示勇气和决心;眼睛轻轻上抬,表示高兴、希望、兴奋;眼睛向下表示羞愧、胆怯、谦卑、悔恨;死盯着但视而不见表示着迷或疯狂;眼睛向侧面看表示憎恶、讨厌、反感;两眼圆睁、滚动闪烁则表示恐惧、气愤、勃然大怒或兴高采烈;茫然凝视表示绝望;半闭双眼则表示快乐幸福、喜不自胜;斜眼表示轻蔑、冷落、怀疑、厌倦;不予考虑时则眨眨眼睛,偏向一边。

有一个词语叫"眉目传情",眉眼的姿态体现着情绪的变化。惊喜、胜利时,神采飞扬,瞳孔放大,眉毛上挑且微微颤动,一副扬眉吐气、眉飞色舞、喜上眉梢之态;忧愁、心事重重时,往往皱着眉头;低眉表示顺从、认错;愤怒时,则横眉冷对,或杏眼圆睁、柳眉倒竖;舒眉、平视或凝视,通常表现平静和深沉的情感;舒眉、挑眉、眉目兼用的流转式眉目语有询问、探求反映、提醒听众思索、交流情感、照顾全体等作用。

面部表情中另一个必须讲到的就是微笑。微笑是所有交际语言中最有感染力的,是人际交往的高招。微笑可以缩短人与人的距离,一个微笑可以使原本素不相识的人很快成为朋友。在运用微笑传情达意时,要注意以下几点。第一要笑得真诚,也就是说微笑既是自己愉快心情的外露,也是纯真之情的奉送,只有这样才能引起对方的共鸣。第二要笑得自然,微笑是发自内心的,绝不能为笑而笑。第三是笑要分场合,该笑的时候笑,不该笑的时候不能笑,比如参加一个追悼会,这种场合自然不宜微笑。第四是微笑的对象要合适,也就是对不同的交际对象应使用不同含义的微笑,以传达出不同的情感。第五是微笑的程度要合适,微笑是一种礼节,表示对对方的尊重,如果没有节制,其传达出来的意味就大大不同。

嘴在语言表达中所起的作用是靠口型的变化来体现的。在和谐宁静、端庄自然时,嘴唇闭拢;嘴唇半开表示惊讶、疑问;嘴唇全开表示惊骇;嘴角向上表示喜悦、诙谐、礼貌、殷勤和善意;嘴角向下表示痛苦悲切、无可奈何;不高兴时噘着嘴;愤怒时绷紧嘴,有时也表示挑衅、对抗或决心已定。

面部表情的变化必须和口语默契配合,协调一致,有时还要与手势、身姿同步协调,做到"言出色动,色动形随",互为作用,相得益彰。

三、手势语

有人说"手势是口语表达的第二语言"。当众讲话时的手势不仅能够强调和解释语言所传达的信息,而且往往能使讲话的内容更丰富、形象、生动,让听众可听、可看、可悟。手势运用是否恰当,会直接或间接地对讲话效果产生不同程度的影响。常见的手势分单手和双手、拳式和掌式、上举和下压、平拉和斜划等。手势的使用设计要注意与褒贬的感情色彩和分寸相统一的问题,还要注意和目光一致。

（一）手势的分类

1.按照手势的基本含义大致可以分为以下四种：

（1）情意手势，主要用于体现、加强口语表达者的情感，如挥动拳头表示愤怒，摊开双手表示无可奈何。

（2）指示手势，用于指明要说的人、事物、方向等。它的特点是动作简单，表达专一，基本上不带感情色彩，直接指明具体的对象。

（3）象形手势，用于描摹事物的形貌以及比画人物动作等，给人一种具体明确的印象，如用双手比画具体事物的大小。

（4）象征手势，用于表达抽象的概念、意味。这种手势若用得恰当准确，能引起听众心理上的联想，启发听众的思维。如在讲到"他向祖国人民献出了一颗火热的心"时，说话人可做双手捧物上举的动作，更好地传达向祖国做贡献的意思。

2.按照手势的活动范围可以分为以下三种：

（1）上区手势，指手在肩部以上区域活动，多表示积极、振奋、宏大、张扬、想象等内容和情感，如表示殷切的希望、胜利的喜悦、幸福的祝愿、未来的展望、美好的前景。

（2）中区手势，指手在肩部到腹部这一区域活动，表示坦诚、平静、和气等情感及叙述说明的意义。

（3）下区手势，指手在腹部以下活动，多表示憎恨、鄙视、压抑、否定等贬义色彩。

3.按照手势运用的具体部位可分为三种：

（1）掌势语。手掌动作运用得最频繁，大概有以下几种：

①手掌伸开，抬至胸前，向前上方用力挥动。这种手势一般表示号召、勇往直前等意思。

②手掌向上，前伸，臂微曲。这种手势一般表示请求、欢迎、赞赏等意思。

③臂微曲，手掌向下压。这种手势一般表示反对、制止、否认、压抑等意思。

④手掌附于前额的一部分，与面部表情配合，表示痛苦、慎思、自责、自省等意思。

⑤两掌从胸前往外推出。这种手势常表示拒绝接受某种东西，或不赞成某种思想观念。

⑥两手掌由外向内,往胸前收回。这种手势常表示接受某种思想观念或接受某种东西。

(2)指势语。手指动作没有手掌动作运用得那么频繁,以下是常用动作:

①握拳伸出食指。表示涉及某个话题、对象和物件,可以提醒听众注意,也可以表示方位。

②手向前平伸,掌立起,或伸出若干手指,可以表示具体的数目。

③五个手指由外向内集中收拢,这种手势常表示某种力量集中、某种事物相聚等意思。

④手指向下用力收拢,这种手势表示控制、抓我等意思。

(3)拳势语。拳势动作运用得最少,主要有以下几种:

①拳头紧握、高举。这种手势表示坚决拥护、强烈反对、警告等意思。

②拳头向下用力挥动或捶击。这种手势表示决断、恼怒等意思。

③拳头向前冲击。这种手势表示打击、反击、对抗等意思。

④拳头向左下方斜击。这种手势表示驱赶、惩罚等意思。

(二)手势的使用

手势对于口语表达者来说起到的作用是毋庸置疑的。手势如果运用得不恰当,也会有损于表达效果。因此,在运用手势语时,需注意以下几点:

1.手势不要做得太频繁,而应做得恰到好处。手势太多很容易夺去听众的一些注意力,我们在深刻理解自己需要表达的内容之后,需尽量放松,做到自然、投入,做到形象生动。

2.手势不要太单调,也不要太花哨。大家一定有这样的体验:有的人和你聊天时一直重复一个动作,这时你会觉得厌烦、无趣;有的人说话时动作太过花哨,也让你觉得不严肃,甚至很可笑。在口语表达中,只需要掌握几个简单的动作,搭配着间隔使用就可以了。

3.手势动作要清楚有力。我们使用手势的基本要求是手随心动,话到手到,出势准,停势稳,收势缓。

四、体态语

体态语是人的静态的和动态的身体姿势所传递的交际信息。静态的体态语包括站、俯、坐、蹲、卧等姿势语;动态的体态语是指步姿语。

1.站姿语

站姿语是通过站立的姿态传递信息的语言,主要通过肩、腰、腿、脚等肢体动作的变化来传情达意。站姿的一般要求是:两腿站直,胸部挺起,双手自然下垂,双目平视,形成一种优雅挺拔、精神饱满、充满自信的体态。

2.坐姿语

坐姿语是通过各种坐姿传递信息的身姿语,可分为严肃坐姿、随意坐姿、半随意坐姿三种。坐姿的一般要求是:入座时应轻而稳;坐的姿势要端正、大方、自然;腿的姿势要配合得当,不跷二郎腿;交谈时,上身要稍微前倾,以表示自己专心听对方说话和对对方的尊重。

3.步姿语

步姿语是站姿的延伸动作,属于动态造型。它通过行走的步态来传情达意。步姿的一般要求是:步态从容、平稳,呈直线,身体直立,收腹直腰,两眼平视,双臂自然放松地在身体两侧摆动,跨步均匀,步伐稳健,有节奏感。

【思考与练习】

1.根据下面的态势语建议,朗诵这首诗。

乡 愁

余光中

小时候

乡愁是一枚小小的邮票

(第一节,面部表情、眼神流露回忆、温馨、依恋之情,眼神向远处看,头有时微侧。朗诵"小小的邮票"时配合单手慢慢抬至胸部侧前方。)

我在这头

母亲在那头

(朗诵"我在这头"时,手掌指向胸部方向;朗诵"在那头"时,手掌指向远处,并向侧上方滑动。)

长大后

(手势从"在那头"时缓缓收回。)

乡愁是一张窄窄的船票

(第二节,眉微皱,眼露难舍、无奈之色。朗诵"窄窄的"时,头微侧,伴以摇头,以示无奈。)

我在这头

新娘在那头

(朗诵"这头"时用右手指右侧前上方,朗诵"那头"时用左手指左侧前上方。)

后来啊

(双手从前面一小节的姿势收回。)

乡愁是一方矮矮的坟墓

(第三节,表情、眼神微露哀伤、无奈之色。朗诵"矮矮的坟墓"时,双手手掌向下微曲,同时抬至腰部。)

我在外头

母亲在里头

(朗诵"在外头"时,单手侧掌指侧边,朗诵"在里头"时侧掌向中间、向下指。)

而现在

(手势从前面一小节的姿势收回。)

乡愁是一湾浅浅的海峡

(第四节,表情、眼神流露真挚深情之色,在"浅浅的"这儿稍露无奈责问之色。朗诵"一湾浅浅的海峡"时,双手掌心向上从中间向两边滑动。朗诵至"海峡"时,姿势停。)

我在这头

大陆在那头

(朗诵"我在这头"时,双手同时指向胸部。朗诵"大陆在那头"时,一只手收回,另一只手向侧前方运动,好像在指向远方。)

2.请做以下站姿和行姿训练

(1)站姿训练

①靠墙站立法:后背靠墙,让后脑勺、肩胛骨、臀部、脚后跟与墙面呈点的接

触,靠墙站立 5—10 分钟,体会正确站立时身体各部位的感觉。

②收腹立腰站立法:肩放松下沉,腰背自然挺立,双手叉腰,好像头顶中间有一根绳子从上面拉着,整个身体往中间收拢成一根棍的感觉。站立 1 分钟左右休息一下,反复练习几遍。此法对挺拔身姿非常有效。

(2)走姿训练

①平衡练习:将一本书放在头顶上,两眼平视前方,手叉腰或自然下垂,坚持走 2—3 米,纠正走路时左右晃动或弯腰驼背的习惯。

②走直线练习:在地上放一条 5 厘米左右的带子,迈脚时脚跟内侧碰到带子,如果踩到带子就变成外八字了。这一练习可以让我们的走姿变得优美。

中编　实训篇

第五章　朗读与朗诵

第一节　朗读与朗诵的区别与联系

一、朗读与朗诵的概念

朗读与朗诵都强调"朗",就是要求清晰响亮地把无声的书面语言转化为有声语言的再创作活动。

朗读,是清晰响亮地把文章念出来,它本质上是一种"念读",其主旨是将书面文字清晰准确地转换为有声语言传递给听众。它不追求以情动人的艺术表达,而重在以义喻人,即追求听众对所朗读的文字全面、准确地理解与理性地思考。而评价一个人朗读水平的好坏就是看他是否能正确使用普通话,语音是否规范,吐字是否清晰,语调是否自然,节奏是否合理,语气是否和谐。所以朗读是一种经过艺术加工的语言再创造活动。

朗诵,是一门独特的艺术。它是更高层次的朗读,是一种语言艺术表现形式,要求对文本进行艺术处理,通过朗诵者借助语速、轻重、停顿等表达技巧,并恰当运用态势语言(面部表情、身姿、手势等)来加强表达效果,把文学作品在观众、听众面前用准确、流利的语言和丰富的情感,进行再创造的一种艺术表演活动。因此,朗诵具有表演的成分。它呼唤的是听众的情感共鸣,追求的是使听众听之入耳、听之入心、听之动情的艺术感染力。

二、朗读与朗诵的区别与联系

朗读和朗诵,既有区别又有着密不可分的联系,二者之间并没有一条绝对的分界线。它们的区别具体表现为以下几点:

1. 表达效果不同

朗读与朗诵的区别,在于"读"字和"诵"字上。读,依照文字念,见字出音,表情达意,比如读书、读报。诵,原则上应脱稿背诵,用高低起伏、轻重缓急、抑扬顿挫的腔调读,比如朗诵诗歌、诵经。

朗读,不是一般的读书,是清清楚楚地高声读,使书文语气连贯而见情意。声音响亮,朗朗有声。

朗诵,不是一般的朗读,是比一般朗读要求更高的语言艺术表达形式。朗诵是脱稿成诵,它要求不看作品,面对观众,除运用声音外,还要借助眼神、手势等体态语言帮助表达作品感情,引起听众共鸣。朗诵比一般朗读的要求更高,更抒情,更有音乐感。

2. 应用范围不同

朗读主要用于课堂学习和电台、电视台播音,它是一种教学宣传形式;朗诵多用于舞台表演、文娱活动中,它是一种艺术表演形式。

3. 表现形式不同

朗读对声音的再现要求自然化、本色化、生活化,口语形式平实、自然,注重音量的均衡、吐字节奏、停顿以及声音高低的对比,可以根据表达需要而有所变化,但不宜有太多的变化。

朗诵的口语形式生动、优美,对声音再现的要求是风格化、个性化,甚至可以戏剧化。它要求朗诵者将自己对作品的体会,通过音量的大小、音区的高低、节奏的快慢等多方面的变化,形成一种深入并撼动听众的心灵的独特的艺术感染力。

4. 选材不同

朗读的选材十分广泛,凡是文字读物都可以朗读。无论是诗、词、曲、赋,还是散文、小说、戏剧、相声;无论是记叙文、议论文、说明文,还是社论、新闻、打油诗、绕口令、家信、招聘广告、寻人启事、作业习题都可以读。

朗诵在选材范围上则相对较窄,它只限于文学作品,一般以诗歌与散文为主,少数的童话、小说和戏剧也可以朗诵。它对文稿的艺术特点有相对严格的要求,只有文辞优美、意蕴深刻、脍炙人口的文学精品才适合朗诵。

5. 态势语言不同

朗读一般是"念读"式的表达,可以手拿文稿进行,它对朗读者的形体、手势、眼神、表情等均无明确的要求。在态势上,朗读者可以站着读、走着读,也可以坐着读,例如老师可以在教室里来回走动地读课文,播音员通常坐着播音。所以朗读的任务是传达而不是表演。

朗诵属于艺术性表演,它要求在朗诵过程中,形体、手势、表情、眼神都应该和谐统一,协调配合,以强化艺术语言的艺术感染力,因此,朗诵必须脱稿站立表达,因为手持文稿不利于形体、态势与朗诵内容的协调配合,过多地看稿还会限制朗诵者的表情、眼神和朗诵者与听众之间的交流。朗诵是一门表演艺术,朗诵者的身份是"演员",是扮演成另一个"我"来抒情表意。

综上,朗读和朗诵都是要出声读,书声琅琅是它们的共同特点。朗读是朗诵进行艺术加工的基础,朗诵是朗读艺术加工后的提高。从口语表达上来看,朗读是基础,朗诵是朗读的进一步深入和艺术化的过程,二者都是把文字作品转化为有声语言的再创造过程,通过朗读或朗诵可以显化人文底蕴,活化真情实感,用有声语言表情达意、言志传神。

第二节　朗读与朗诵前的准备

一、朗读与朗诵前的要求

作为口语表达的艺术形式,朗读与朗诵不仅承载着推广普通话的责任,还要准确、鲜明、生动地传播各类信息,这就要求朗诵者的语言表达富有感染力和表现力。纯正规范的语音、圆润明亮的嗓音和生动感人的语言表达能力,是朗诵者应具备的基本条件和素质,基本要求如下:

1.语音规范,吐字清晰

要求用普通话表达,首先要咬准字音,表达清晰,注意停顿、重音、语速、语调以及文中的语流音变等基本表达手段和技巧。

2.语流畅达,语义明了

要求做到不读错字,不添字、漏字,不颠倒,不重复,不中断,不拖腔,不因停连不当造成歧义。

3.嗓音圆润,声音明亮

要求运用科学的发声方法,遵循用气发声的规律,控制共鸣腔,使嗓音圆润、明亮,音色优美,富于变化。

4.确定身份,传情达意

朗诵者应该以什么身份朗读,要有怎样的朗诵状态,这个"定位"很重要。它直接影响着朗诵者处理作品的态度,影响着朗诵艺术的现场效果。首先,朗诵者应该是文字作品的传播者,而不是作品的转述者,他既要尊重原作,又要把作品中的一切都准确、鲜明、完整、深刻地表达出来。其次,朗诵者应该是朗诵者自己,他应该将语言文字变成自己的心里话,真切地与观众交流,将作品中深刻的哲思和饱满的情感传达给听众和观众,让听众从中受到启发、感染,得到美的享受。

5. 感情自然,表达生动

朗诵者直接交流的对象是听众,这就需要他准确地把握作品内容,透彻地理解其内在含义,激发想象,调动情绪,掌握口语表达的多种技巧,通过声音把情感传达给听众,以情动人。

6. 积淀内涵,提高素养

朗诵是一种创造性活动,朗诵者除了要具备识字、组词、造句、谋篇方面的综合分析能力、理解感受能力、积极思维能力、语言驾驭能力,还要有声音运用能力、语言表达能力、对象交流能力、状态调整能力、自我调节能力,对作品体裁、文章风格方面的审美鉴赏能力、独特的感受能力以及艺术创新能力。所以,朗诵者需要不断提高自身的素养,包括语言素养、文学素养、礼仪素养、艺术素养等方面。

二、朗读与朗诵前的准备

目的是朗读或朗诵的第一要素和核心。朗读或朗诵的目的是指我们为什么要朗诵这种内容、这种主题的作品。朗诵者不能见字出声,满足于读而忽略读前的分析。朗诵者不是旁观者,而是感受者,应积极、热忱地分析作品,文字在朗诵者的心中应是生命的客体、有活力的形象。朗诵是一种复杂而独特的再创作活动,我们在朗诵作品时不仅要有明确的目的,还要努力地去实现这个目的。

这里所说的目的既有对作品的评价意义,又有对现实的认识意义。它是朗诵者对原作品进行再创作的灵魂,必须"内明于心,外达于人"。它不应脱离内容和主题,它比一切都更集中,它能在读的过程中让朗诵者产生强大的精神动力,并由此激发具体而又有个性的意志和情感。

朗诵者要在弄懂词句、弄清结构、弄明主题、弄通背景的基础上,努力实现目的,创造性地赋予作品新的生命。为了实现这个目的,朗诵者要把握好以下几个环节:

(一)认真备稿,把握基调

"备稿"就是朗诵者在朗诵每一篇作品前做好准备。每位朗诵者在拿到文字作品后,应当首先熟读作品,准确把握每个字和每个词的正确发音,然后再了解作品的背景,明确作者的创作意图,理清作品的脉络和结构,概括主题,找出中心词句,最后确定朗诵基调。

基调是指作品的基本情调,即作品的总的态度、感情色彩。任何一篇作品都有一个统一完整的基调。朗诵者在朗读作品时必须把握作品的基调,因为作品的基调是一个整体概念,是层次、段落、语句中具体思想感情的综合表露。人的感情色彩有喜、怒、哀、乐之分,态度有肯定、否定之别,批判有分寸、火候的差异,情感基调的把握是朗诵成功的关键。朗诵者要从作品的针对性和朗诵的目的上去把握,深入分析、理解作品的思想内容,力求从作品的体裁、作品的主题、作品的结构、作品的语言,以及综合各种要素而形成的风格等方面入手,进行认真、充分和有效的解析。在此基础上,朗诵者才能产生出真实的感情、鲜明的态度,产生内在的、急于要表达的律动,才有可能使朗诵者与听众产生强烈的共鸣。

【实例】

读书人是幸福人

谢　冕

我常想,读书人是世间幸福人,因为他除了拥有现实的世界之外,还拥有另一个更为浩瀚,也更为丰富的世界。现实的世界是人人都有的,而后一个世界却为读书人所独有。由此我想,那些失去阅读机会或不能阅读的人是多么不幸,他们的丧失是不可补偿的。世间有诸多的不平等,如财富的不平等、权力的不平等,而阅读能力的拥有或丧失却体现为精神的不平等。

一个人的一生,只能经历自己拥有的那一份欣悦,那一份苦难,也许再加上他亲自闻知的那一些关于自身以外的经历的经验。然而,人们通过阅读,却能进入不同时空的诸多他人的世界。这样,具有阅读能力的人,无形中获得了超越有限生命的无限可能性。阅读不仅使他多识了草木虫鱼之名,而且可以上溯远古下及未来,饱览存在的与非存在的奇风异俗。

更为重要的是,读书加惠于人们的不仅是知识的增广,而且还在于精神的感化与陶冶。人们从读书学做人,从那些往哲先贤以及当代才俊的著述中学得他们的人格。人们从《论语》中学得智慧的思考,从《史记》中学得严肃的历史精神,从《正气歌》中学得人格的刚烈,从马克思学得人世的激情,从鲁迅学得批判精神,从托尔斯泰学得道德的执着。歌德的诗句刻写着睿智的人生,拜伦的诗句呼唤着奋斗的热情。一个读书人,一个有机会拥有超乎个人生命体验的幸运人。

一个人一旦与书本结缘,极大的可能是注定了与崇高追求和高尚情趣相联系。说"极大的可能",指的是不排除读书人中也有卑鄙和奸诈;况且,并非凡书皆好,在流传的书籍中,并非全是劝善之作,也有无价值的甚而起负面效果的。但我们所指读书,总是以其优好品质得以流传一类,这类书对人的影响总是良性的。我之所以常感读书幸福,是从喜爱文学书的亲身感受而发。一旦与此种嗜好结缘,人多半因而向往于崇高一类,对暴力的厌恶和对弱者的同情,使人心灵纯净而富正义感,人往往变得情趣高雅而趋避凡俗。或博爱,或温情,或抗争,大抵总引导人从幼年到成人,一步一步向着人间的美好境界前行。笛卡尔说:"读一本好书,就是和许多高尚的人谈话。"这就是读书使人向善。雨果说:"各种蠢事,在每天阅读好书的影响下,仿佛烤在火上一样渐渐熔化。"这就是读书使人避恶。

所以,我说,读书人是幸福人。

【分析】

《读书人是幸福人》是谢冕教授有关读书的一篇随笔,最初发表在1995年7月19日的北京《中华读书报》上。这种热爱源于北大所给予每一个"北大人"的文明滋养,也包括对北大图书馆的爱和对所有读书人的交流、交往的幸福回忆。谢冕教授是20世纪50年代后期北大中文系的学生。在北大读书期间,他常常在下课后到北大图书馆看书。在回忆这段青春岁月时,他谈道:"就我个人而言,我的成长有赖于名园的熏陶、名师的指点,也有赖于这座著名图书馆的灯火,它是我们青春的欢乐和痛苦的见证,如今,它已成了点燃在心灵深处的恒久的光明。"由此可见,谢冕教授是充分感受到了读书的幸福后才由衷地发出"读书人是幸福人"的心声的。

朗诵者在备稿时要注意理清作品四个层次间的关系,把握好句子的意群关系,了解作品的背景和作者的创作意图,加深对文章的理解和感受,明确文章的主题是强调阅读对人的成长的重要性,才能有利于思想感情的传达。朗诵时语言的表达要自然流畅,要轻言轻语,朋友式地循循善诱,用真诚的态度跟人讲你的感悟,让对方接受你的观点。用声以实为主,声音亲切、柔和,切忌生硬、单调,要积极、热情、诚恳,要吐字清晰、气息饱满,注意轻重音的区别和语调、语气的变化。朗诵时应体现平和、舒缓、热情的感情基调,着重阐述读书带给人们的收获和愉悦感。

(二)加深感受,调动情感

感受是朗诵者在朗诵的过程中通过词句的概念及其运动的刺激,引起我们对客观事物的感知、体会的过程。它包括耳、眼、鼻、舌、身等方面的感觉和时间、空间、运动方面的知觉。它是"感知于外,受之于心"的过程。朗诵者对文字作品的分析、理解必须伴随着感受。例如:我们看到"天冷了,下雪了,又快天黑了"这样的文字时,作为朗诵者,我们并不需要研究文字个体,就能通过字词和句子的结合再造客观世界的形象、气氛,就能通过这些文字看到天色、雪花,感受到寒冷。这就是语言文字引发的感受。因此朗诵者对作品要有深刻的理解、深入的探究,要能够通过语言文字调动记忆的联想、思维的想象和知识的储备,再造客观世界的形象,并引发内心鲜活的感受,从而打动听众,加深体验。朗诵感受分形象感受和逻辑感受。

1.形象感受

朗诵者对作品的感受首先取决于作品语言文字的形象性。语言文字特别是实词中所具有的形象性,是表达思想感情、给人以感染力的明显因素。没有形象性就没有叙述和描写,也就没有什么文学性、艺术性可言了。语言文字对朗诵者的可贵之处在于,它造就了客观事物的整体知觉刺激。朗诵者通过语言文字可以看到、听到、嗅到、尝到、触到由文字符号代表的客观世界的种种事物,可以知道时间发展、空间移动和事物运动的过程。

【实例】

雪纷纷扬扬,下得很大。开始还伴着一阵儿小雨,不久就只见大片大片的雪花,从彤云密布的天空中飘落下来。地面上一会儿就白了。冬天的山村,到了夜里就万籁俱寂,只听得雪花簌簌地不断往下落,树木的枯枝被雪压断了,偶尔咯吱一声响。大雪整整下了一夜。

今天早晨,天放晴了,太阳出来了。推开门一看,嗬!好大的雪啊!山川、河流、树木、房屋,全都罩上了一层厚厚的雪,万里江山,变成了粉妆玉砌的世界。落光了叶子的柳树上挂满了毛茸茸、亮晶晶的银条儿;而那些冬夏常青的松树和柏树上,则挂满了蓬松松、沉甸甸的雪球儿。一阵风吹来,树枝轻轻地摇晃,美丽的银条儿和雪球儿簌簌地落下来,玉屑似的雪末儿随风飘扬,映着清晨的阳光,显出一道道五光十色的彩虹。

大街上的积雪足有一尺多深,人踩上去,脚底下发出咯吱咯吱的响声。一群群孩子在雪地里堆雪人、掷雪球,那欢乐的叫喊声,把树枝上的雪都震落下来了。

——节选自峻青《第一场雪》

【分析】

这段文字的描写突出写景——由景引起联想。写雪景又分三个层次——雪前、雪中、雪后。写雪前:分别从清早、中午、黄昏写出大雪降临之前的天气变化。写雪中:从白天写到夜晚,描写大雪纷飞的景象。雪后的景象,是这段文字的重点内容。作者由面到点,由景到人,细腻地描述了雪后初晴的美丽景色。

为了生动形象地描绘雪景,作者在遣词造句上十分注重运用叠词。例如:"整整""纷纷扬扬""毛茸茸""亮晶晶""蓬松松""沉甸甸""簌簌""咯吱咯吱"等叠词不断刺激朗诵者的视觉、听觉、触觉,这时朗诵者若能充分调动自己丰富的想象和联想,结合自己的生活经验,就能产生深刻的形象感受,从中感受到第一场雪的气势。朗诵者仿佛能看到雪后世界那灿烂夺目的光彩,听到雪花落下后人们踩踏时发出的声响以及触摸到冰雪的美丽形态。这一切都需要朗诵者带着内心的情感去感受,同时结合恰当的表达技巧。这样,一幅明丽生动的山村雪景图就会再现在听众面前,把听众带入优美的意境中。

2. 逻辑感受

逻辑,作为思维规律,与语言有着极为密切的关系。逻辑中的概念、判断、推理和证明只有在语言中才能很好地表述出来,而作品中的逻辑关系,主要指全篇各层次、各段落、各语句之间的内在联系。这种内在联系以主次感、并列感、递进感、总括感、转折感和对比感的形式出现在朗诵者的脑海中。朗诵者若能把握这种内在联系,将这种感觉顺畅地贯穿全篇,形成一种上下衔接、前后呼应的连贯性、流畅性,就能在头脑中形成一种特有的感受,这就是逻辑感受。逻辑感受总是以语言表达的准确度、清晰度、流畅感显现出来的,其中"虚词"是获取逻辑感受的重要途径。

【实例】

权利我也有了：我有权利去启发诱导，去激发智慧的火花，去问费心思考的问题，去赞扬回答的尝试，去推荐书籍，去指点迷津。还有什么别的权利能与之相比呢？

而且，教书还给我金钱和权利之外的东西，那就是爱心。不仅有对学生的爱，对书籍的爱，对知识的爱，还有老师才能感受到的对"特别"学生的爱。这些学生，有如冥顽不灵的泥块，由于接受了老师的炽爱才勃发了生机。

——节选自［美］彼得·基·贝得勒《我为什么当教师》

【分析】

彼得·基·贝得勒的《我为什么当教师》是一篇议论性作品，通篇围绕一个中心展开——我为什么当教师？这段文字一开头就给朗诵者一种总括感——"权利我也有了"，第一段由这句话展开，然后用六个并列短句进行分述，一气呵成，点明当教师的乐趣和收获；接着，"而且"这一关联虚词的使用又给朗诵者强烈的逻辑感受，不仅在语言链中承上启下的作用非常明显，同时也在语言链中凸显出上下文之间的一种递进关系，推动情感的纵深发展，为朗诵者的语言表达设计提供了有力的依据，帮助朗诵者沿着作品本身的脉络，形成有机的语言链。

所以，朗诵者在将无声的文字转化为有生命的语言时，既要注重形象感受，又要注重逻辑感受，在理解、感受过程中形成内心的"语流"。一旦诉诸有声语言，内心的情感就会喷薄而出。

（三）调整状态，激发情感

朗读或朗诵的状态是朗诵者在诵读过程中表现出来的形态。朗诵是一种艺术的再创作活动，创作状态的好坏是朗诵成败的关键。它直接影响着朗诵者对作品的理解、感受、构思、设计等环节，应该引起朗诵者足够的重视。朗诵者只有具有积极良好的朗诵状态，才能感受到作品的深刻、丰富，掌握朗诵的主动权，激发情感，创作出优秀的作品。

那么什么是正确的朗诵状态呢？它主要表现为以下几个方面：热情饱满，充满自信；集中精力，融入作品；调整情绪，调动激情；声形合一，张弛有度；灵活变化，腔调不定。

第三节　朗读与朗诵的一般技巧

朗诵技巧是一个非常庞杂的系统,它包括停连、重音、语气、节奏四个方面,它们各有侧重,互相区别,又具有共性。它们是朗诵声音形式的四大支柱。这四种技巧不可分割,融合于朗诵的语流之中。朗诵者在朗诵时应按不同的文体、不同的内容,综合运用这些技巧。技巧的运用有两个阶段:第一个阶段是初步学习阶段,第二个阶段是熟练运用阶段。朗诵者依靠技巧,才能让作品容易接近,容易了解,长于吸引人、激动人和造成深刻印象的艺术性,从而达到艺术在不知不觉之间诱导人和帮助人认识生活、改造人的品质的目的。下面,我们将对朗诵技巧的这四个方面分别进行介绍。

一、停连

(一)停连的概念

停连指的是说话或朗读语流中声音的中断和延续。停连表现为停顿与连读。其中停顿是指口语表达过程中根据生理换气和表情达意的需要所做的语流间歇。连读是在书面文字中有停顿的地方赶快连起来读,做到不换气、不偷气,一气呵成。

19世纪的英国作家卡莱尔曾说:"停顿和语言配合,能创造出双重的意境,有停有连,停连得当,可以使口语表达语清意明,还能恰当地控制节奏,创造出内容所需要的情势,产生动人的力量。"所以停连在口语表达中是十分重要的。朗诵者要学会停连技巧,做到"停到好处,连到妙处",以增强有声语言的表达魅力。

(二)停连的语音表现形式

停连是语义表达的一种手段,根据语句所表达的含意和情感,不同位置的停连在声音形式上有具体的表达方式和不同的变化。这些表现形式不是互不相容,而是可以相互重叠使用的。

1.停顿的表达方式

(1)长时间停顿

(2)短时间停顿

(3)斩钉截铁,戛然而止

(4)声断意连

(5)渐弱渐止

2.连接的表达式

(1)缩短标点符号的停顿作用

(2)完全连接,没有停顿

(三)停顿的分类

朗诵中的停顿主要分为四类:

1.生理停顿。生理停顿是指根据生理换气的需要,在不影响语义完整的地方做一个短暂的停歇。

2.语法停顿。语法停顿是指根据语法结构所做的停顿。一般分为三种情况:

(1)依据标点符号的要求进行停顿,一般情况下,其停顿的长短可这样区分:省略号、破折号、句号、问号、叹号的停顿时间长于分号、冒号、逗号,顿号停顿时间最短。

(2)朗诵时根据作品结构、层次大意进行停顿。停顿的长短为句子之间 < 层次之间 < 段落之间;诗歌则是部分 > 小节 > 层次 > 句子 > 节拍。

(3)为了正确表达作品的思想内容,强调或突出句子中的主语、谓语、宾语、定语、状语或补语而做的短暂的停顿。

【实例】

①高兴,这是一种具体的丨被看得到摸得着的事物丨所唤起的情绪。(中心语和定语之间)

②荔枝蜜的特点是丨成色纯,养分多。(谓语与宾语之间)

③一个月后,当他拿到自己赚的钱时,觉得自己丨简直飞上了天。(谓语和补语之间)

④火烧云丨上来了。(主语和谓语之间)

⑤天空的霞光丨渐渐地丨淡下去了。(状语与中心语之间)

3.逻辑停顿。逻辑停顿又叫强调停顿,是为了准确表达语义,揭示语言的内在联系而形成的语流中声音的停顿。它往往根据表达的内容和具体的语境要求来决定停顿的位置和时间,因此也被称为"无形的标点符号"。逻辑停顿分为下列几种情况：

（1）强调性停顿。强调性停顿是为了强调其一事物、突出某一语义或某种感情在没有标点的地方或在生理上可不做停顿的地方做了停顿。例如：

说相声最起码的条件｜得会说话。

自古称作天堑的长江，被我们｜征服了。

（2）呼应性停顿。呼应性停顿是指语句之间有前后呼应的关系，停顿是为了使语句间的关系明晰、确定、严谨、贯通。例如：

我们必须强调｜学习"三个代表"重要思想的｜重要性。

现在，我们向大家介绍唐代大诗人杜甫｜揭露统治阶级横征暴敛的诗篇。

（3）并列性停顿。并列性停顿是指在作品中处于同等位置，属于同等关系，具有同等样式的区域之间的停顿。例如：

山｜朗润起来了，水｜涨起来了，太阳的脸｜红起来了。

母亲和我都叹息他的景况：多子、饥荒，｜苛税，｜兵，匪，官，绅，｜都苦得他像一个木偶人了。

（4）分合性停顿，包括先分后合、先合后分两种情况，在若干并列成分中"合"在前的为领属性词句，"合"在后的为综合性词句，此时要进行停顿。例如：

这些石狮子，‖有的母子相抱，｜有的交头接耳，｜有的像倾听水声，｜千姿百态，惟妙惟肖。

我读过的鲁迅作品有｜《呐喊》《彷徨》《热风》等六本。

（5）判断性停顿。判断性停顿是指朗诵时为了表现思索、判断的意味，而在那些思索、判断的语句中运用的停顿。例如：

老刘听到了一声似乎是松树倒了的声音。‖不好，有人偷树了。

我们｜爱｜我们的｜祖国。

（6）转换性停顿。转换性停顿是在语义发生转折，由一个意思变为另一个意思，由一种情感变为另一种情感时进行的停顿。例如：

由于生活得不开心，你甚至想到要出走。我认为这样做是不妥当的。当然，‖不管怎么说，对你的处境，我是十分同情的。

各式各样的风筝，有"鹞鹰"，有"仙鹤"，有"蜈蚣"……｜可没有"大蜻蜓"。

4.感情停顿。感情停顿又叫心理停顿。它主要不是语法或逻辑结构，而是出于心理、情感需要所产生的停顿。它不受结构停顿的制约,可以起到丰富语言中的心理内容及加强情感色彩的作用,但停顿时必须有心理或情感的依据。其特点是"声断情不断"。

让我们通过戴望舒的诗歌——《雨巷》,来细细品味停顿的魅力。

戴望舒的经典名篇《雨巷》既迷惘感伤又满怀期待,朗诵者要根据自己对诗意的体悟,读出自己想要强调的情感和语义,在表现这些情感和语义的词语前面适当运用停顿,把握好该诗舒缓深情的总体基调,让听众感受《雨巷》朦胧又典雅、幽静又清丽的绵绵情思。

雨　巷

戴望舒

撑着油纸伞,独自

彷徨在｜悠长、悠长

又寂寥的｜雨巷,

我希望逢着,

一个｜丁香一样的,

结着愁怨的｜姑娘。

她是有

丁香一样的｜颜色,

丁香一样的｜芬芳,

丁香一样的｜忧愁,

在雨中｜哀怨,

哀怨｜又彷徨;

她彷徨在这｜寂寥的｜雨巷,

撑着油纸伞,

像我一样,

像我一样地,

默默｜彳亍着,

冷漠、凄清,又惆怅。

她静默地｜走近，

　走近，又投出

太息一般的眼光，

　　她飘过，

　　像梦一般地，

　像梦一般地｜凄婉｜迷茫。

　像梦中飘过

　　一枝丁香地，

我身旁｜飘过这女郎；

她静默地｜远了，远了，

　到了颓圮的篱墙，

　　走尽｜这雨巷。

　在雨的哀曲里，

　消了她的颜色，

　散了她的芬芳，

消散了，甚至她的

　太息般的眼光，

　丁香般的｜惆怅。

撑着油纸伞，独自

彷徨在｜悠长，悠长

　又寂寥的｜雨巷，

　我希望｜飘过，

一个｜丁香一样的｜

　结着愁怨的｜姑娘。

（四）连读

　　与停顿相反的一种技巧就是连读。朗诵时思想感情一直处于积极的运动状态，在意思延续或激情澎湃处一气呵成，这就需要用语流连读的表达技巧。

连读分紧连和紧促两种情况:

1.紧连。紧连只用于有标点符号的地方,表示缩短停顿时间,连起来读。例如:

你以伤痕累累的乳房

喂养了

迷惘的我、⌒深思的我、⌒沸腾的我。

2.紧促。紧促多用于排比句或顶真连缀的语句中,字字紧连,一气呵成。例如:

我是一条天狗呀!

我把月来吞了, ∨

我把日来吞了, ∨

我把一切的星球来吞了, ∨

我把全宇宙来吞了。

我便是我了!

(五)停连的意义

日本学者原一平曾做过精辟的论述,他说:"说话中的间隔配置足以撼动人心,善于演说的人都巧于此中奥妙,有时候稍觉太长的间隔,就会形成泰山压顶似的感觉。"所以停顿能够使语义更加明晰,调节说话气息,同时突出说话人的重点,表达言说者的思想感情。连接则能够进一步渲染气氛、增强气势,能表达内心的激情,将要表达的内容进一步推进。

因此,停连是朗读者思想感情的继续和延伸,绝不是思想感情的中断和空白,必须以思想感情的运动状态为前提,根据作品内容和语句目的安排停连。生理上需要的停顿(如换气)必须服从于心理状态的需要,不能破坏语义的完整。而作品中的标点符号是朗读者安排停连的重要参考,但朗诵实践表明,有时不能完全受标点符号制约。有时没有标点符号的地方,也需要顿歇,有时有标点符号的地方,则需要连读。在一定的语境中,朗诵者应大胆突破文字标点符号的束缚。让有声语言"标点符号"停连,是克服朗诵中呆板念读弊病的有效方法。一般来说,句子越长,内容越丰富,停顿就越多;相反,句子越短,内容越浅显,停顿就越少。感情凝重深沉时,停顿较多;感情欢快急切时,连接就紧。其间朗诵者的思想感情一直处于积极的运动状态,停中有连,连中有停,朗诵者把自己对作品的理解、感受、态度、情感通过有声语言传达给听众。

二、重音

(一)重音的概念

朗读时,为了实现朗读目的,需强调或突出词、短语甚至某个音节,强调或突出的部分就称为重音。重音经常在独立完整的语句中出现,因此也被称为"语句重音"。

重音是体现语句目的的重要手段。朗读时,必须区分句子中哪些词是主要的,哪些词是次要的,并使次要的词从属于主要的词。一个独立完整的句子,只能有一个主要重音,重音在语句中的位置,没有固定的格式。朗诵者只有从朗诵目的、愿望出发,在深刻理解和感受作品内容的基础上,才能准确地确定重音的位置。如果把朗诵目的比喻成"一条红线",语句重音就像一颗颗珍珠,用重音体现目的,犹如"红线穿珠",一穿到底。但需要注意的是,重音不仅仅是"加重声音"。突出重音的方法多种多样,重音可以重读,也可以轻读或拖长音来读,可以快中显慢,也可重中见轻,还可以高低相间、虚实互转、前后顿歇……把握重音就是要处理好重音与非重音、主要重音与次要重音的关系,朗诵者要学会在朗诵时把非重音、次要重音"带过去"的本领。一般来说,凡是可以区分程度轻重,突出某种性质、动作、范围、感情,或提示注意的词或短语,都应该重读。

(二)如何确定重音

重音在语句中的位置是没有固定格式的,所以我们要从朗诵的目的、愿望的角度,在理解和感受作品的基础上,深入作品的情感脉络中,联系上下文,根据遣词造句的具体情况确定重音的位置,把最能体现语句思想感情的字词找出来。让我们来看下面这个句子:我请你跳舞。

如果你想表达不同的意思,就需要对不同的字词进行重读。比如你想表达:

①请你跳舞的是我而不是别人,应该怎么读呢?<u>我</u>请你跳舞。

②你要表示对他人的尊重,会怎么说呢?我<u>请</u>你跳舞。

③我可不请别人,而是专门请你跳舞,哪个词重读?我请<u>你</u>跳舞。

④我不请你做别的,比如唱歌啊什么的,专门请你跳舞,哪个词重读?我请你<u>跳舞</u>。

由此可见,同一个语句因为需要表达的意思不同,重音的处理也不一样,因此重音对准确表情达意有着重要的作用。

（三）重音的作用

1. 重音可以突出轻、重、强、弱的变化，具有很强的表现力，可以表现刚毅有力的精神状态。

2. 重音能增加口语的活力与生命力，它可以克服死板僵硬，突出语言要表达的主旨。

3. 重音可以用来抒发内心丰富的情感。

4. 通过轻重的交替使用和节拍交融，可以形成循环往复的效果。

5. 重音可以突显语言形象的艺术功能。

（四）重音的类型

重音有三种类型——语法重音（词重音和语句重音）、逻辑重音和情感重音。

从语言单位来分，重音可分为句重音与词重音。

词重音：在现代汉语中，双音节词占绝对优势，由于约定俗成，使用的读法一定不同，所以词语中出现了重读现象，比如"桌子"，"桌"重读，"子"轻读，这就叫词重音。

句重音：一句话总要表达一个完整的意思，其中有一个词语主要表达其中心意思，这个词自觉不自觉地就要重读，这就是句重音。

1. 语法重音

根据句子和词的语法关系读出的重音叫语法重音。语法重音是有规律的，重音的位置一般比较固定。常见的有以下几种：

(1) 一般短句里的谓语部分应是重音。

我们在田野<u>散步</u>：我，我的母亲，我的妻子和儿子。

东风<u>来</u>了，春天的脚步<u>近</u>了。

(2) 动宾结构中的宾语一般是重音。

我讨厌<u>你</u>。

放学后，陶行知来到<u>校长室</u>……

(3) 定语、状语、补语一般要重音。

虽然是<u>满</u>月，天上却有一层<u>淡淡</u>的云，所以不能<u>朗照</u>。

天空的霞光渐渐地<u>淡</u>下去了……

树叶也绿得发亮,小草也青得逼你的眼。

(4)疑问代词和指示代词一般是重音。

它为什么不拒绝寒冷?

遇到这样的难题,谁也不知道如何是好了。

(5)列举事物时并列的词语一般为重音。

地球上将到处是黑暗,到处是寒冷,到处是冰凌。

这些彩塑有慈眉善目的菩萨,有威风凛凛的天王,还有强壮勇猛的力士……

(6)比喻中的喻体一般为重音。

霞光又红又亮,简直就像一片片霍霍燃烧着的火焰,闪烁着,消失了。

她又不杂些儿尘滓,宛如一块温润的碧玉。

(7)拟声词一般为重音。

几只野鸭扑棱棱飞起来。

大街上的积雪足有一尺多深,人踩上去,脚底下发出咯吱咯吱的响声。

2.逻辑重音

根据文中的前后意思、语言环境及逻辑关系需要强调某些词或词语,或者突出某种情感就叫逻辑重音。逻辑重音没有固定的位置,它完全是由表达的内容决定的。

如"我不能去"这一单句中的重音,因表达的目的不同,重音的位置也会有所不同。表达的目的是强调"你去",重音放在主语"我"上;表达的目的是强调"谁说我能去",重音放在否定副词"不"上;表达的目的是强调"我不是不肯去",重音放在能愿动词"能"上;表达的目的是强调"让他来",重音放在动词"去"。既然哪个词都可能成为逻辑重音,那么在朗读时如何把握呢?关键在于理解文章的思想内容。一般情况下,语法重音要服从逻辑重音。一般情况下,复句中的关联词,即可以显示并列、因果、假设、承接、递进、条件、转折等语法逻辑关系的连词,应为重音。例句:

(1)没有一片绿叶,没有一缕炊烟,没有一粒泥土,没有一丝花香,只有水的世界,云的海洋。(并列性重音)

(2)阳光虽然为生命所必需,但是阳光中的紫外线却有扼杀原始生命的危险。(转折性重音)

(3)我决定委屈儿子,<u>因为</u>我伴同他的时日还长。(因果性重音)

(4)<u>不仅</u>有对学生的爱,对书籍的爱,对知识的爱,<u>还有</u>老师才能感受到的对"特别"学生的爱。(递进性重音)

(5)<u>如果</u>你只是要借钱去买毫无意义的玩具的话,给我回到你的房间睡觉去。(假设性重音)

3.心理重音

根据表达情感的需要确定的重音叫心理重音。

(1)首次提到的人或事物,如"我喜欢看雪花纷纷扬扬地飘洒在地上"。

(2)简而言之的副词,如"他一点儿也不怕"。

(3)突出一种感情或一种意境的主要词或短语,如"我爱他"。

(4)重提以引起重视的词或短语,如"我是中国人,我有一颗中国心"。

(5)强调某种判断,如"他不是一个目空一切的人"。

(6)判明某种性质,如"这种行为,可以说是一种欺骗行为"。

(7)强调一种动作或行为,如"你就这么走了? 想撒手不管了?"

此外,问答性呼应、领属性呼应、过程性呼应等一般也是重音。句子中的象声词、拟状词、摹状词,对应的对偶、对比、排比或短语,以及表示反话、夸张的词或短语也应是重音,从而显示言语的修辞效果。

注意事项:

(1)一般情况下,重音不可确定过多,因为多重音等于无重音,要注意认真选择。

(2)注意排除"习惯重音"的干扰。习惯重音是无意识重读的词。有人一开口就喜欢将头几个字读得很重。如"在<u>高高</u>的山岗上……"就属于重音的随意性表达,这极易形成习惯。

(3)学会如何确定重音位置,掌握重音的多种表达方法。在一切话语中,重音并不是一味地读得很重,它有极重、较重、稍重之分。同时重音是与轻音并列存在的,有的实词必须轻读方能显出语义。就技巧而言,有的轻中显重,有的低中见高,有的中转虚,有的重音轻读……有了对比度的调节,才能显示丰富的语义、语情。如:

漓江的水真静呀,静得让你感觉不到它的流动;漓江的水真清啊,清得可以看见江底的沙石;漓江的水真绿啊,绿得仿佛像一块无瑕的翡翠。

"静、清、绿"三个形容词都是主要重音。根据思想感情和作品基调的需要，这三个词只能用平静的语气，用"拖长字音"轻读的方法去突出。如果"重读"或"重音"，漓江的水就要"咆哮"了。

（4）朗读时，怎样把次要重音、非重音带过去，所谓"带过去"，并不是把次要重音或非重音都压到一条水平线上，成为没有主次、缺乏层次的"一抹平"的声音形式。如：

许多人由于文化水平不高，理论修养不够，生活知识不足，很难成为一个合格的朗读者。

上述这段话在未赋予内在语义的条件下，应该这样处理：主要重音是"合格"，次要重音是"很难""朗读者"，非重音是"文化水平""理论修养""生活知识"。

（五）重音的表达方式

一个句子中凡是重音都涉及主重音、次中音和非重音之别，朗诵时要联系全句、全段、全篇作品，根据语义表达的需要、情感表达的需要和意境烘托的需要来确定具体的重音的表达方式。常见的重音表达方式有重音重读、重音轻读、重音长读、重音变读、弱中加强、慢中显快、实中转虚，等等。为了较灵活地阐述重音的表达方法，我们尽量避免孤立地、静止地、片面地表述，可以将重音的表达方式单独使用，也可以几种方式结合起来运用。

1. 重音重读，如：

让暴风雨来的更猛烈些吧！

2. 重音轻读，如：

轻轻的我走了，正如我轻轻的来；我轻轻的招手，作别西天的云彩。

3. 重音长读，如：

周总理，你在哪里？

4. 重音变读，如：

葬我于高山之上兮，望我大陆，大陆不～可见兮，只有痛～哭～。

5. 弱中加强，如：

中国人民革命军事博物馆里，有一个粗瓷大碗，是赵一曼用过的。（前轻后重）

三、语气与语调

(一)语气

语气是"声气传情"的技巧,指的是具有声音与气息合成形式的语句流露出来的气韵。它包括说话时的思想感情的色彩与分量,也包括说话时的粗细、轻重、高低、虚实等不同的口气。语气主要分为以下几种:

陈述型——陈述一个事实或者说话人的看法。它包括肯定句和否定句两种构成。一般情况下,陈述句发送者的感情较为平稳。

疑问型——用疑问语气提出问题。但是并非所有的疑问句都要求对方回答。疑问句有"有疑而问"和"无疑而问"两种形式。

感叹型——用感叹型语气来抒发感情。感叹句发送者感情充沛,常用"啊""吧""呢""哪""哟"等语气词。

1."爱"的语气:气息满,口腔松,出声柔和,以鼻腔共鸣为主,出语轻柔。例如:

请闭上眼睛想:一个老城,有山有水,全在天底下晒着阳光,暖和安适地睡着,只等春风来把它们唤醒,这是不是个理想的境界?

2."憎"的语气:气息猛,口腔紧,在挤压、阻塞状态中出声,吐字弹射有力。例如:

同志们伤心地痛哭起来,你却把脚一跺,嘴角抽动着,狠狠地说:"妈妈,这个仇我一定要报!"

3."怒"的语气:气息粗而纵放不收,语势迅猛,出语重实。例如:

宋玉,你这卑鄙无耻的小人!

4."喜"的语气:气息顺畅,全身(尤其是发声器官)松弛,出语轻快,发声宽松。例如:

一切都像刚睡醒的样子,欣欣然张开了眼。山朗润起来了,水涨起来了,太阳的脸红起来了。

5."悲"的语气:气息沉,出声轻缓,口腔欲紧又松,气息在先而出声在后,似百般阻滞。例如:

周总理,你在哪里?

6."急"的语气:气息短促,出声急迫,吐字急而有力,间隔停顿短暂。例如:

什么?快!追上去,抓住他!

7."惧"的语气:气息上提,出声凝滞,出语不顺。有时气息似积于胸,出气强弱不匀,出语衰竭、抖颤。例如:

那,那有一条蛇!

8."疑"的语气:气息放,出声稍稍延长,口腔先松后紧,气息似断又连,末尾处夸张,并将语调上提。例如:

这份文件到底放在哪呢?

(二)语调

语调是指口语中声音高、低、升、降的变化,它能表现出说话者或朗读者的感情色彩。例如"下雨了",人们在说这句话的时候,由于要表达的感情不同,就会运用不同的语调,有的表现出喜悦,有的表现出吃惊,有的表现出厌烦,有的表现出无奈。

语调的变化是有一定规律的,可以分为四种:平直调、高声调、降抑调和曲折调。

1.平直调。平直调表示庄重、严肃,用于一般陈述或朗读者心情平静时,大都平直舒缓。如:

在船上,为了看日出,我特地起个大早。那时天还没有亮,周围是很寂静的,只有机器房的声音。(巴金《海上的日出》)

2.高升调。表示号召、鼓动、设问、反问、呼唤,声调大都由低到高,句尾语势上升。如:

小姐,您是哪国人? 喜欢渥太华吗? (青白《捐诚》)

3.降抑调。表示肯定、坚信、赞叹、祝愿、心情沉重时一般用降抑调,说话语调都由高到低,句尾语势渐降。如:

如果将来我有什么要教给我的孩子,我会告诉他:假若你一起和时间比赛,你就可以成功。(林清玄《和时间赛跑》)

4.曲折调。表示不讽刺、怀疑、双关等语气,一般是在心情比较特殊的情况下用曲折调。曲折调有时先升后降,有时先降再升,呈波浪形。如:

别人在这儿找不到金子后便远远地离开,而我的"金子"是在这块土地里,只有诚实的人用勤劳才能采集到。(《金子》,陶猛译)

【例文】

囚 歌

叶 挺

为人进出的门紧锁着,	(→平调)(冷眼相看)
为狗爬走的洞敞开着,	(→平调)
一个声音高叫着——	(↗曲调)(嘲讽)
爬出来吧,给你自由!	(↘曲调)(诱惑)
我渴望着自由,	(→平调)(庄严)
但我深知道——	(→平调)
人的躯体怎能从狗的洞子爬出!	(↑)(蔑视、愤慨、反击)
我只期待着,那一天——	(→平调)
地下的烈火冲腾,	(→平调,稍向上扬)(语义未完)
把这活棺材和我一齐烧掉,	(↓降调)(毫不犹豫)
我应该在烈火和热血中得到永生。	(↓)(沉着、坚毅、自信)

四、语速和节奏

(一)语速

语速通常指发音速度,也可以指听觉上对话语速度的感知印象,具体来讲,就是指说话人发音的长短和整个口语表达进展的快慢。衡量语速的通俗标准是单位时间内吐字的多少。它也是使语言富有表现力的一种重要手段。

快速:表现激动、紧张、惊恐、愤怒等情绪时,语速快。

中速:用于一般性的陈述、说明。

慢速:表现忧郁、压抑、悲伤、失望、迟疑等情绪时,语速慢。

(二)节奏

节奏是指在朗读中朗读者由一定的思想感情的波澜起伏所形成的,在有声语言的表达上显示的快与慢、抑与扬、轻与重、虚与实等各种循环交替的声音形式。

1.轻快型——多扬、少抑、轻快、欢畅。多扬少抑,灵巧明丽,有一定的跳跃感。语气的转换比较轻快。语流中顿挫少,且顿挫时间短,语速较轻快,如:

乱花——渐欲——迷——人眼,浅草——才能——没——马蹄。

2. 凝重型——多抑少扬,话音沉着、坚实、有力。多抑少扬,且时间长,语速偏慢。重点处的基本语气、基本转换都显得分量较重。多重少轻,音强而有力,色彩较浓重,语势较平稳,顿挫较慢,如:

长夜——难明——赤县——天。

3. 低沉型——语势压抑、沉重,语音缓慢、偏暗。声音偏暗、偏沉,语势多为落潮类,句尾落点多显沉重,语速较缓。重点处的基本语气、基本转换多偏于沉缓,如:

别来——沧海事,语罢——暮天钟。

4. 高亢型——语势向高峰逐步推进,高昂、爽朗。声音多明亮、高昂,语势多为起潮类,峰峰紧连,扬而更扬,势不可遏,语速偏快。重点处的基本语气、基本转换都带有昂扬、积极的特点,如:

指点——江山,激扬——文字,粪土——当年——万户——侯。

5. 舒缓型——气长而稳,语音舒展白如。声音多轻松明朗,语势有跌宕多轻柔舒展、语速徐缓。重点处的基本语气、基本转换都显得舒展、徐缓,如:

晴川历历——汉阳树,芳草萋萋——鹦鹉洲。

6. 紧张型——急促、紧张、气急、音短。声音多扬少抑、多重少轻,语速快,气较促,顿挫短暂,语言密度大。重点处的基本语气、基本转换都较急促、紧张,如:

山,快马加鞭——未下鞍。惊——回首,离天——三尺二。

【思考与练习】

1. 为下列句子设计恰当的停连,并试着按照自己的设计读一读。

(1)推开门一看,嗬!好大的雪啊!

(2)把插着蜡烛的蛋糕推过来让我吹的,是我妈。

(3)读小学的时候,我的外祖母去世了。

(4)但在和平时代,只有这种国家之间大规模对抗性的大赛,才可以唤起那种遥远而神圣的情感,那就是:为祖国而战!

2. 根据下面的停连设计朗诵这首诗。

你是人间的四月天
——一句爱的赞颂

林徽因

我说｜你是｜人间的四月天；

笑音｜点亮了四面风；

轻灵｜在春的光艳中｜交舞着｜变。

你是｜四月早天里的｜云烟，

黄昏吹着｜风的软，

星子｜在⌒无意中｜闪，

细雨｜点洒在｜花前。

那轻，｜那娉婷，｜你是，‖

鲜妍⌒百花的冠冕｜你戴着，

你是｜天真,庄严,｜

你是｜夜夜的｜月圆。

雪化后那片鹅黄，｜你像；‖

新鲜⌒初放芽的绿，｜你是；‖

柔嫩喜悦⌒

水光浮动着｜你梦期待中‖白莲。

你是一树一树的花开，‖

是燕｜在梁间呢喃，——

你是爱，⌒是暖，⌒是希望，‖

你是｜人间的｜四月天！

3. 给下列句子标示重音,并根据你的设计读一读。

(1)两个同龄的年轻人同时受雇于一家店铺,并且拿同样的薪水。

(2)这两个建议很关键。

（3）我禁不住想："因"已转化为"果"。

（4）与其说它是一种情绪，不如说它是一种智慧，一种超拔，一种悲天悯人的宽容和理解，一种饱经沧桑的充实和自信，一种光明的理性，一种坚定的成熟，一种战胜了烦恼和庸俗的清明澄澈。

4.根据下面的重音设计，理解并朗诵这首诗。其中"__"表示重音重读；"﹏"表示重音长读；"＝"表示重音轻读。

我爱这土地

艾　青

假如我是一只鸟，

我也应该用嘶哑的喉咙歌唱：

这被暴风雨所打击着的土地，

这永远汹涌着我们的悲愤的河流，

这无止息地吹刮着的激怒的风，

和那来自林间的无比温柔的黎明……

——然后我死了，

连羽毛也腐烂在土地里面。

为什么我的眼里常含泪水？

因为我对这土地爱得深沉……

5.给下列句子设计语气、语调。

（1）"这与你无关，你为什么问这个问题？"父亲生气地说。

（2）我果然看清楚了那个天上的巨人。看，那个巨人还在跑呢！

（3）那位学生更加激动了："肯定有！白话文废话太多，打电报用字多，花钱多。"

（4）可小鸟憔悴了，给水，不喝！喂肉，不吃！油亮的羽毛失去了光泽。

6.请根据下面这首诗中不同的思想情感，指出其节奏的变化。

当　你　老　了

[爱尔兰]叶芝　袁可嘉译

当你老了，头发白了，睡意昏沉，

炉火旁打盹,请取下这部诗歌,

慢慢读,回想你过去眼神的柔和,

回想它们昔日浓重的阴影。

多少人爱你青春欢畅的时辰,

爱慕你的美丽、假意或真心,

只有一个人爱你朝圣者的灵魂,

爱你衰老了的脸上痛苦的皱纹。

垂下头来,在红火闪耀的炉子旁,

凄然地轻轻诉说那爱情的消逝。

在头顶上的山上,它缓缓地踱着步子,

在一群星星中间隐藏着脸庞。

7.朗诵徐志摩的《再别康桥》,并在该诗中用"/"表示时间停顿较短;"//"表示时间停顿略长;"⌒"表示语气延长;"~"表示颤音;"△"表示末尾一字是韵脚;"__"表示主要重音等,标注出朗诵时所用的多种表达手法。

再 别 康 桥

徐志摩

轻轻的我走了,

正如我轻轻的来;

我轻轻的招手,

作别西天的云彩。

那河畔的金柳,

是夕阳中的新娘;

波光里的艳影,

在我的心头荡漾。

软泥上的青荇,

油油的在水底招摇;

在康河的柔波里，
我甘心做一条水草！

那榆荫下的一潭，
不是清泉，
是天上虹；
揉碎在浮藻间，
沉淀着彩虹似的梦。

寻梦？撑一支长篙，
向青草更青处漫溯；
满载一船星辉，
在星辉斑斓里放歌。

但我不能放歌，
悄悄是别离的笙箫；
夏虫也为我沉默，
沉默是今晚的康桥！

悄悄的我走了，
正如我悄悄的来；
我挥一挥衣袖，
不带走一片云彩。

第六章　故　事　讲　述

第一节　故事讲述概说及故事的选择

一、故事和故事讲述

（一）故事

故事一般指"真实的或虚构的用作讲述对象的事情"，是通过生动、曲折而完整的情节，通俗而形象的语言，来反映社会生活的一种口头文学。它侧重于人物的刻画和事件发展过程的描述，强调情节的生动性和连贯性，形象典型多样，语言通俗有趣，往往带有一定的寓意，比较适合口头讲述，因此长久以来备受人民群众的喜爱。

故事的种类有很多，有日常生活故事、神话传说、民间故事、童话故事、寓言故事、成语故事、科学故事、历史故事、侦探故事、宗教故事，等等。

（二）故事讲述

故事讲述，也就是讲故事，是指把看到的或听到的或自己编的故事，用口语有声有色地讲出来的口语表达形式，是文化活动的一种常见形式，是语言训练的一种载体，也是教师需具备的一种口语能力。

（三）故事讲述的特点

故事讲述对讲述者的核心要求就是"神"——神气活现、绘声绘色、绘形绘神。

1.口语化、趣味性

故事讲述在材料的选择上要讲究口语化与趣味性。口语具有通俗易懂、琅琅上口、易传易记等特点，讲故事时一般要避免难讲、难记的书面语言。为年龄较小的幼儿讲故事，更要注意选用幼儿能够理解的词句，这是刺激听众"听觉"的前提。

优秀的故事，不仅要语言通俗易懂，还要情节曲折有趣，人物形象鲜明，讲述起来才会波澜起伏,这是激发听者"听觉"的兴奋剂。

2. 娱乐性与教育性的统一

故事讲述既有娱乐性,又有教育性。讲故事的人通过绘声绘色的讲述,告诉听众什么是真、善、美,什么是假、恶、丑。听故事的人在生动有趣的故事中受到教益,获得知识。

3. 创造性

故事讲述不是读故事、背故事,而是一种具有创造性的语言形式。故事的来源非常广泛,许多故事适于阅读,但未必适合讲述。如果一字不漏地"背"或"读",讲故事的教育性和趣味性会大打折扣。因此讲述者在讲故事前往往需要对原文进行适当的"编"(即进行文字加工),可以"添枝加叶""添油加醋",也可以"修枝剪叶",要根据听众的需求或情绪变化,尽量使故事更形象,使自己的表达更感人。那种局限于书面材料,不敢越雷池半步的机械的讲故事形式,是难以把故事讲得引人入胜的。

4. 叙述和描述为主,辅以议论和解说

故事讲述要把事情的经过或人物的经历完整地讲述出来,主要运用叙述和描述的表达方式。叙述时要把环境、情节、人物关系交代清楚;描述时要正确表达感情倾向。有时,为了揭示故事的意义和表达讲述者的思想观点,提高听众分辨善恶、是非的能力,讲述者讲故事时也可以夹杂议论和解说。

5. "话""表"兼用,声情并茂,具有表演性

"话"指有声语言,即用标准的普通话直接叙述,说明故事的情节和内容。"表"指无声语言,即"表演",包括讲故事人的语言、手势、眼神以及思想感情的表达。故事讲述不仅要"讲",即用有声语言进行表达,还要"演"。讲故事带有一定的表演性,通过眼神、姿势、动作、表情等肢体语言,声情并茂地讲故事,可以使故事的角色形象更加生动,使故事本身更有感染力。

故事讲述时的"演"主要体现在声音与态势语的运用上。声音的运用,主要指对重音、停连、语调、语速等方面的控制,注重的是对听觉的刺激;而态势语的运用,主要体现在视线、表情、动作或教具的使用等方面,更多的是对视觉、感觉进行刺激来达到演绎的目的。

"话"与"表"配合协调,讲述则声情并茂,生动活泼,趣味性强,听众的听觉与视觉就会同时被吸引,从而受到感染。

（四）故事讲述的类型

故事讲述者需借助通俗生动的语言、丰富的表情、形象的动作，绘声绘色地展现故事情节和人物性格。在一定程度上，故事讲述跟评书相似。按照评书的讲述方式，讲故事也有"文讲"和"武讲"之分。

1. 文讲

"文讲"动作幅度小，语调适中，表情含蓄，情感传递丝丝入扣。这种讲法适用于日常生活故事、神话故事、民间爱情故事等，适用对象为成人和小学高年级学生和中学学生。

2. 武讲

"武讲"的表情、动作适度夸张，语气、语调变化较大，并有鲜明的拟声造型等。这种讲法适用于战斗故事、侦破故事、历史故事等，适用对象为小学低年级学生和幼儿园的小朋友。

（五）故事讲述的意义

文以载道，故事的背后是思想，是"道"。故事的精彩之处，既体现为情节的跌宕起伏，又体现为思想的发人深省。"深刻的道理也要通过讲好故事来打动人、说服人。"讲述故事就是讲事实、讲形象、讲情感、讲道理。

故事讲述不仅是日常口语表达的常见形式，还是演讲、辩论、培训、授课、主持等形式中重要的语言工具，也是文化传承的重要途径。在幼儿教育中，它是最重要的教育活动形式。进行故事讲述的训练，有助于提高演讲、辩论、交际等方面的口语表达能力。训练者在训练中接触大量的文学作品并将其内化，可以进一步深化意识，激发自身对文学的兴趣，提升作品鉴赏、加工再创造等文学素养。

相较于枯燥的理论和刻板的说教，好的故事能建立形象的画面感，更容易被理解和记忆，更容易调动讲述者与听众的热情，更容易让听众有代入感和共鸣，从而更好地传达情感、意义和导向，进而逐渐影响、教育、激励他人。

对于幼儿来说，他们在听教师讲故事的过程中能够学习知识、发展语言技能、陶冶情操、培养创造力和想象力等。好的故事能促进幼儿的成长和发展，甚至影响他们的一生。

二、选择一个适合讲述的好故事

要讲好故事，首先要选好故事，要选取主题突出、情节简单生动、人物形象鲜明、适合讲述的故事。选材时要注意以下几点：

（一）选择契合讲述的目的、场合以及听众的故事

故事的选择一般需要考虑这样几个因素：在什么语境下讲，跟谁讲，为什么讲，可以用多少时间讲，等等。这些要素会帮助我们确定故事选择的方向或者创作的路径。

1. 为什么讲，即符合讲述故事的目的：故事讲述必须配合教育目的。

进行思想品德教育，选择英雄模范故事，如《铁人精神》；进行革命历史教育，选择红色故事，如《邱少云的故事》；宣传好人好事，选择日常生活中的故事；要传授科学知识，选择科学故事；等等。

2. 什么语境下讲，即契合讲述故事的场合：如课前调动课堂气氛，适合讲"微型故事"；参与主题鲜明的讲故事活动，可以根据活动主题讲述情节曲折、一波三折的"长篇故事"；参与演讲和辩论，可以选择短小有趣、寓意深刻的寓言故事和名人故事。

3. 跟谁讲，即讲述的故事要契合听众的身份：选材要看听众的接受能力和口味。给小学低年级学生讲，要选情节简单、人物单一的短故事，如《小猫钓鱼》《狐狸和乌鸦》；给高年级学生或者成人讲，则要选情节比较复杂、人物较多、篇幅较长的做事，如《刻舟求剑》《三顾茅庐》。

（二）选择能抓住听众的注意力和好奇心的故事

故事讲述注重事件发展过程的描述，所以首先要选择情节曲折、富有变化的故事，这样更容易激起大家的好奇心。最好能让听众一直追问"后来呢"，同时又怕被剧透，而不是听众一听开头就知道结尾。在故事讲述过程中，讲述者应设置一些悬念和转折，去激发听众的好奇心，在短时间内抓住听众的注意力。

优秀的故事场景应该是动态的、不断变化的，听众跟随不断变化的场景，从不同的角度去感受、去体验。

场景描写需要调动五感，跟随故事情节向前发展。场景的真实作用是将听众代入故事之中。如：

第二天，杨大娘擦桌子、洗衣服，不到下午，满满一缸水就用完了。她故意不去挑，也不下地干活，早早拿起一双鞋底，坐在门口，和二婶你一针我一线地纳起鞋底来。她俩鞋线扯得嗦嗦响，纳好鞋底又上鞋帮，四只耳朵听动静，两双眼睛观八方，边做针线活，边搞起"调查"来。但是等了半天，也没有半点儿动

静,她俩心里纳闷极了。(《水缸的秘密》)

这个故事场景,抓住了大家的好奇心——挑水的是谁? 而且人物动作丰富,由动态带来的视觉画面感很强,加上"嗦嗦"响的听觉感受,能很好地把听众带到现场的情境中去。

(三)选择逻辑清晰、叙事明了、容易接受的故事

由于"讲"故事时,听众主要靠听觉接收故事信息,所以选择的故事最好结构简单、逻辑清晰,要表达的内容有一条清晰的叙事主线,其他内容都是串在主线上的珍珠,如果没有那根主线,所有内容就散了。有了精准的叙事目的,才会有精准的逻辑,才能用精准的表达去描述,听众才更容易接受故事信息,融入故事当中。

如莫泊桑的《项链》叙事线索围绕项链展开:借项链—丢项链—赔项链—假项链。讲述者在讲故事时大脑中要抓住这条叙事主线,安排好故事的逻辑、结构和节奏变化,让故事线索清晰、跌宕起伏,这样听众对故事情节的印象会更深刻。

(四)选择承载情感和意义,导向正确,能产生共鸣的故事

优秀的故事不仅仅拥有曲折的情节,往往还拥有更加隐秘的核心主题。事实上,故事中真正能引起人们思考和共鸣的,不是情节本身,而是故事人物内心深处的某种情感和感受。其实每个人都活在自己的故事里,如果你想让别人对你讲的故事有反应,那么你的故事要和他的故事有交集才行,即产生"共情"效果,否则难以产生共鸣。任何故事都有主题,好的故事一定要立意高远,既有趣味性,又有教育性,能引起听众的共鸣。

所以,好的故事要在有趣的基础上,延伸思想精神和人文内涵,给人留下想象和联想的余地。

第二节　故事讲述的能力及技巧训练

一、故事讲述能力的训练途径

讲好故事并不是一件容易的事情。首先要培养讲故事的兴趣和语言感受。讲述者在掌握训练技巧之余,还要积极扩大阅读范围,多积累优秀故事,加强政

治、社会、文化、历史、哲学方面的知识积累,提高故事的领悟能力,提高所讲故事的生动性和形象性,把每个故事都讲得惟妙惟肖、生动有趣,培养故事讲述的兴趣,提高自身讲故事的能力。

其次,要重视故事讲述的技能培养,也就是要重视故事讲述的"话""表"结合训练。"话""表"结合就是有声语言和态势语的结合,这是故事讲述最主要的技巧。故事讲述的技能培养不可能一蹴而就,需要循序渐进地进行系统的训练,需要不断欣赏、分析、练习,从而更好地理解作品内容,把握故事角色特征,运用声音、表情、动作做到讲演结合,生动形象地表演故事。平常要多听、多学、多说,逐步提高故事讲述的技能。

再次,"故事讲述"训练是一个复杂而又长期的训练过程,可以通过朗读故事、讲演故事、即兴讲演故事这三个训练阶段来完成,三个训练阶段呈递进关系。"朗读故事"是故事讲述的初级目标,"讲演故事"是故事讲述的中级目标,"即兴讲演故事"是故事讲述的高级目标。"朗读故事"是"讲演故事"的基础,"讲演故事"又是"即兴讲演故事"的基础。

另外,故事讲述是一种常见的语言表达形式。语言的训练一般通过听、说、读、写这几个途径来进行,故事讲述同样可以借鉴这个思路。

二、故事讲述的兴趣和语言感受培养

(一)读——培养对不同类型的书面语言的感受

莎士比亚说过"学问必须合乎自己的兴趣,方才可以得益",也就是说兴趣是最好的老师。因此,我们首先要进行好故事的阅读和积累,从大量优秀的故事素材中加深对故事的更完整的认知,激发对故事讲述的兴趣。

讲述故事的能力体现了阅读写作、表达理解等方面的综合水准。阅读能力直接影响着讲述者对故事文本的理解,进而影响其对故事主题和感情基调的把握、对角色形象的塑造、对语音造型和态势语的设计等。

培养对故事以及其他文学作品的阅读能力是学习故事讲述的一个重要途径,其中包含对认读能力、理解能力、鉴赏能力、记忆能力等方面的培养。日常的阅读分为精读、略读、择读。"精读"就是精确、反复地阅读,令精彩的故事内容在脑海中不停盘旋,从而更深入地了解故事的脉络和精彩之处,可以反复研读令人印象深刻的段落和细节,甚至可以在脑海中记下这些故事;"略读"就是大概地阅读,了解故事的大致内容,平时要多积累不同类型故事的模式和主题;

"择读"就是选择性地阅读,就像平日阅读报纸时,选择有趣的段落来看,增加有趣味性的素材的积累。

(二)写——培养故事的创作能力

写作能力是语言表达能力的一种,包括写作思维、观察分析、选词选句、布局谋篇、模仿范文等能力。故事是写事的,叙述性强,所有的一切都是围绕故事核心进行的,线索清晰、简洁、有条理。培养故事的写作能力能更好地理解故事的逻辑、结构、人物、创作主题和意义,同时也能很好地训练故事的创编能力,提高"即兴讲演故事"中即兴创作故事的水平。

(三)听、看、模仿——培养口语表达能力和表演能力

故事讲述训练中,我们可以通过优质的录像、录音资料以及相关的电台或者电视节目,进行观察和模仿,通过模仿他们的语言表达方式、仪表、肢体动作或表情等来增强故事讲述的表现力。

就拿语言的模仿来说,杨晋在《模仿与语言学习》中认为,"多听、多模仿不但可以完善单个音素的发音,建立起新的朗读模式,还能强化学习者对于语音与句式的理解,最终使他们的语言理解能力和表达能力都得到有效的提高"。中央广播电视总台 2019 主持人大赛的"3 分钟自我展示"和"90 秒即兴考核"环节中,选手以及主持人的现场表现令人惊叹。他们字正腔圆,妙语连珠,出口成章,观点层层递进,角度多,立意深,有个性,亦有时代特色,还不失趣味,且逻辑十分清晰。具有出色的现场语言组织能力的他们,就是优秀的模仿对象。

在听、看、模仿的基础上,我们可以渐渐领会语言表达成功的奥妙,学习故事讲述的一些技巧,并在不断的练习实践中融会贯通,产生表演的欲望,爱上讲述故事、表演故事,并进一步摸索创新,最后形成自己独特的故事讲述风格。

三、朗读故事——培养故事讲述的语言基本技巧

"朗读故事"是指将故事进行朗读,注重作品内容,强调情节的连贯性、生动性,人物的形象性、夸张性。"朗读故事"的语言技巧和朗读或者朗诵的要求类似,只是在语言形式和声音上要比其他作品的朗读更具夸张性:注重对人物角色进行语音造型设计,使角色活灵活现;注重利用语气、语调和面部表情带动听众的现场反应。

(一)普通话语音的系统训练

"朗读故事"训练首先要进行普通话语音的系统训练,标准的普通话是"讲故事"的一个必要条件。如果讲故事过程中存在语调不自然、吐字不清晰、方音浓重等问题,讲故事的质量和效果会大打折扣。

普通话语音的系统训练要从声调、声母、韵母、音节、语流音变、语音规范化等方面入手,因为讲故事的口语化色彩更为浓郁,所以应特别注重掌握主要的语流音变现象,如"啊"的变读、轻声、变调和儿化。故事中经常会出现"啊",故事讲述时需要对"啊"进行变读。例如:

鸭妈妈生鸭蛋,那鸭蛋像大姑娘的脸蛋,谁见了都说:"啊(ā),多么可爱的鸭蛋啊(nɑ)。"鸭妈妈听了,乐得嘎嘎嘎嘎地叫:"啊(ā),这是我生的蛋啊(nɑ)。"(《鸭妈妈找蛋》)

故事讲述者如果不能正确对"啊"进行音变,将会影响讲故事的效果。

(二)发声技巧训练——气息控制、口腔控制、吐字归音

"朗读故事"和朗诵、演讲等其他语言表现形式一样,都讲究声情并茂,抑扬顿挫,声音洪亮,这就需要故事讲述者很好地对声音进行气息控制、口腔控制以及完成字音的吐字归音。而故事叙事具有悬念和戏剧冲突,人物更为鲜明,所以相较于其他的语言形式,声音更具有夸张的特点。为了更好地表现情境和人物,故事讲述者要通过气息控制、口腔控制和吐字归音的技巧灵活地改变声音,才能契合故事不同场景和角色的特点。例如:

从前,有一只老狼,它老了,老得/不能再~老了!(《一只笨狼》)("．"为重音符号,"/"为停顿符号。)

为了突出戏剧性,要强调加点的字词,三个"老"字需要调整好口型和气息,吐字时间略长,"再"字适当延长。

(三)语言表达技巧训练

"朗读故事"通过朗读学习语言的表达技巧,同时熟悉朗读的四大环节:熟悉作品、理解作品、感受作品、学习表达技巧,重点进行停连、语气、语调、重音、节奏等与故事讲述密切相关的朗读技巧的训练,同时认识并学会使用朗读符号。例如:

一天下午,我们的老师张指导员兴高采烈地对我们说:"告诉大家一个好消息↗,咱们/有书啦!↗"听到这个振奋人心的消息,我们高兴得跳了起来。(《珍贵的教科书》)("．"为重音符号,"/"为停顿符号,"↗"为升调符号。)

故事讲述者掌握"朗读故事"的语言技巧,就能通过语气语调、语音造型、面部表情,夸张、生动、形象地进行朗读,使所讲的故事更富有感染力。

四、讲演故事:说——培养讲故事的"话""表"配合能力

"讲演故事"指的是通过语言技巧、态势语技巧把故事中的情节进行戏剧化再现,重在"演",具有表演性。"讲演故事"不拘泥于故事原文,可以增减内容、变换词句、加入解释等。讲演故事注重讲述者和听众的互动,讲述者必须脱稿。"讲演故事"训练包括复述能力训练、分析故事训练、改编能力训练、语音造型塑造训练、语气语调训练、叙述性语言和角色语言转换训练、态势语训练。

(一)培养准确灵活的复述能力

"讲演故事"必须脱稿表演,所以讲述者必须熟记故事内容,同时进行必要的改编,这就要求讲演故事者具有高超的复述能力,能够将故事内容准确地呈现出来。复述训练方法包括准确复述、灵活复述、创造复述。

复述训练可用"提纲法":拟好复述提纲,对照提纲不断回忆,添加故事细节,做到比较准确地复述故事。

复述故事训练到一定阶段之后,可用"关键词法"——通过抓住关键词进行复述,如《珍贵的教科书》的关键词为"缺书、有书、取书、护书",增强讲故事的灵活性。在训练的过程中,讲述者可以进行自我创造,使得故事的讲述更符合自己的习惯和风格。

(二)培养分析故事的能力

故事材料选择好后,故事讲述者就要对稿件进行精心的准备,熟悉故事中的叙事逻辑、人物、情节、细节、情感基调等。讲故事的稿件准备是一个复杂的过程,也是决定故事讲述成功与否的重要步骤。备稿首先要做的是分析故事,"朗读故事"的分析训练重在宏观把握,较为基础,而"讲演故事"的分析训练重在局部训练,深入把握细节和结构。

分析故事的目的是掌握分析故事的方法,明确主题思想、人物形象、人物关系;掌握情节结构,把握故事开端、发展、高潮、结局,处理好各部分的关系。学会分析故事是讲好故事的基础。要弄清贯穿情节的线索,分析事件的来龙去脉,把握事件的发生、发展、高潮和结局,还要弄清人物的主次和他们的性格特点以及互相之间的关系,领会故事的主题思想。只有对故事的时间、地点、人物、情节、线索、结构了然于胸,讲述者才能清晰、流畅,富有创造性地讲好故事。

1. 研读文本,把握主题

故事讲述首先要深入理解故事内容背后所隐藏的主题,把握作品的情感基调,理清作品的结构脉络。好的故事立意高雅,既有趣味性,又有教育性。讲故事的人一定要认真揣摩故事的主题思想,将什么是真、善、美,什么是假、恶、丑的教育渗透在故事中。注意把握故事中的友爱、分享、公平、诚信、勇敢、善良等价值观,并通过故事传播给大众,使其受到爱的感化、美的熏陶。

2. 勾勒情节,分析人物

故事注重叙事,所以要找出故事中的重点情节和重点语句,在把握中心思想和故事重点的基础上,具体分析故事的情节——开端、发展、高潮、结局,抓住故事的高潮部分,理清故事的层次,以便把故事讲得有节奏感和层次感。

同时讲述者要弄清楚贯穿情节的线索,分析故事的来龙去脉,走进故事中的不同角色,分析他们的性格、性别、年龄、身份、心理、情绪、动作、神情、特点以及随着故事情节发展而产生的心理变化,分清讲述者与故事中纷繁复杂的人物形象,实现讲述者心灵和故事文本材料的契合,为之后自然真实的感性化讲述奠定基本格调。

我们在分析故事时还可以用结构图法或关键词法将主要情节和主要人物罗列出来,防止遗漏。按记叙文六要素(时间、地点、人物,事情的起因、经过、结果)的方式来整理,罗列主要人物和次要人物,并分析人物的形象和特征。

例如普通话作品 2 号《差别》(见附录)分析:

时间:同时,一段时间后。

地点:老板那里,集市。

人物:布鲁诺、阿诺德、老板。

起因:布鲁诺、阿诺德同时受雇于一家店铺,一段时间后,阿诺德青云直上,布鲁诺却仍在原地踏步,布鲁诺很不满意老板的不公正待遇。(设置悬念,引起听众的兴趣。)

经过:老板为了让布鲁诺明白他和阿诺德的差距,让布鲁诺、阿诺德各自完成买土豆的任务;布鲁诺按部就班地按照老板的吩咐做事,而阿诺德能够自主、高效地超前完成任务。(形成强烈的对比,故事推向高潮。)

结果:布鲁诺终于明白自己和阿诺德的差别在哪里。(引导听众思考,明确主题和意义。)

人物特点：布鲁诺——冲动、做事被动、缺少观察和思考

阿诺德——沉着、冷静，做事积极主动，善于观察、思考

老　板——公正、睿智

这样分析过后，讲述者很清楚在讲这个故事时，要传达哪些信息，怎样完成故事结构、节奏的构建，以及要怎样塑造人物。讲述者在分析人物形象和性格特征时，要深入细致，反复体会人物的思想感情及其变化，使自己真正进入角色，与其合为一体，并注重选择合适的声音、动作来表现这个人物。

3.确定故事的情感基调

故事的情感基调指的是故事的基本观点的情感取向，即故事所反映的感情色彩。讲述者通过反复阅读、仔细揣摩，分析故事所反映的思想内容，把握情感基调。讲述者要有把握情感基调的能力，才能把握住所讲故事的"方向"。

例如：普通话作品 10 号《父亲的爱》（见附录），故事虽然日常，几件生活小事层层铺叙，但作者对不善表达爱的父亲以及父子之间的冲突描写比较细腻，在对抗中深藏父亲对孩子内敛而深沉的爱，情感基调是温暖而积极的，所以在讲述这个小故事的时候声音不能过于低沉、夸张。

（三）培养细腻传神的改编能力

在熟悉和分析稿件的基础上，讲述者还需要根据讲述目的、听众以及故事本身的不足，对故事进行加工再创造，使得故事既生动又通俗易懂。整体的改编方向是主题明确化、脉络清晰化、语言生动化以及细节扩展丰富化、有趣化。

1.对故事中的名称进行加工

有些故事中人名、地名太多，听起来有些混乱，听众也记不住。在讲述时，可以把不必要的人名、地名去掉或变换一下，如讲到兄弟三人的时候，可以不用具体的姓名，就用老大、老二、老三，这样处理之后，听众一听就明白，人物关系也清楚。

2.取消故事文本中的提示语

在故事文本中，出现的人物在进行对话时，一般文本会交代这句是"谁说"，下一句又是"谁说"，如儿童故事《鸭蛋坐火车》的故事文本中就多次出现"鸡妈妈说""鸭妈妈说"。因为在人物对话时故事文本如果不交代清楚说话的人，容易使读者产生混淆。讲故事时，讲述者可以通过声音艺术的特点，运用语音的高低、语速的快慢、语气的强弱轻重等声音形式的不同变化，把对话出自哪一个

人物交代得清清楚楚。因此,在讲述故事时,相关的提示语要尽可能省去,否则容易导致拖沓,影响故事讲述效果。

3.变长句子为短句子

故事文本属于书面表达,表示转折、并列、递进等关系的长句子在故事文本中经常出现,但是故事讲述是口语表达,长句子不利于听众接收信息,因此故事讲述者需要对故事文本进行二次加工,即必须将长句子改成几个短句子。

如《达瑞的故事》原文中有一句:他偶然有一个和非常成功的商人谈话的机会。

可以改为:他偶然碰到一个非常成功的商人,有了一个和他谈话的机会。

这样修改以后,句子更简短,信息更清晰,听众更容易接受。所以讲故事时要多运用短句子,这样讲故事的人容易讲,听故事的人容易懂。

4.故事文本的口语化

讲演故事需要将书面语言转化成口头语言。故事文本用文字写成,读者用眼睛看就可以理解故事,但是讲故事是用声音传达内容,讲述者是用嘴来说给人听,听者是通过耳朵来接收信息,因此讲故事时应该避免大量书面语言的出现,强调语言的口语化。这需要故事讲述者完成由“文”到“话”的转变。比如形容早晨天刚亮,文学创作者会写成“东方刚刚露出一丝晨曦”,比较书面化,不太符合口语的特点。而“天刚刚有了点亮光”或“天刚亮”,就是便于讲述和理解的故事语言了。

讲演故事时要把故事文本中的书面语准确形象地转化成口头语言,把不适于口语表达的字、词、句挑拣出来,进行加工转化,做到“讲者顺口,听者顺耳”,使故事内容简洁明了,语言通俗易懂、生动有趣,让听众能听得懂、愿意听。

以《拔苗助长》的故事为例,如果按照《孟子》原文进行翻译,有明显的书面语的特点,缺少故事性,也不太适合口语讲述:

有个宋国人,他十分期盼禾苗长高,于是就去田里把禾苗一根根地拔高,一天下来十分疲劳但很满足,回到家对他的家人说:“可把我累坏了,我帮助禾苗长高了!”他儿子听说后急忙到田里去看禾苗的情况,然而禾苗都枯萎了。

可以改为:

古时候在宋国,有那么一个人,他呀希望自己田里的禾苗快点儿长高,于是就天天到田里去看。可是,一天天过去了,禾苗好像一点儿也没有长高。他着急啊，就在稻田边转来转去，自言自语：“长得太慢了！我得想个办法帮它们快点儿长。”这一天，他终于想到了一个办法，于是急急忙忙地跑到田里去，把禾苗一棵一棵地拔高。他拔呀拔，从中午一直拔到太阳落山，把自己弄得精疲力尽。回家之后，他一边喘着粗气，一边高兴地对他儿子说：“儿子啊，今天可把我累坏了，不过呢，我的力气没白费，禾苗都长高了一大截。”他的儿子没听明白是怎么一回事，于是就跑到田里去，一看，发现田里的禾苗全都枯死了。

这样修改以后，语言风格更加口语化，比较适合讲述，而且人物活动的细节更丰富，故事性更强。

需要注意的是，口语化不等于“口水话”，运用通俗易懂的口头语言讲述故事，并非直接采用日常用语，不进行加工和提炼，因为这样将严重损害文学的美感，违背向听众传达真、善、美的故事内容的初衷。因此，在讲故事的语言表述方面，我们既要避免晦涩的书面语言，也要摒弃粗鄙拖沓的“口水话”。

5. 对故事文本的增减和调整

改编故事也包括对故事主体的删、增、改，选好故事的基本材料后，应当根据讲述时间、讲述目的、听众特点对故事情节进行删减、调整，还可以增加设问、设置悬念，使故事内容更深刻，情节更紧凑、生动、跌宕起伏，这样就能抓住听众，更受听众欢迎。

故事中有些细节或过程与主要情节无关，可删去，把讲的重点放在故事的主干上，这样故事会更简短、精练、紧凑。如果故事内容太长，不适合在特定的时间和场合讲述，或者有不适合听众接收的内容也要删去，以免产生不好的影响。相反，故事中有的地方可以增加一些情节或细节，使故事具体生动、跌宕起伏，尤其是短故事更要这样。

如《拔苗助长》原文中没有对人物的动作和心理做具体的描述，改编的内容中增加了相关细节：

他着急啊，就在稻田边转来转去，自言自语地说：“长得太慢了！我得想个办法帮它们快点儿长。”这一天，他终于想到了一个办法，于是急急忙忙地跑到田里去，把禾苗一棵一棵地拔高。他拔呀拔，从中午一直拔到太阳落山，把自己弄得精疲力尽。

这样，故事的内容大大丰富了，人物的形象更具体化，场景的画面感也更突出。

6.设计一个好的开头和结尾

故事的开头非常关键,因为好的开头,能一下吸引听众的兴趣,激发听众倾听的愿望。如果开头平淡,听众就会感到索然无味。故事讲述者应根据故事的内容来设计开头,可紧扣故事情节及听众特点来设计,凸显讲故事的目的。以下是几种常用的开头方式:

提问式:先提一个听众感兴趣的问题,引发听众的思考。提问时,语调要上扬,停顿时间稍长一点。如:

1931 年 1 月 25 日晚,对于贺页朵来说,是一个极不平常的夜晚。贺页朵是谁?在这个夜晚到底发生了什么?故事要从一块泛黄的红布讲起。

议论式:

小朋友们都知道,耗子最爱偷吃人们的东西了,这次,它们又要去偷东西了,我们看看结果会怎么样。

楔子式:先讲与本故事有关的小故事或背景材料,然后再讲故事的本体。如:

"牛儿还在山上吃草,放牛的却不知哪儿去了。"听着这首优美而熟悉的歌曲,你一定会想起抗日小英雄王二小的动人故事吧,但你知道他是哪里人吗?让我来给大家揭开这个谜底吧!

上述方式也常常综合使用,但无论采取什么样的开头设计,开头的语言都要简洁、生动、有趣,要能激起听众的倾听欲望。

故事的结尾要留有回味的余地,起到画龙点睛的作用。故事收尾的方法,可视故事长短而定,长故事一次讲不完,可用突然"刹车"的方式在关键的地方停下来,给听众留下悬念,常用的口头禅是"欲知后事如何,且听下回分解"。短故事收尾,主要有以下几种方式:

高潮处收尾:言尽而意不止,给听众留下种种猜测。如《猴子吃西瓜》以一只猴子的人云亦云且不懂装懂的一句话——"西瓜嘛,就这味儿……"让人感到这群猴子愚蠢到了极点,既好笑又耐人寻味。

提问式收尾:启发听众思考故事中的思想意义,如"各位朋友,你们知道那只鸟的教训到底是什么吗?"

总结性收尾:如"今天,我们唱起《歌唱二小放牛郎》,重温那段历史故事,在缅怀抗日小英雄的同时,一定要不忘国耻,发奋图强,振兴我中华"。

尾声式收尾:如"毛委员就是这样与人民群众同甘苦、共患难,战胜了严寒的冬天,赢得了人民群众的信赖与爱戴,取得了井冈山斗争的胜利"。

7.形象化加工

故事改编过程中还可以为人物创造出具体的生活情景,揣摩人物心理,模拟人物动作,虚构人物对话等。如普通话作品2号《差别》:

老板一边耐心地听着他的抱怨,一边在心里盘算着怎样向他解释清楚他和阿诺德之间的差别。

"布鲁诺先生,"老板开口说话了,"您到集市上去一下,看看今天早上有什么卖的。"

布鲁诺从集市上回来向老板汇报说,今早到现在集市上只有一个农民拉了一车土豆卖。

"有多少?"老板问。

布鲁诺赶快戴上帽子又跑到集上,然后回来告诉老板一共有40袋土豆。

"价格是多少?"

布鲁诺又第三次跑到集市上问来了价钱。

"好吧,"老板对他说,"现在请你坐在这把椅子上一句话也不要说,看看别人怎么说。"

这个场景以对话为主,缺少人物的表情、动作等细节的描述,现场感不强,也不够生动细腻。故事改编的时候要揣摩老板和布鲁诺的心理活动、动作表情以及当时的情境。

老板面带微笑,很认真地听着布鲁诺的抱怨,心里想着要怎么向这个年轻人解释这个问题,让他能明白他和阿诺德之间的差别在哪儿。

等布鲁诺怒气冲冲地说完了,老板拍拍他的肩膀,平静地对布鲁诺说:"年轻人,先别着急,这样吧,请你帮我个忙,你去一下集市,看看今天早上有什么卖的。"

老板的话音刚落,布鲁诺转身就往集市上跑。

很快,布鲁诺气喘吁吁地从集市上回来了,他把头上的帽子摘下来扇风,撑着腰、喘着气对老板说:"老板,我到得早,集市还没有开张呢,现在集市上就只有一个农民,他拉了一车土豆在那里卖。"

老板听了,皱了皱眉,问扇着风的布鲁诺:"这个农民的土豆一共有多少?"

布鲁诺一听,愣住了,"我再去问问"。他马上戴上帽子,飞快地跑向集市。不一会儿,他又跑回来,很高兴地告诉老板那个农民一共有40袋土豆。

老板听了,似笑非笑地看着布鲁诺:"那你知道土豆的价格是多少吗?"布鲁诺有些慌了:"我……我马上去问!"

布鲁诺又第三次跑到集市上,终于问来了价钱。他累得满头大汗,满含期待地看着老板。

老板无奈地对他说:"好吧,辛苦了! 现在请你坐下来休息一下,什么话也不要说,看看阿诺德是怎么做的吧。"

故事改编也可以采用"表演法":将故事改编成剧本,并进行表演,在表演中要能揣摩人物的心理,并通过语言、动作、神情传达出来。这种方法可以为讲演故事打下良好基础。

(四)培养形象生动的声音造型能力

根据对故事文本的理解和感受,设计语言技巧,进行声音造型是讲好故事的核心技巧。讲故事要尝试用不同的音色加上有个性特点的语气、语调来塑造形象。

1.根据故事情节和人物,讲述的语气、语调要富于变化

讲好故事,需要区别故事中的角色语言和叙述性语言,并注意角色语言和叙述性语言的自然转换。讲述者要能运用声音技巧,自如地在角色之间互相转换,自如地"进入角色"——表现人物,自如地"退出角色"——叙述故事。

为了把故事情节"讲"得生动有趣,故事讲述者还要注意语气和语调的变化,要根据句意及上下文的联系处理好语气的轻重、快慢、升降。一般运用规律是:

喜则气满声高,悲则气沉声缓,爱则气缓声柔,憎则气足声硬,急则气短声促,冷则气少声淡,惧则气提声抖,怒则气粗声重,疑则气细声粘,静则气舒声平。

说同样一句话:"您真是太漂亮啦!"谄媚的语气应该用较高的声音,柔声细气地带着甩调去表现;真挚的语气应该用中偏高的声音、轻快的语调去表现。

故事讲述的语调一定要抑扬顿挫,富于变化。高兴时语调轻松,悲伤时语调低沉,用语调的变化来带动情节的发展。

2. 设计"音腔",形象展现人物语言的个性化

"语音造型"即通过故事讲述者富有角色感的声音来展示角色的生理特征、思想感情、性格特质等,塑造立体化的、有血有肉的角色形象。在讲演故事时,语音造型占据重要地位,因为故事能否打动听众,最重要的一个方面是角色是否塑造得成功。典型的语音造型对于展示角色性格和心理活动有着不可替代的作用。

好故事的人物性格总是很鲜明,鲜明的性格往往通过人物的语言、表情及动作表达出来。故事讲述者要根据人物的年龄、性别、性格、职业等要素,为人物设计一种最适合的发音腔调,听众能够借助这种特有的"音腔"将该人物与故事中的其他人物区别开来。只有这样,听众才会感到故事中的人物栩栩如生,活灵活现。如《猴子吃西瓜》:

猴王找到一个大西瓜,可是怎么吃呢? 这个猴王是从来没有吃过西瓜的。忽然,他想出一条妙计,于是就把所有的猴都召集起来了,对大家说:"今天我找到一个大西瓜,这个西瓜的吃法嘛……我是全知道的。不过我要考验一下你们的智慧,看你们谁能说出西瓜的吃法,要是说对了,我可以多赏它一份,要是说错了,哼,我可是要惩罚他!"

小毛猴一听,挠了挠腮说:"我知道,吃西瓜是吃瓤。"

猴王刚想同意。"不对,我不同意小毛猴的意见。"一个短尾巴猴说,"我清清楚楚的记得,去年我和爸爸到我姑妈家的时候,吃过甜瓜,吃甜瓜是吃皮。我想西瓜是瓜,甜瓜也是瓜,当然是该吃皮儿了。"

大家一听,嗯,有道理,可到底谁对呢? 于是都不由得把目光集中在一只老猴身上。老猴儿一看,觉得出头露面的机会来了,就清了清嗓子说道:"说西瓜嘛,当然……是吃皮了。我从小就吃西瓜,而且一直是吃皮,我想……我之所以老而不死,也正是由于吃了西瓜皮的缘故。"

有些猴儿早就等急了,一听老猴儿也这么说,就跟着嚷起来:"对,吃西瓜吃皮。"猴王一看,认为已经找到了正确答案,就向前跨了一步,开言道:"对! 大家说的都对,吃西瓜是吃皮! 哼! 就小毛猴儿崽子说吃西瓜是吃瓤,那就叫他一个人吃瓤! 咱们大家都吃西瓜皮!"

于是西瓜一刀两断,小毛猴儿吃瓤儿,大家伙共分西瓜皮!

有个猴儿吃了两口,就捅了捅旁边的说:"哎! 我说这可不是滋味儿啊!"

"咳！老弟,我常吃西瓜,西瓜嘛,就这味儿……"

这则寓言故事角色丰富,个性鲜明。根据这些角色的性格特征,我们可对各个人物说话的声音做如下处理:

猴王刚愎自用、不懂装懂——声音中、平、偏慢,着重表现其含而不露、故作威严;

小毛猴活泼机灵、快人快语——声音尖、细、快,着重表现其初生牛犊不怕虎;

短尾巴猴严肃认真、一板一眼——声音高、平、尖,着重表现其办事认真、爱好推理;

老猴倚老卖老、装腔作势——声音低、略粗、慢,着重表现其拖腔拿调的做派;

"有个猴儿"胆小怕事、不敢说话——声音低、轻、飘忽,着重表现其小心翼翼、嘀嘀咕咕;

"有个猴儿"旁边的猴人云亦云、不懂装懂——声音低沉、含糊,着重表现其虚张声势、含糊其辞。

3. 安排故事的字调、轻重音、句调、节拍、停连、语速等细节

讲述故事时停顿要明显,重音要得当,处理方法要灵活,可以用增加音强、加长音长或提升音高等方法来表示强调。一般来说,需要强调的读重一些;语气连贯的即使中间有标点符号也可不停或少停;表现紧张惊险的场面、兴奋热烈的情绪,速度可快一些;表现悲哀、疑问、思考,则可慢一些;表现转折、惊疑的语气或反问句,句调要高一点,紧接着高调后面往往都要把句调降低一些。故事的开头一般用慢速,情节紧张时要注意快慢结合、张弛有度,有时可适当停顿来增强故事的感染力。例如:

可第五场,她来晚了↘。/(表达惆怅的情绪,声音低沉、较轻,语速渐慢,句尾采用降调,停顿时间略长。)筱燕秋冲进化妆间的时候,春来已经上好了妆。(陈述事实,语调偏平,语速略微加快。)她们对视了一眼,都没有开口。(表达压抑的气氛,语调略低,语速适中。)筱燕秋一把抓住化妆师,她想大声告诉化妆师,她想告诉每一个人,(表达激动、挣扎的心境,语速较快,声音较高、较大。)"我才是嫦娥,只有我才是嫦娥～～～",(表达痛苦的情绪,语速放缓,声音较高,带哭腔,句尾加颤音。)但是她没有说话,她现在只会抖动嘴唇,不会说话↘。

(表达无奈的情绪,语调略低,语速适中,句尾采用降调。)(《青衣》)("．"为重音符号,"/"为停顿符号,"↘"为降调符号,"〜〜"为颤音符号。)

在讲故事时还可以使用拖腔、笑语、颤音、气音等特殊语音技巧,来增强故事的表现力和表演性。如《猴子吃西瓜》的第四段,进入高潮部分,叙述部分节奏渐渐加快,戏剧性增强,老猴儿的话——"西瓜嘛〜,当〜然是吃皮了〜",要拖腔甩调,以强化人物特点。

4.真实模拟动物叫声或自然声响

风声、雨声、流水声、脚步声、撞击声、敲门声、射击声、风吹树叶的沙沙声,如果讲故事时将这些声音模拟出来可以收到逼真的效果,给人以如临其境、如见其人、如闻其声的感觉。对自然声响的模拟,虽不必像真正的口技那样惟妙惟肖,但应该将环境特点鲜明地表现出来。如要模拟好各种动物的叫声,首先要消除怕出丑的心理,只有当我们的发音器官彻底放松,才有可能伸展自如,发出尖细粗哑、大小高低各不相同的声音来。其次,要注意观察体会、细心琢磨。如羊叫的声音尖细且有些发颤;公鸡打鸣高亢嘹亮且由小到大;母鸡的叫声"咯咯嗒","咯"音是反复出现的,"嗒"的音拖泥带水,有点像"咕咕咕嗒——";狗的叫声粗犷洪亮,有股狠劲;牛的叫声低沉浑厚而且悠长。诸如此类,只要我们细心体会、认真练习,模拟到七八分像是不难的。这样的"表",就可以增加讲故事的真实性和感染力。

(五)培养生动、自然的态势语运用能力

要把故事讲好,特别是要表现出人物性格,就要借助一些态势语。在讲演故事的过程中,态势语要生动形象,与有声语言整体协调,做到话到、眼到、手势动作到,才能达到良好的表现效果。态势语是一种无声语言,是有声语言的辅助手段,与有声语言恰当地结合在一起能使故事中的人物形象更生动饱满,从而增强故事的表现力。运用势态语一定要贴切自然,要随着故事内容的发展而变化。

故事讲述者在讲故事时一般正面面对听众,可做30〜45度的侧身,身体的动作不能太大;眼睛要有神,保持与观众的交流,与动作相互配合,做到手到眼到,切忌一直向下看,或只看一个地方,也不可眼神四处游移,或自卑得不敢抬头,自顾自地在那讲,完全没有听众意识;表情要自然、柔和,随着故事情节和人物情感有喜怒哀乐的变化,切忌古板、僵硬、一成不变;手势要有设计感,有意

义,避免单调。需要强调的是,故事讲述者一定要有听众意识,明确知道自己在对谁讲,从而积极去调动观众的情绪。

故事讲述过程中,态势语的运用大体表现为以下几个方面:

运用面部表情来模拟人物的表情;运用手及身体其他部位的动作来模拟人物的动作形态或其他事物的形态。如人伤心时会紧皱眉头或轻声抽泣,惊讶时会睁大眼睛、张大嘴巴;讲到机灵的小毛猴可以搔搔腮、转动眼睛,傲慢的猴王可以背着手、昂着头,不懂装懂的老猴可以驼着背、捋着胡子。

各种态势语往往配合起来使用,如讲到"捡起来闻闻,嘿,香喷喷的"时,态势语设计为先做"捡"的动作,然后放在鼻下,头略低,深吸气,做"闻一闻"的动作,然后抬起眼睛看着观众,面带惊喜的表情赞叹道:"嘿,香喷喷的!"这样,听众不仅能从声音中听到人物行动,而且仿佛能从设计的动作中看到人物形象。这样讲故事既可以增加听众的视觉感受,又可以帮助听众形象地理解故事内容。

但是要注意,使用态势语时手、眼和讲话内容要密切配合,讲到哪儿,手指到哪儿,眼神跟到哪儿;还要注意,动作要得体,切忌故作姿态、手舞足蹈,导致喧宾夺主,分散听众的注意力。

设计态势语的原则是自然、适度、适时。自然是指态势语既区别于随意动作,又区别于舞台表演,它来源于生活却高于生活;适度是指动作舒展、优雅、有美感,数量适中;适时是指态势语与情节保持同步和协调。

(六)培养用情景、情绪和情感打动听众的能力

故事讲述在刻画人物、揭示主题之外,最重要的是要感动听众。故事讲述的灵魂是"情",唯有"情"能做到让听众心有所感、若有所思、泪洒当场或群情激昂。

要做到"以情动人",故事讲述者首先要真正理解故事,理解故事内容,弄清故事主题,找准作者的着眼点,建立正确的情感认知,然后用自己的语言和丰富的想象来诠释和表现这个故事。讲述者通过声音、表情和肢体动作,栩栩如生地将故事中的情景和画面呈现在听众面前。只有当讲述者自己心有所感,讲起故事来,才可能真实生动、亲切感人,让听众仿佛身临其境。更重要的是,讲述者要能够表达出故事中人物的喜怒哀乐、人生的酸甜苦辣,这些情绪对听众具有相当大的影响力,有很好的"共情"效果。如果讲述过程中没有真情实感,就有可能产生装腔作势之感,达不到感染听众的目的。

五、即兴讲演故事训练——创造能力培养

"即兴讲演故事"指在特定的主题和情境下,即兴创编故事并现场讲演出来。"即兴讲演故事"关键在于"即兴创编"。

会朗读故事、绘声绘色地讲演故事,似乎就意味着讲故事能力已经具备了,但在实际使用过程中,会这些还不够,讲述者还要根据具体情境的需要即兴讲演故事。"即兴讲演故事"是讲故事的"高级阶段",缺少"即兴讲演故事"的能力,故事讲述的能力结构是不完整的。

(一)改编故事训练

"改编故事"可以为即兴创作故事奠定基础,同时还可以培养讲述者的创作兴趣。在训练中应遵循循序渐进、由简到难的原则:先训练文字改编,然后训练口头改编,最后训练即兴改编。整体的改编方向是:主题明确化,脉络清晰化,语言生动化,细节丰富化、有趣化。

(二)看图讲故事训练

看图讲故事是通过观察、想象把图画内容以故事的形式生动完整地展现出来。这个训练可锻炼讲述者的观察力、想象力、语言表现力,是即兴讲演故事的储备能力。训练应由简到难:先看单幅图画讲故事,后看多幅图画讲故事;先口述故事,后讲演故事。这项训练的创作顺序和方法如下:

1. 仔细观察,把握形象。需观察图画中的人、景、物、境,理顺人物关系、人景关系,掌握主要内容,既把握整体又要抓好细节。看单幅图画需抓住线索,看多幅图画需关注单幅画面的独立性以及画面之间的逻辑关系。

2. 把握主题。理解图画所表达的意义和主题。

3. 看图讲故事不是图画说明,需要发挥想象进行创造。想象人物情感、语言、动作、表情、心理活动等,使人物形象化、故事丰满化。

(三)关键词创编故事训练

关键词训练是口语训练中行之有效的训练方法,故事创编者也可以用关键词来进行故事创编。

首先,故事创编者要学会联想,根据关键词联想到另一些词,将关键词进行意义和内涵的延伸,从而具体化、细节化。比如看到"青春"联想到"青年""热血""朝气""梦想""无限可能""与时俱进",等等,由"青年"再想到"当代青年"之中的"中国杰出青年",再具体到"中国杰出青年"中的一些典型代表。故事

创编者要学会通过关键词联想到生活以及生活中触动大家的人和事。

其次,关键词训练还必须有大量的积累作为基础。比如看到"瀑布"就联想到"飞流直下三千尺,疑是银河落九天"的经典诗句;看到"月亮"就想到"床前明月光""月是故乡明"的思乡之情。关键词联想能快速拓展思维,找到事物的相关性,从而延展话题。创编故事时也可以据此确定主题,设定情节和人物,突出细节。长期坚持关键词联想训练能够有效提高联想能力,能够强化快速创编故事的能力。

六、故事讲述的准备过程以及表演过程中要注意的问题

"故事讲述"的能力训练需要较长的时间才能初具成效,其间还需要积极参与故事讲述的舞台表演来增加自信心和讲演经验。在登上舞台讲述故事之前需要做充分的准备和反复的训练,才能在故事讲述过程中绘声绘色、引人入胜。具体的准备过程及训练,前文已经详细讲述过,这里简单地梳理一下:

1.根据活动或者话语主题选择合适的故事。

2.分析故事,了解故事的主题思想、人物形象、人物关系;掌握情节结构,把握故事开端、发展、高潮、结局,处理好各部分的关系,准确把握人物行动背后细腻的心理变化。

3.对故事进行加工再创造,使故事口语化、主题明确化、脉络清晰化、语言生动化以及细节丰富化、有趣化。

4.根据对故事文本的理解和感受,设计语言技巧,进行声音造型,尝试用不同的音色和有个性特点的语气、语调来塑造形象。

5.根据对故事情境和人物的理解和感受,设计恰当的态势语,使故事中的人物形象更生动饱满,从而增强故事的表现力。

6.提炼故事线索和关键词,背诵故事,对故事内容烂熟于心。

7.反复进行故事讲述练习,细致地揣摩故事人物的心理、性格特征、情绪,不断调整语言技巧和态势语,以生动、流畅地讲好故事,塑造人物形象,自然地表现好态势语。建议对着平面镜训练自己的表情、手势、嘴型、肢体语言,最好的方法是用摄像机记录自己的讲述过程,然后对不当的地方进行修正。

8.准备好得体的服装和造型,提前熟悉活动场地,设计好出场方式、打招呼的方式以及结束离场的方式。

前期充分的准备和反复的训练是故事讲述的前提和基础,但现场舞台上精彩的表现才真正决定着故事讲述的成功。讲述者应注意以下几点：

1.上场、离场时身体姿态大方得体、自信从容,能友好地和观众进行交流,积极拉近和观众的心理距离。

2.故事讲述开始后,要保持积极饱满的情绪,讲演的动作要自然适度;心态趋于平稳,注意观察听众的反应,控制好语速和节奏,必要时可以临场对语言技巧做出细微的调整,从而提升讲演过程中的对象感和现场感。

3.如果出现忘词、卡壳等异常情况,请保持冷静,适当地进行现场发挥,努力将讲述节奏调回正常状态。

4.多次讲演同一个故事时,每一次都要保持新鲜感,进入积极讲述的兴奋状态。

最后,坚持循序渐进的训练过程,积极思考,善于总结,多下功夫。经过一段时间的训练,故事讲述的能力自然会提高,最终达到质的飞跃:把故事讲得生动形象、绘声绘色、真挚感人,并进一步摸索创新,最后形成自己独特的故事讲述风格。

【思考与练习】

1.请为下面这个寓言故事的主要角色公鸡和狐狸设计"音腔"和肢体动作,使角色更加生动、立体。

狗、公鸡和狐狸

狗与公鸡结交为朋友,他们一同赶路。到了晚上,公鸡一跃跳到树上,在树枝上栖息,狗就在下面树洞里过夜。黎明到来时,公鸡像往常一样啼叫起来。有只狐狸听见鸡叫,想要吃鸡肉,便跑来站在树下,恭敬地请鸡下来,并说:"多么美的嗓音啊! 太悦耳动听了,我真想拥抱你。快下来,让我们一起唱支小夜曲吧。"鸡回答说:"请你去叫醒树洞里的那个看门守夜的,他一开门,我就可以下来。"狐狸立刻去叫门,狗突然跳了起来,把他咬住撕碎了。

这个故事说明,聪明的人临危不乱,能巧妙地轻易击败敌人。

2.请对下面的这个故事进行改编,使故事的语言更加口语化,适合口头讲述。

母亲的姿势

这是一个真实的故事。他们就住在一套用木板隔成的两层商铺里。

母亲半夜起床上厕所,突然闻到一股浓浓的烟味,便意识到家里出事了。等丈夫从梦中惊醒,楼下已是一片火海,全家两个女儿三个儿子以及两位雇工都被困在大火中。幸好阁楼上的天花板只有一层,砸开它,就可攀上后墙逃生。绝望之余,父亲带着两个雇工砸开天花板,并第一个抢先翻过墙头。父亲出去后却再也没有回来。高墙里面,大火离母亲和孩子越来越近了。五个孩子中,最高的也只有1.54米,而围墙竟有2米多高。可幸运的是,墙头上有一个雇工留了下来,他一手抓紧横梁,另一只手伸向墙内的母亲和五个孩子。"别怕,踩着妈妈的手,爬上去!"母亲蹲在地上,抓牢大儿子的脚,大儿子用力一蹬,抓住雇工的手攀上墙头翻身脱离了险境。用同样的方法,母亲把二儿子和小儿子一一举过了墙。

此刻,火势已经很猛,母亲奋力抓起二女儿。她的力气已用尽,浑身不停地颤抖。大女儿急中生智,协助妈妈把妹妹举过了墙。火海中只剩下母亲和大女儿。大女儿哭着让妈妈离开,但母亲坚决将女儿拉了过来,拼尽最后一口气,将大女儿托过墙头。当工人再次把手伸向母亲的时候,她连站立的力气也耗尽了,转眼间,大火便吞没了她。墙外五个孩子声泪俱下地捶打着墙,大喊着妈妈,而墙内的母亲却再也听不见了,永远地闭上了眼睛。

后来,人们进去寻找这位母亲,看到了极为悲壮的一幕:母亲在阁楼内的墙下,双手高高举起,保持着托举的姿势。

这个故事就发生在深圳,人们也将永远铭记这位英雄母亲的名字——卢映雪。

3. 关键词训练:选择下面一组词语,在5分钟内串联成一个300个音节左右的故事并进行讲述。

(1)爱情　尊重　亲人　朋友

(2)金钱　选择　人生　美丽

(3)青春　登山　远方　未来

第七章 演　讲

第一节　演讲是一门艺术

一、演讲的含义

演讲在古希腊时期被称为"诱动术",其含义是劝说鼓动听众。演讲有时也称为演说,它是在公众场合借助有声语言和态势语言就某个具体问题发表自己的见解和主张,向听众说明事理、表达思想和抒发感情的一种综合性口语形式,是一种高级的单向传播的口语表达艺术。

现实活动中实用性很强的演讲,是满足人们的精神实用需要并借助人的精神活动条件(并不能完全脱离物质)而显示出来的艺术。虽然演讲以"讲"为主,但是这种"讲"还要体现"演"。演讲者不仅要把事和理讲清楚,让人听明白,而且还要通过现场的直观性表达把事物和道理讲得生动、形象、感人,既有情感的激发力,又有声态并作的审美感染力。而演讲中的"演"主要表现在有声语言和态势语言两个方面。只考虑实用性,不考虑艺术性的演讲不是高水平的演讲。而过分地追求扮演和化装等舞台艺术表演效果的演讲也是不足取的,因为这破坏了现实活动中演讲的严肃性。

成功的演讲,不是演讲者精心打扮的仪表,不是悦耳动听的声音,也不是潇洒大方的手势,而主要是演讲当中所饱含的能使听众茅塞顿开、开阔视野、增长知识的深刻哲理,它需要演讲者在一定的时间范围内运用生动的事例、形象的语言、恰当的比喻等方式将抽象的理性思维转化为具体清楚的能被听众理解和接受的形象,同时还需要具有真情实感的感染性。我国著名的演讲大师闻一多先生曾经说过,健康的情感可以激发听众积极的思想意识,从而产生积极的行动。情感作为人对客观事物的态度,是人的需要和客观事物之间关系的反映。人的全部心理活动都离不开情感的伴随。强烈的感情犹如强大的驱动力,是导向人的行为的内部力量。演讲者只有充分发挥自己的演讲才能,把自己的真实感情发挥得淋漓尽致,有效地激发听众的情感,让演讲者和听众在情感的沟通和认识上达到一致的"共鸣"。如此,整个演讲就会出现和谐的气氛,演讲才能获得极大的成功。因此,准确把握演讲的特殊性是提高演讲艺术水平,使演讲活动健康发展的必要条件。

二、演讲的类型

演讲有很多类型。从不同的角度可进行不同的划分。

(一)根据内容可划分为政治演讲、经济演讲、学术演讲、礼仪演讲、教学演讲、法庭演讲、宗教演讲

1. 政治演讲是指以阐述政治主张为内容的演讲。这类演讲政治倾向鲜明,富有雄辩性和鼓动性。它包括竞选演说、就职演说、述职演说、政治动员等。

2. 经济演讲是指具有经贸内容性质的演讲。它服务于经济,其传递出来的经济理念和信息在经济的发展中起着极大的促进作用。它包括公关型、总结型、动员型、经验介绍型等。

3. 学术演讲是指为研讨学术问题、传递科学文化知识所做的演讲。它包括学术讲座、科研报告等。

4. 礼仪演讲是指在各种社交仪式上当众发表的充满情感的演讲。它最突出的特点是诉诸情感,以抒情为主,寓理于情。它包括开幕词、闭幕词、欢迎词、祝酒词等。

5. 教学演讲是在校园里开展教育教学活动的演讲。它包括教师讲课、学生论文答辩、校园里的各类演讲会、演讲比赛等。

6. 还有各行各业的演讲,比如律师的法庭演讲、导游的景点介绍等。

(二)根据形式可划分为命题演讲、即兴演讲、论辩演讲

1. 命题演讲是指演讲者根据指定的题目或限定的主题范围,自己拟题,事先准备的演讲。命题演讲分定题目演讲和自拟题目演讲。定题目演讲是演讲者根据演讲赛或演讲邀请单位事先确定的题目所做的演讲。自拟题目演讲是演讲者根据演讲组织者限定的主题范围,自己拟定题目进行的演讲。

2. 即兴演讲是指演讲者事先未做准备,处于一定的情境,对人对事对景有感而发的演讲,包括答记者问、观后感、来客介绍、欢迎致辞、婚礼祝词、丧葬悼念的自由发言等。

3. 论辩演讲是指论辩双方运用口头语言就某一特定问题的是非曲直、优劣正误进行阐述、论证、责难、辩驳,确定自己的论断,占领理论上的优势中心,寻求科学真理,以求最后肯定正确的认识、取得共同的见解所进行的演讲,包括法庭论辩、外交论辩、赛场论辩等。

(三)根据风格可划分为激昂型演讲、深沉型演讲、严谨型演讲、活泼型演讲

1.激昂型演讲的特点是节奏快,起伏较大,音量对比强烈,语言铿锵有力,它易于激发听众的情感,具有很强的感染力和鼓动性。它适用于具有号召性和鼓动性的政治演讲,如战争动员等。

2.深沉型演讲的特点是节奏慢,感情变化不大,音量对比较弱,音调平缓柔和,语句深沉而又发人深思。它适合抒发深沉而又细腻的思想感情,如凭吊演讲。

3.严谨型演讲表现为情绪稳定,语言严谨,逻辑性强,比较适合传播知识、启迪思维的演讲,如学术演讲,论文答辩。

4.活泼型演讲节奏明快,语言生动形象,和谐幽默,材料新颖独特,给人以亲切欢快、耳目一新的感觉,吸引力较强,适合于交际演讲和针对青年的演讲。这种演讲的发展趋势较快,越来越受人们特别是青年朋友喜欢。

演讲是一个复杂的综合系统。只有各个系统间相互配合、相互作用、和谐一致,才能使演讲获得成功。

第二节 如何准备命题演讲

命题演讲是演讲者根据指定的题目或限定的主题范围,自己拟题,事先准备的演讲。我们从以下几个方面着手命题演讲的准备工作:

一、演讲稿的准备

演讲稿在命题演讲的准备过程中至关重要。演讲稿就是为了在公众面前发表具有一定目的性、条理性、完整性的讲话而拟定的文稿。它的用途十分广泛,具有社会通行的比较稳定的行文格式,属于应用文体。演讲稿可以帮助演讲者梳理思路,限定演讲时间,增强语言魅力,能帮助演讲者更好地发表见解、主张,阐明道理,感染听众。那么如何准备演讲稿呢?

(一)明确演讲的主题

主题就是演讲所要分析论证的主要问题,就是你的演讲要表达的中心思想。演讲的主题不仅是演讲者关心的,也是听众注意的,主题的确定对于演讲的成功来说是至关重要的。怎么为你的演讲设定主题?怎么选择你最感兴趣的演讲主题?你的主题怎么迎合听众的胃口?这是演讲者写稿前首先要考虑的问题。有了主题,你才动力十足,有信心去准备。

演讲的准备并不是把你的材料按照一定的语法规则堆积起来,然后把它背熟就可以了,而是去思考、去回忆。它是思想的准备,是把思想集中在你感兴趣的题目上,把你平时想过无数次的意见、信念聚集起来,用你收集的材料加以调饰,把它们改造成一种有助于说明问题,并适合听众需要的形式再呈现出来。这样,你讲出来的东西才自然,你不能随意地将你自己的思想堆积起来。如果你的演讲缺乏深思熟虑,或不懂装懂,听众是会感觉出来的。

好的主题,演讲者有兴趣讲,听众也觉得有吸引力。有人说"好的主题是演讲成功的一半",这是有道理的。所以演讲者要想演讲成功,首先就应该在主题的确定上多下功夫。确立演讲主题一般应注意以下几个问题:

(1)时代性。所谓时代性就是指演讲的主题应当是当代社会的人们所普遍关心的问题。以这样的问题作为主题的演讲具有时代气息,也容易吸引听众,激发听众的兴趣。命题演讲的生命力取决于演讲主题的时代性和演讲者立场的鲜明性。演讲者只有与时代共命运,与人民同呼吸,成为人民的代言人,才能拨动时代的琴弦,他所讲的一切才能在人民群众中引起共鸣。

(2)针对性。所谓针对性就是演讲的主题必须是针对具体的听众来确定的。演讲应围绕听众来进行。演讲的主题也必须从听众方面来确定,而不能单凭演讲者本人的主观好恶来确定。这就需要演讲者在演讲前了解听众的基本情况,比如职业、文化程度、思想觉悟、兴趣爱好、目前他们最感兴趣的问题以及态度。听众既有共性也有个性,而演讲的主题必须符合具体听众的个性,这样才能抓住听众,缩短演讲者与听众的心理距离,为演讲创造良好的条件。假如对小孩子讲住房改革,演讲必然失败,所以演讲者必须清楚地意识到每一类具体的听众都有各自的"兴趣圈",演讲者要使自己演讲的主题保持在这个"兴趣圈"之内。

(3)适当性。所谓适当性就是演讲的主题既要适合演讲者的自身能力与条件,又要适合演讲的时间、地点与情景。演讲是演讲者对某一具体事物有比较强烈的深刻体验和比较全面的了解之后有感而发的,这就如同作家写小说一样,没有强烈的情感体验和全面的了解,就写不出优秀的小说。平时我们也有这样的体会:领导要你去做工作汇报,如果你没实实在在地干过此项工作,讲出来的话一定是空洞的、虚伪的,因为你不了解实情;只有那些踏踏实实、认认真真地完成工作的人,才说得清楚这项工作究竟是怎么一回事,在什么地方遇到了困难,哪里需要注意,哪里需要改进,等等,这些都不是拍脑袋就能想出来的,也不是凭空杜撰出来的。所以演讲者确定主题时要看看自己的体验深度和认识程度,不要勉强去讲那些自己不了解、讲不好的问题,因为这种现象你可能见过但没有经历过,没有深刻体会,不能真正了解其中的甜酸苦辣,这样你就一定讲不好。因此,演讲者要讲自己经历过或是非常熟悉的事情,讲那些自己喜欢、熟悉的问题,不要舍近求远,去做那些费力不讨好的事情。

(4)时空性。所谓时空性就是指演讲主题的确定要看演讲的时空条件。演讲者应根据时间、地点、听众的情绪和当时的气氛来决定演讲主题。在一些交际场合,例如喜庆活动就不要讲过于严肃的问题,可以谈一些轻松愉快的话题,否则就会大煞风景,引起他人的反感。还要根据时间的长短来安排内容,时间短就讲一些小问题,时间长就讲一些较大的问题,不要妄想在短时间内把一个大问题讲清楚。

(5)新奇性。所谓新奇性就是讲的主题必须新颖奇特。唯有如此,才能激发听众的兴趣,给人耳目一新的感觉。老生常谈以及谈那些陈旧过时的主题不会吸引听众。所以演讲的主题要强调一个"新"字。"新"并非故弄玄虚,而是来自演讲者对客观事物独到的看法和敏锐的观察能力。作为演讲者要善于捕捉那些新颖的话题,善于挖掘问题的内涵,努力多层次、多方面、多角度地去探讨问题。大千世界,万事万物,芸芸众生,无不充满着矛盾,也充满了辩证法。只要我们去发现、去思考,哪怕是老问题、老观点,也能从中挖掘出新的东西。

(6)鲜明性。所谓鲜明性就是演讲的主题一定要清楚明白。任何演讲的主题,无论大小、新旧,首先要对听众讲清楚,你要说明什么问题,使听众有一个清晰的认识,并在演讲的引导下进行思索和探讨,最好与演讲者的观点和主张达成一致。所以演讲者一定要用通俗易懂的语言,旗帜鲜明地交代主题。其次,要注意每次演讲的主题最好只有一个,不要多,否则就会互相干扰。主题太多,演讲者不易说清楚,听众也不能弄清楚你的目的所在。有不少初学演讲的人就是因为不注意主题的鲜明性,结果导致演讲失败。因此演讲者要牢记,鲜明突出的主题不但是自己演讲的线索,也是听众思考的方向,演讲一定要使主题鲜明。

(二)搭建演讲的结构

演讲的结构,不管是开宗明义,气势如虹,还是层层深入,跌宕起伏,都是为演讲目的和演讲主题服务的。从文稿来看,先讲什么,后讲什么,怎么才能吸引听众,如何更好地表达主题,都是"结构"要解决的问题。

演讲一般由标题、称呼和正文三个部分构成。

1.标题。标题大都标出事由、文种,如习近平总书记的《同舟共济克时艰,命运与共创未来——在博鳌亚洲论坛 2021 年年会开幕式上的视频主旨演讲》;有的揭示论题,如钱学森的学术报告《关于新技术革命的若干基本认识问题》;也有的概括演讲的中心内容,如毛泽东的《改造我们的学习》。演讲的标题不仅要新颖、生动、恰当而富有吸引力,而且应鲜明地表现内容,能全面地反映演讲的主题、内容和目的。为了让标题新颖、生动、富有吸引力,我们可以适当地用一些修辞手法。下面列举部分演讲标题类型:

引用式:借用成语、俗语、歌词、诗文名句等拟题,亲切自然,如《吃亏是福》。

比喻式:生动形象,含蓄蕴藉,如《要做充了电的灯泡》。

拟人式:形象鲜明,抒情味浓,如《大山知道我的情》。

象征式:借物寓意,意蕴丰富,如《航标灯》。

借代式:突出特征,新颖别致,如《谁偷吃了我的奶酪》。

对偶式:音律和谐,互补互映《防范胜于救灾,责任重于泰山》。

设问式:统摄全篇,吸引听众,如《论中国人失去了自信力了吗?》。

对比式:相映相成,突出主题,如《奉献与索取》。

同字式:同性反复,重心显赫,如《自强·自立·自尊》。

标题的类型不限于上述几种,好的标题在拟定的过程中往往需要反复推敲、深思熟虑,甚至"煞费苦心"方可得之。

2.称呼。称呼是演讲的重要组成部分。对不同的听众要使用不同的恰当的称呼。如果听众多,层次复杂,称呼可笼统一些;听众层次单一的,称呼就要相应明确一些。称呼的采用要得体,除了常用的"同志们""同学们""朋友们",有些庄重的场合还要写上对与会者或会议主持者如"各位领导""主席""主席团"等的称呼。在有外国来宾的情况下,还要写上尊重国际习惯的称呼,如"女士们、先生们"。

3.正文。正文的基本结构由开头(或称开场白)、主体和结尾组成。

(1)开头。演讲正文的开头与其他应用文开头一样必须简短、明确,但要比其他应用文文体更富于吸引力。良好的开端是成功的一半,演讲也是如此。演讲开头可以由起因、背景谈起;可以从事件或故事谈起,引出话题;可以概括揭示演讲的内容或主要观点,揭示主题;还可用提问的方法激起听众的思考或是用名言、警句点出讲话内容,以唤起听众的兴趣。总之,不管采用什么方法开头,目的就是要制造一种气氛,安抚并控制住听众的情绪,掌握主动权,以达到演讲的最终目的。演讲稿的开头方式还要因人、因事、因时、因地而异,即使稿件事先已经写好,也可以根据情况的变化进行随机应变的调整。只有富有创意的开头,富有新颖、奇趣、敏慧之美的开头,才能立即控制场上气氛,在瞬间集中听众的注意力,从而为接下来的演讲内容顺利地搭梯架桥。那么如何设计别具匠心的演讲开头呢? 下面介绍三种别具匠心的演讲开头:

第一种:制造悬念,引人入胜。

有一位班主任在毕业典礼上给学生致辞时,是这样对学生说的:"我原来想祝福大家一帆风顺,但仔细一想,这样说不恰当。"这句话把大家弄得丈二和尚摸不着头脑,不由得屏声静气地听下去——"说人生一帆风顺就如同祝某人万寿无疆一样,是一个美丽而空洞的谎言。人生漫漫,必然会遇到许多艰难困苦……一帆风不顺的人生才是真实的人生,在逆风险浪中拼搏的人生才是最辉煌的人生。祝大家奋力拼搏,在坎坷的征程中,用坚实有力的步伐走向美好的未来!""一帆风顺"本是常见的吉祥祝语,而这位班主任却偏偏反弹琵琶,从另一个角度悟出人生哲理,所以起到了很好的效果。与众不同、富有创意的观点和语言往往能制造悬念,抓住听众的注意力,形成"此言一出,举座皆惊"的艺术效果。

第二种:幽默诙谐,内涵丰富。

1990 年台湾影视艺术家凌峰和当时红极一时的台湾歌手文章一起出现在央视春晚。当时,许多观众对他还很陌生,但是他说完那段妙不可言的开场白后,一下子被观众认同并受到了热烈欢迎。他说:"在下凌峰,我和文章不一样,虽然我们都得过'金钟奖'最佳男歌星,但我是以长得难看而出名……我走过祖国的大江南北，大多数男观众对我的印象特别好，因为他们认为，本人的长相很中国，中国五千年来的沧桑和苦难，都写在我的脸上。一般说呢，女观众对我的印象不太良好，每个地方的女观众，她们对我的长相已经到了忍无可忍的地步，她们认为我是人比黄花瘦，皮比煤球黑。"这番话妙趣横生，给观众留下了坦诚、风趣的良好印象。不久，在"金话筒之夜"文艺晚会上，只见他满脸含笑，对观众说："很高兴又见到了你们，很不幸又见到了我。"观众立刻报以热烈的掌声。至此，凌峰的名字就传遍了祖国大地。在演讲的开头，用诙谐幽默的语言自嘲，会让听众倍感亲切，无形中缩短了演讲者和听众之间的心理距离。

第三种：即景生情，巧妙过渡。

1863 年，美国葛底斯堡国家烈士公墓竣工。落成典礼那天，国务卿埃弗雷特站在主席台上，只见人群、麦田、牧场、果园、连绵的丘陵和高远的山峰历历在目，他心潮起伏，感慨万千，立即改变了原先想好的开头，从此情此景谈起："站在明净的长天之下，从这片经过人们终年耕耘而今已安静憩息的辽阔田野放眼望去，那雄伟的阿勒格尼山隐隐约约地耸立在我们的前方，兄弟们的坟墓就在我们脚下，我真不敢用我微不足道的声音打破上帝和大自然所安排的这意味无穷的平静。但是我必须完成你们交给我的责任，我祈求你们，祈求你们的宽容和同情……"这段开场白语言优美，节奏舒缓，感情深沉，人、景、物、情是那么完美而又自然地融合在一起。据记载，当埃弗雷特刚刚讲完这段话时，不少听众已热泪盈眶。在演讲的开头，以会场布置、天气、心情等眼前的人、事、景为话题，引申开去，能把听众不知不觉地引入演讲之中。

演讲开头的方式还有很多，大家可以根据演讲的实际情况灵活地选择。不管选择怎样的开头方式，都要记住：切题和镇场是演讲开头的主要目的；简洁而富有吸引力是演讲开头的基本要求。

（2）主体。主体是演讲的展开部分。在内容上，无论哪一类演讲，都应突出重点，反复阐明中心，条理要分明，层次要清楚，给听众一个明晰的印象，在这方面，演讲的要求比其他文种要求更高；在结构上，可根据各类演讲的具体内容进行安排，但要注意内容和气势的上下贯通，同时可应用前后照应和过渡的方法使演讲始终紧扣中心；在表达上，要有张有弛、有起有伏，达到始终抓住听众注意力的目的；在语言上则力求口语化。演讲易出现的问题是"空"：空洞的理论、时髦的口号、华丽的词句多，而缺少感性的生活材料。精选真实、新颖、针对听众和演讲场合的材料,才能使演讲有理有据,使内容丰富充实、生动形象,富有吸引力和感染力。例证也并非用得越多越好,片面地追求生动性而过多地堆砌事例,反而会影响演讲的力度和深度。因此好的演讲一定要拥有良好的立意和材料。那么该如何立意呢?又该怎样选材呢?

所谓立意就是演讲者对演讲主题的把握,是对选题的主观的独特感受。演讲的主题和立意既有联系又有区别,主题是演讲立意的基础和范围,立意是演讲者对演讲主题的把握,是对主题的主观的独特感受。立意是演讲的灵魂和统帅,演讲如果没有好的立意,就无法深入人心。立意立得好,所要表达的观点才能更吸引人。下面介绍几种立意的方法:

第一个方法——贴近时代。

演讲的立意要反映时代精神,展示时代特点、时代风貌。历史在发展,时代在前进,每个时代都有它的社会生活内容,有代表当时人民利益的具体、独特的东西。

时任人民日报社副总编辑卢新宁在对 2012 届北大毕业生的演讲——《在怀疑的时代更需要信仰》中说:"我唯一的害怕,是你们已经不相信了——不相信规则能战胜潜规则,不相信学场有别于官场,不相信学术不等于权术,不相信风骨远胜于媚骨。你们或许不相信了,因为追求级别的越来越多,追求真理的越来越少;讲待遇的越来越多,讲理想的越来越少;大官越来越多,大师越来越少。因此,在你们走向社会之际,我想说的只是,请看护好你们曾经的激情和理想。在这个怀疑的时代,我们依然需要信仰。"

这篇演讲稿紧扣时代脉搏,描绘出时下许多青年的状态,饱含赤子心,为学子指明出路:不管时代让你如何怀疑,你都要选择理想,听从内心的呼唤,才能拥有最饱满的人生。演讲者深邃的思想深度不仅深深打动了演讲现场的几千名学子,更让无数有幸阅读此文的人心生感慨。演讲稿若要形成这一时代的新主题以及有别于其他时代的新特点,就需要我们具备敏锐的"触角",不断关注新问题,发现新问题,把自己的笔和时代紧紧联结在一起,立意才有价值和新意。

第二个方法——以小见大。

好的演讲,能从生活中的"小"处入手,通过简单直白、人人都能理解的"小",折射出有高度、有内涵、有趣味的"大"。比如"同时赶两只兔,一只也捉不住""踩着别人的脚印,走不出自己的路""站在风口上,猪都会飞"这类语言,散发着浓郁的生活气息,不是比那些冷冰冰、硬邦邦的鸿篇巨论更受欢迎吗?言之有物,言之有据,言之有趣,便接了地气,自然就有了人气。有理不在声高,那些在演讲现场领着听众振臂高呼的"虚胖"的豪言壮语,貌似好听,但未必中用。也许更管用的是那些未加修饰的大实话,尽管它们的立足点看起来不高,外表有点儿"土"和"糙",它们道出的"理"虽小,"意"却不浅。

第三个方法——逆向思维。

"文似看山不喜平",演讲也是如此。有个演讲选手以"见异思迁,成就梦想"为题写了一篇演讲稿,赋予见异思迁以"见好就学"的新含义,举了自己求学做事的实例,向听众讲述了自己经常向他人学习,最终成就梦想的故事。演讲者的立意属反弹琵琶,紧扣时代特征,论证了只有"见异思迁",突破自我,才有出路的道理。像这样立意新颖的演讲稿,当然可以得高分了。所谓逆向思维,就是指从相反的方向思考问题,即提出与传统相对或相反的观点,从而达到演讲立意出新的效果。逆向立意不是普遍意义上的说反话,对着干,因为事物的正确答案不止一个。演讲的立意能够不受主流思潮的左右,在自己认为正确又切题的情况下,构思与主流思潮完全或部分相反的意见,就会起到一石激起千层浪的效果,如果演讲内容正确、充实,就会受到听众的加倍首肯。

第四个方法——深挖本源。

深挖本源主要指文章立意要高,观点深刻。深刻的立意往往能准确而深入地把握事物的本质、共性及规律性,有独到之处,因此备受听众青睐。不断追问立意的价值和意义,层层深入,往往能认识到事物的本质,使演讲的立意更有深度。

有了好的立意又该如何取材呢?

材料就是演讲中所涉及的一切用以说明主题的事实根据和生活现象,包括事例、知识、言论、数字等。演讲虽然是说理性的活动,但是演讲中的理性体现并非是抽象的说理,而是借事说理,寓理于事。它要依靠翔实典型的材料来加以佐证,增强理性的说服力。所以演讲的材料如同建造高楼大厦的砖石一样重要。没有材料的演讲就像一棵树只有光秃秃的树干而没有茂密的枝叶或美丽的花朵,是不会有什么吸引力的。所以材料的选择、分析、概括和排列对于增强理性的说服力和吸引力有着十分重要的意义。

演讲的材料可以说十分广泛,它既包括引人深思的社会现象、可歌可泣的英雄事迹、令人难以忘怀的历史事件、触目惊心的数字、富有哲理的名言警句，也包括自己的所见所闻、名人逸事、笑话、故事、风土人情以及文学作品等。对这些材料的取舍使用必须根据演讲的需要来定。具体来说，演讲材料的选择要真实、典型、吸引人。

所谓真实，就是演讲的材料一定要真实准确。演讲使用的材料必须来自客观生活，而不能捕风捉影、道听途说，更不能无中生有、胡编乱造，只有真实准确的材料才能使听众信服。此外，演讲者还应当克服偏见，力求全面、实事求是地而不是只凭个人的主观好恶来选择和使用材料。例如：中国科学院院士杨福家在《做人　做事　做学问》的演讲中，选用了以下材料："以普林斯顿大学为例，家庭年收入6万美元以下的学生100%都获得了奖学金，家庭年收入20万美元以上的也有30%获得了奖学金……普林斯顿大学教授安德鲁·怀尔斯迷恋费马大定律，8年没出一篇文章，可他的校长却并没找他的麻烦，并说他这样做有他的理由。果不其然，8年后，怀尔斯教授宣布最终证明费马大定律这一困扰世界数学界360年的难题，这就是一所学校给予教师的宽容……1994年的诺贝尔经济学奖获得者约翰·纳什曾经是精神病患者，但是普林斯顿大学仍然允许他静心地生活在校园内，给予他极大关爱，他一'疯'就是30年，学校就留了他30年。可30年后，学校的宽容和家里人的关爱让他'醒'了，并最终摘取了诺贝尔奖经济学奖……在美国康涅狄格州立大学工作的中国学者杨向中因为对牛的兴趣而研究克隆牛，后来因为科研条件限制要转校。校长问他，你需要多少资金补充研究条件。他说，大概800万美金。校长说，我一天之内给你答复。不到24小时，校长用三种形式给了他回复——E-mail、电话录音、秘书联系。校长同意给他1200万美金资助他的科研，盛情挽留他。"这些独特的材料有力地证明了作者的主题：要营造良好的育人环境，大学应该有大爱。

所谓典型就是要选择的材料最有特征、最有代表性，能有力地揭示事物的体质，表现演讲的主题。演讲材料的选择在精不在多，因为每一个具体的材料对演讲主题的表现程度是不同的。只有典型材料才能够以一当十，更好地论证演讲的主题，突出演讲的重点，加强演讲的思想性和表现力。所以在演讲稿的写作过程中要注意从众多的材料中选择那些最有表现力和感染力的典型材料。例如：在2020年的抗疫英雄演讲中有一位演讲者列举了李兰娟的事例："在春运临近高峰，武汉疫情呈蔓延趋势时，她顶着压力，几度建议'封一座城，护一国安康'。党中央迅速采纳了她的建议,有效遏制了病毒的扩散,这一举措不知让多少人保住了健康和生命。73 岁的李兰娟院士还主动请缨,进驻武汉,和武汉的医护工作一起接诊病人。她是一个不折不扣的医生。70 多岁的老人,一连 7 天每天只睡 3 个小时,她怕一眨眼,鲜活的生命就会从她指间溜走。她抢在时间的前面,率先推出阿比朵尔、达芦那韦治疗新冠肺炎,有效抑制了新冠肺炎病毒。她为了尽快找到'对症下药'的疫苗,率领科研团队,日夜兼程。她是我们生命的守护神。"

所谓吸引人就是材料要生动形象,能激发听众的兴趣,又有丰富的思想内涵。演讲要想吸引听众,就要引用生动有趣的材料。一般来说,新颖具体,情节起伏不平,带有悬念,话语妙趣横生,具有幽默感,寓意深刻的材料都能吸引人。例如:在庆祝五四的讲演活动中,一位演讲者讲一位女孩 5 岁丧母持家,10 岁断腿辍学,13 岁借钱读书,15 岁为父亲摔成植物人打官司而奔波,17 岁中专毕业工作还贷款的经历,升华出主题"生命在苦难中成长,岁月在磨炼中闪光",呼吁青年朋友正视挫折,自强不息,并在演讲结束时将故事原型引到主席台,使台下听众深受感动。

这个世界每天都会发生数不清的事情,如何在这瞬息万变的环境中进行日常材料的收集,又如何从浩繁的材料中选取恰当的例证,是每一位演讲者都要面对的问题。

(3)结尾。结尾是演讲内容的自然收尾。为使听众对全篇讲话内容有清晰、完整、深刻的印象,演讲的结尾一般要把主要内容加以概括,做个小结,也有的以表明演讲者的态度做结尾,还有的用呼吁、建议和提希望的方法结尾。下面介绍几种演讲结尾的技巧:

赞美式。用委婉的赞美方式给人的心灵以温暖,带给听众美的享受。例如哥伦比亚作家加布里尔·加西亚·马尔克斯在 1982 年的诺贝尔文学奖授奖仪式上用这样一段话结束他的演讲:"相信一个美好的未来还为时不晚,那是一个新的、真正的理想王国,在那里,没有人能决定他人的生活或死亡方式,爱情将变为现实,幸福将成为可能;在那里,那些注定要忍受百年孤独的民族,将最终也是永远得到再次在世界上生存的机会。"

总结式。以总结归纳的方式结尾。这种结尾用极其精练的语言,对演讲内容和思想观点做高度概括性的总结,以起到突出中心、强化主题、首尾呼应、画龙点睛的作用。如演讲稿《永照华夏的太阳》的结尾："我们是从哥白尼日心说中认识太阳的,我们又是从历史的迁徙中认识中国共产党的。八十年过去了,八十年斗转星移,日月变迁。太阳的辐射仍依托马列主义的热核放出它巨大的能量,从而去凝聚着属于它普照的民族和人民。月亮离不开地球,地球离不开太阳,人民离不开党。祖国的未来,中华的腾飞,需要中国共产党的领导,党就是永照华夏的太阳,也就是我们心中的太阳。"

余味式。以留余味、泛余波的方式结尾。这种结尾语尽而意不尽,意留在语外,像撞钟一样,清音有余,余音袅袅,三日不绝,令人回味无穷。余味式结尾好像秋天瑰丽的晚霞一样,收得俊美漂亮,并且伴有"渔舟唱晚"的娓娓之声,让听众流连忘返,久久回味。如演讲稿《人生的价值何在》的结尾:"我们的雷锋,在他短暂平凡的人生中,创造出了巨大的人生价值,给我们留下了无与伦比的精神财富。那么,亲爱的朋友们,在漫长而又短暂的人生之路上,我们将做些什么?创造些什么?留下些什么呢?"

抒情式。以抒情怀、发感慨的方式结尾。演讲本身是一种思想和激情的燃烧,用抒情怀、发感慨的诗情画意的语言结尾,最易激起听众心中感情的浪花。如演讲稿《奉献之歌》的结尾:"啊!奉献,这支朴实的歌,这支壮烈的歌,这支深远的歌,这支永远属于母亲——我们的祖国的歌,让我们每一个中华儿女都来唱这支歌吧!"

幽默式。用幽默、风趣的语言结尾。除了某些较为庄重的演讲场合,利用幽默式结尾结束演讲可为演讲添加欢声笑语,使演讲更富有趣味,令人在笑声中深思,并给听者留下一个愉快的印象。如鲁迅先生《在上海中华艺术大学的讲演》的结尾:"以上是我近年来对于美术界观察所得的几点意见。今天我带来一幅中国五千年文化的结晶,请大家欣赏欣赏。"(说时一手伸进长袍,把一卷纸徐徐从衣襟上方伸出,打开看时,原来是一幅病态十足的月份牌,引得听众哄堂大笑。他的演讲就在笑声和掌声中结束了。)

名言式。用哲理名言、警句做结尾。这种结尾方式,是通过引用名言、警句、谚语、格言、诗句等作为结尾,这样不仅使语言表达得精练、生动,富有节奏和韵律,而且还可以使演讲的内容丰富充实,具有启发性和感染力,同时还可以给人一种生动活泼、别开生面之感。如演讲稿《谈毅力》的结尾:"毅力是攀登智慧高峰的手杖,毅力是漂越苦海的舟楫,毅力是理想的春雨催出的鲜花。朋友,或许你正在向成功努力,那么,运用你的毅力吧。这法宝可以推动你不断地前进,可以扶持你度过一切苦难。记住'顽强的毅力可以征服世界上任何一座高峰!'"

决心式。以表决心、发誓言的方式结尾。这种结尾感情饱满,态度鲜明,激情奔放,有助于坚定听众的信念,增加演讲的感召力。如演讲稿《无愧于伟大的时代》中的结尾:"同学们,让我们高举起五四的火炬,弘扬民主与科学的精神,把爱国之情、报国之志化为效国之行,用我们的热血和汗水、青春和智慧,甚至是生命,向我们的先辈和后代,向我们的祖国和民族呐喊——我们将无愧于伟大的时代,无愧为中华民族的炎黄子孙! 我们将无愧为跨世纪的中国人!"

在演讲中,一个好的结尾恰如一串珍珠中最灿烂的那一颗,重要而光芒四射。只要精心构思,反复锤炼,使之别具韵味,就一定会使演讲获得成功。

第三节 如何有效地登台演讲

当众演讲,对一般人来讲是比较困难的,特别是第一次登台,都免不了精神紧张,但人在有准备的情况下会比在没有准备的情况下镇定得多。因此有效的演讲,首先要有所准备。

1. 充满自信,克服胆怯

当然即使有准备,面对人海,演讲者也难免紧张。紧张这种情绪对于演讲并没有助益。演讲者越紧张,越容易出错;越信心十足,越容易表现出色。

在你刚上台的时候,要充分看清自己的优势,保持头脑清醒,尽量不要流露出不安和胆怯。稍后,这种紧张感就会随着演讲的进行慢慢消失。

我们可以从别人的经验中获得勇气。从古至今,有很多演讲名家最开始的时候也是害羞腼腆的。无论处在什么情况、什么状态下,绝没有哪个人是天生的大众演说家。在演讲之前,想象自己开始演讲之后的情形,想象你的观众对你的欢迎,想象演讲过程中他们的感动,想象自己的每一个意气风发的动作,每一句铿锵有力的话语,想象演讲结束后你所获得的掌声和赞美……这一切,都有助于你增加上台演讲的信心。将自己完全投入自己所要扮演的角色中,你就能感受到那一方演讲台给你带来的力量,那可以帮助你出色地完成你的演讲。

事实上,成功的信念和意志是演讲成败的关键。当然,这也是任何一件事情成功的关键。这相当于一个正反馈的效应。你越是自信满满,越是能够挥洒自如,越能够成功,而成功又可以增加你的自信。

请记住:你的魅力,就在于人格的力量!

不知道大家是否有过这样的感受:一个成功的演讲者即便站在那里不言不语,他浑身上下散发出来的气质风度也能让你折服,他一个眼神就可以让你的精神被吸引,他举手投足都展示着他与众不同的修养。当他开口说话时,谁还能够抗拒他演讲的魅力呢?

2. 修饰仪表,展现风度

当演讲者一出现在听众面前的时候,他的一举一动、一言一行都暴露在听众面前,他留给听众的印象是良好的还是不良的,多多少少会影响他说话的效果。所谓形象是指演讲者演讲时呈现在观众面前的体貌、服饰、风度、姿态、表情所构成的外观形式,演讲者的形象是演讲中的一个很重要的因素,也是演讲者的思想、道德、情操、学识及个性的外在体现。通俗地说,演讲家在演讲前首先得修饰一下自己的仪表,这是对听众的尊重,是否有礼貌也是品行好坏的表现。你不能蓬头垢面、衣着不整、邋里邋遢地出现在听众面前,你不能板着一张僵硬的面孔,摆出一副教训人的架势,或者带着某些令人发笑的举止登上舞台,这样做会引起听众的反感。在讲台上,演讲者是听众的审美对象,自己的仪表优雅大方不仅能让听众得到美的享受,让听众赏心悦目,而且自己也会感觉良好,有利于演讲中的情感表达,从而提高演讲的效果。

演讲者要追求的形象美,主要侧重于可以显示演讲者的内在精神风貌、性格气质、文化修养以及适应演讲内容和演讲环境需要的必要的外观修饰。所以外在形象的美不能与自然体貌的美等同起来,自然体貌的美丑具有先天性,演讲者不宜在这方面过多地追求,听众也不会在这方面过多地苛求。体貌不美,身材不好,甚至身体残疾都不会从本质上影响演讲者的外观形象美,因为他们可以显示出演讲所需的内在精神风貌美。当然这并不是说演讲者可以不讲究外形,实际上演讲者的衣着、发型、姿态、风度、表情等都能从各自的角度显示演讲者的内在精神风貌、性格气质、文化教养以及它们与演讲内容的联系。

一般来说,演讲者的衣着要整洁大方,庄重朴素,轻便协调,色彩和谐。整洁大方能表现演讲者人格的尊严,轻便协调能表现出演讲者潇洒的风度,色彩和谐能表现出演讲者奋发的热情。总之,演讲者的穿着打扮要舒适得体,不要穿以前没穿过的衣服,第一次穿你会觉得不自在;衣服也不要过于华美,过于华美会适得其反,也不要过于随便,过于随便不是什么超凡脱俗,而是对听众不礼貌的表现,也是缺乏修养的表现。所以一个有修养的演讲者,在演讲之前总要根据演讲的思想内容、听众对象,对自己的仪表适当地进行一番修饰。

3. 学会微笑,眉目传情

古希腊大演说家德摩斯梯尼曾说过,一个演讲家最重要的才能是表情。人的躯体的任何一部分,都有表情的功能,但最为明显和微妙的是面部。在 70 万种人体语言中,表情语占了 35.7%:眉、目、鼻、嘴组成了表情语最集中、最丰富的"三角区";而"三角区"加上脸部肌肉、脸色,以最灵敏的特点,把具有各种复杂变化的内心世界,最迅速、最敏捷、最充分地反映出来。如:愉快时,面肌横伸,面孔显得较短;不愉快时,面肌纵伸,面孔显得长些。面部的舒展表情集中于五官,尤其是眉眼。

眉眼的表情:展眉表示欢快,皱眉表示愁苦,扬眉表示满意,竖眉表示愤怒,低眉表示悲哀,弯眉表示欢乐。怀疑时,眉收缩;喜悦或大笑时,眼睛半闭或全闭;惊讶时,两眼张开,以扩大眼界,准备应付;愤怒时,双眼收缩,集中视线以攻击敌方;不赞成时,两眼下垂或左右看,想避开厌恶的东西。

嘴巴的表情:掀嘴表示不屑,抿嘴表示害羞,努嘴表示暗示或者指示,撇嘴表示不愿或蔑视,歪嘴表示不服,咧嘴表示高兴,不赞成时咬咬嘴唇,愉快时张嘴露齿,愤怒时咬牙切齿。

鼻子的表情:愤怒则张大鼻孔,以便呼吸空气;奉承则仰人鼻息,恐惧则屏息敛气,轻蔑则嗤之以鼻;等等。

头部的表情动作更是人人皆知:点头表示同意,摇头表示否认、反对、不愿意,垂头表示悲哀,低头表示屈服等。

其中,微笑是一种"高级表情语言",也是一种处事艺术。微笑是最有感染力的,微笑是放之四海而皆准的人际交往的"高招",学会亲切而又自然地微笑,往往能很快缩短演讲者与听众之间的距离。

如果说表情是"思想的荧光屏",那么"眼睛就是心灵的窗户"。

在演讲时,虽然你是主动的一方,听众是被动的一方,但你们之间仍然需要交流。在演讲的时候,演讲者要时时注意现场的气氛,学会用眼睛与他们交流,用眼睛表达你的善意、你的智慧,用眼睛了解他们的情绪、他们的疑问。在注视听众的时候,演讲者不要长时间专注于一个人,也不可以像探照灯一样在整个听众席上扫来扫去,最好适时地把目光放在不同的角落,可以同听众对视,用眼睛向他们询问,对视时可以稍做停留,不要等下面的听众被你看得脸红了才收回你的目光。这种无声的交流对于营造现场的气氛很有效,同样,将眼神运用得恰到好处也可以大大增加你的个人魅力。因此,演讲者在演讲中必须准确运用眼神。演讲中大体运用以下三种目光:

(1)环视法。就是让目光有节奏或周期性地环视演讲现场,其目的是观察和发现整个会场听众的动态,以收到听众对演讲的反馈,同时增强听众的参与感。

(2)专注法。重点观察某一局部的听众,演讲者在演讲时对专心致志地听讲的听众,投以赞许和感谢的目光,可以拉近与他们之间的感情,但要注意避免长时间与听众的目光直接接触。

(3)虚视法。演讲者的眼睛好像盯住某些观众,实际上什么也没有看到,但听众会感到演讲者的目光在注视他们。这种方法使演讲者显示出端庄大方的神态,便于掌控会场,也能缓解上台的心理压力。

事实上,眼睛的运用,只是表情的一部分。你的眉毛、鼻子、嘴唇一起动起来,才是你丰富多彩的表情。站在演讲台上,是一件不简单的事情,不能嬉皮笑脸,毕竟你是在演讲,不是在说笑话。当然,也不要太严肃。你讲什么,你的脸上就要写着什么。不是要求你有表演的天赋,但是,当你把有限的精力投入无限的演讲情绪中去时,你要能够自然而然地随着你演讲的内容,表现出或深沉或激昂或众喜或冷静的情绪。

4.运用手势,丰富内容

手势语是通过手和手指的活动变化来表达思想情感和传递信息的。手势使思想和情感的表达更加丰富,有很大的吸引力和说服力,所以有人说"手势是口语表达的第二语言"。

你有没有这样的经历:当你在众目睽睽之下时,不知道手该往什么地方放。手势很难说明它与你的演讲内容有多大的关系,但是,手势的运用可以体现你的情绪,更可以缓解紧张情绪下手"无家可归"的尴尬。而且对于有的人来说,手势还是演讲时的救命稻草——有轻微的口吃的人,在情绪激动时,需要加大手势才能说出话来。但手势不要做得太频繁,因为你不是在用手语,更不是在跳舞,手势太多可能导致喧宾夺主,影响大多数听众的注意力。手势要做得恰到好处,就像表情一样,只要深刻地理解了你自己演讲的内容,手势便可以做得放松、自然。随着演讲的进行、情绪的波动,你的手在你需要的时候就会不由自主地挥动,也会在该休息的时候回到你的身侧。

动作不要太单调,也不要太花哨,因为太单调或者太花哨都容易吸引听众太多的注意力,影响演讲效果。在演讲中,反复重复同样的手势就像祥林嫂反复说起阿毛一样,最终会让人厌倦。而太过花哨的手势会让人觉得不严肃,甚至很可笑。其实,演讲中的手势只需要几个简简单单的动作,搭配着用就可以了。在演讲中,手势可以激励人心。我们非常熟悉的列宁的手势就是一例。他在演讲时喜欢站在靠近听众的地方,讲到激动处,身体迅速前倾,用手急剧地有力地向前挥,手心朝上,体现了革命导师领导无产阶级摧毁旧世界的不可阻挡的力量和坚强的信念,激励全世界无产者为"英特纳雄耐尔"而奋斗。这些绝妙的手势,正如斯大林所赞扬的那样:"把听众俘虏得一个不剩。"

常用的手势语归纳起来有五种含义:

一是象形手势。在口语表达中凡是不好理解的事物或没有看见的东西,都可以通过形象的手势表达出来,使听者感到具体形象。

二是指示手势。对人、物、方位都可以用指示手势,引起听众的注意并有实感作用。

三是象征手势。这种手势用来表示抽象意念,用得准确恰当就能引起听众的联想。

四是情意手势。这种手势主要用来表达演讲者的感情,使之形象化、具体化。

五是号召手势。这种手势表示领导者、组织者满怀信心,鼓舞群众实现伟大的目标。

一个人的手势根据手的动作所处的位置通常可分为:

(1)上区(肩部以上)。这种手势通常用来表达理想的、宏大的或者张扬的内容和情感,例如殷切的希望、胜利的喜悦、未来的展望、美好的憧憬或者幸福的祝愿。

(2)中区(肩部至腹部)。这种手势通常用在记叙事物和说明事理时,此时心情较平静。

（3）下区（腹部以下）。这种手势常常用来表达憎恶、不悦、卑怯的内容和情感。

演讲者在运用手势时要注意紧密配合语言，做到协调一致。也就是说，手势的出示要与语言同步，不能过早也不能过晚，更不能说东指西、说西指东。另外，做手势要大方自然，幅度不可过大也不可过小——过大，会让人觉得说话者不稳重，张牙舞爪；过小，显得拘谨呆板，缺少风度。手势是强有力的表情动作。在演讲中手势不仅可以加强语气，而且还可以使静态的语言变成动态的语言，使表达变得有声有色。

5. 修饰仪容，展现魅力

仪容是指说话者的身材、容貌、仪表、服饰等。这些虽然都是外在的因素，但在某种程度上也反映演讲者内在的精神气质，体现着演讲者的文化素养和审美观念，所以演讲者应善于利用仪容来为口语表达服务。一般来说，一个相貌俊秀潇洒的说话者，更容易得到听众的青睐。那些身材、容貌欠佳的人只要巧妙地用一些"技巧"，同样可以赢得听众的心。鲁迅先生身材矮小，但依然拥有很大的听众群。有时，一些身材容貌有缺陷的残疾人，例如高位截瘫的张海迪、坐着轮椅的徐良、双目失明的史光柱，他们的报告或演讲，同样使人肃然起敬、心悦诚服。在他们身上，躯体的残疾反倒成了一种美好的象征。

由此可见，美好的身材容貌固然是口语表达成功的因素之一，然而更重要的因素是演讲者美好的心灵、高尚的道德以及丰富的学识。

在演讲中，一个穿着得体大方的人会感到惬意和自信，这种良好的"自我感觉"往往是使他的讲话获得成功的重要因素。在这种情况下讲话更容易受到听众的尊重和喜爱，并激发起演讲者的情绪和灵感。

有时候利用服饰仪表的技巧来进行演讲和社会活动会起到意想不到的作用。20世纪60年代初美国总统竞选时，尼克松本来处于优势，但他没有注意修饰自己，以憔悴不堪的形象出现在电视屏幕上，结果失去了许多拥护者。而他的竞争对手肯尼迪服饰整洁、器宇轩昂，以微弱的优势战胜了尼克松，这恐怕与肯尼迪整洁的服饰仪表不无关系。

准备仪表服饰要遵循以下一些基本要求：（1）得体的穿着和打扮，尽量避免怪异；（2）从头到脚都要保持简单、整洁；（3）注意口腔卫生。

衣着得体就是每个演讲者应该根据自己的年龄、身份、职业，根据时代精神和社会风尚,根据说话的具体内容、具体环境选择协调合适的服饰。在穿着和打扮得体的情况下,我们不要忘了,学会优雅的举止和谈吐,内涵的最好体现就是优雅的举止和谈吐,举手投足之间能显示你的风度。

演讲者要想使自己在听众面前树立良好的形象,除了注意自己的仪表服饰,还必须注意自己的举止和礼仪。在会议主席介绍完之后,演讲者应自然起立走上讲台,上台时步伐要平常从容、自然稳健,让听众一见你就觉得你是一个庄重朴实的人,为你的演讲留下一个良好的开端。不要急急忙忙、慌慌张张、大步流星地走上讲台,这样会给听众一种毛毛躁躁的感觉,也不要昂首阔步,一上台就端起架子,更不要东摇西晃,抓耳挠腮,曲腰弯背,无精打采——这些姿态也无法获得听众的尊敬和信任,也无法提起听众的精神,都是不可取的。

步态可分为礼仪型、高昂型、思索型、沉郁型和自然型。礼仪型表现为上身挺直,步伐矫健,双膝弯曲度小,步幅、速度适中,步伐和手的摆动有强烈的节奏感,眼睛正视前方,这种步伐的含义是"庄重、热情、礼貌";高昂型则是愉悦、自信,有自得感;思索型则是步速时快时慢,低头沉思,偶尔抬头,给人的感觉是"心事重重、焦急、一筹莫展";沉郁型则是低头勾脑,步伐缓慢,步幅较小甚至迟迟不前,这种步姿的含义就是"我很郁闷";自然型则是步速、步幅适中,步伐稳健,两眼平视,双手自然摆动,强调的是"轻松、自然、安详、平静"。

演讲者走上讲台后要面对听众站好,首先以诚恳、郑重、尊敬的态度,向听众致意,不要急于开口讲话,花一两秒钟注视一下听众,看一看听众的反应,让他们也看看你,这种目光的交流和沟通可以起到稳定情绪、组织听众的作用,使演讲一开始就获得好的效果。演讲者在讲台上,一般站在前台中间最合适,这样可以使演讲者统观全场,也能使处在不同位置的听众看到演讲者。

演讲者的站姿,要有利于表演,有利于走动,有利于发音。比较好的站法有两种:一是前进式站法,即一脚在前,一脚在后,两足稍有距离,成45度角,重心略侧重于右脚,身躯微向前倾,给听众一种向上的振奋的欲动的感觉。二是自然式站法,即两脚平行,两脚距离与肩同宽。这种站姿给人一种注意力集中、精神抖擞的印象。这两种站法都较有利于表演、走动和发音。演讲者站在讲台上,不要侧着身子,不要双手撑着桌子,不要把手插在兜里,不要不时地耸肩、摆弄手指,这样有损演讲者的形象。

我们主张演讲者站在讲台中间不是不要走动,演讲者可以根据演讲的内容和会场的气氛有所变动。走动需要注意以下几点:一、向任何一个方向走动,应是一层意思的转折,一层意思的开始,而且这层意思若没有终结就不可以改变方向,否则既不协调,又易破坏意思的完整性。二、不盲目地走动。没有意义的走动,使人感到不自然,而且容易让人心烦。三、走动不可频繁,幅度也不宜太大,要适度和恰到好处,以避免分散听众的精力。为了避免听众精力分散,演讲者对会场四周所发生的事情不要回顾张望或把目光停留在那里。听众中途进场、退场,演讲者必须依旧保持原状,不要中途停止。遇到听众的掌声,演讲者应暂停,待掌声停止后再继续。

演讲者不要经常看表,不要对听众的鼓噪和讥讽加以驳斥,或表示怯懦。当演讲完毕走下讲台,演讲者也应该和上台时一样态度从容、镇静自若。无论有没有听众鼓掌,演讲者都应该面带微笑表示愉快。总之,无论是仪表服饰还是举手投足,最终都只有一个要求——恰如其分地彰显个人魅力。

第四节　如何开展即兴演讲

一、即兴演讲的概念

即兴演讲是演讲者事先未做准备,处于一定的时境,对人、对事、对景有感而发的临时性演讲,是一种没有经过充分准备,且在无文稿依托的前提下实施的一种口语表达形式,如答记者问、观后感、来客介绍、欢迎致辞、婚事贺喜、丧事悼念、宴会祝酒、赛场辩论的自由发言等。这类演讲随着社会的开放、交际的频繁,应用越来越广泛。

因为即兴演讲是出于事无准备的临时发言,要在极短的时间内对捕捉到的话题迅速组合成演讲正文,所以即兴演讲比有准备的命题演讲有更高的难度,它既要求对时境的整体把握,又要求紧扣主题,短小集中,言简意赅;既要抓住话题主干,稍做自我介绍,又不过分渲染,不讲套话,不带口头禅,用词要简洁概括,把难以表达的抽象感情寄托在具体的可感知的事物和行为之上,使之具体化、形象化。

二、即兴演讲的特点

(一)具有临场性

即兴演讲不能像命题演讲那样事先拟好草稿,也不能像论辩演讲那样事先进行调研,模拟训练。演讲者往往是当场打草稿,临场发挥。

(二)具有敏捷性

演讲者必须在短短的时间内迅速选择话题进行构思,组织材料,针对具体的对象和情景,发表适合的演讲。即兴演讲的敏捷性是由临场性这一基本特征决定的。

(三)具有简练性

这是就演讲者所使用的语言来说的。演讲者要以简洁、生动、形象的语言去征服听众。这也是由即兴演讲的临场性这一基本特征所决定的。

三、即兴演讲应具备的素质

(一)具有一定的知识广度。只有学识丰富的演讲者,才能在短暂的准备时间内从脑海中找到生动的例证和恰当的词汇,使即兴演讲增添魅力。这就要求演讲者具备一定的专业知识,并掌握日常生活知识,如风土人情、地理环境等。

(二)具有一定的思想深度。这是指即兴演讲者对事物纵向的分析认识能力。演讲者应对内容进行宏观的把握,通过表层迅速深入本质去认识事物,形成一条有深度的主线,围绕它丰富资料,连贯成文,以免事例繁杂、游离主题。

(三)具有较强的综合材料的能力。即兴演讲要求演讲者在很短的时间内把符合主题的材料组合在一起,这就要求演讲者应具备较强的综合能力,有效地发挥知识的广度和思想的深度。

(四)具有较高的现场表达技巧。即兴演讲没有事先精心写就的演讲词,临场发挥是特别重要的。演讲者在构思初具轮廓后,应注意观察场所和听众,提取那些与演讲主题有关的人物或景物,因地设喻,即景生情。

(五)具有较强的应变能力。即兴演讲者在演讲前无充分准备,所以在临场时容易出现意外,如怯场、忘词。遇到这种情况,演讲者只有沉着冷静地巧妙应变,才能扭转被动的局面,反败为胜。

四、即兴演讲前的训练

即兴演讲是演讲活动中一个较高的层次,初学演讲者要把握这种演讲形式有一定的难度。这就需要演讲者反复训练。这里着重介绍两种训练方法:

(一)注意积累演讲材料

所谓"巧妇难为无米之炊"。演讲者的知识积累、兴趣爱好、阅历修养等与演讲的成功有着紧密的关系。要想使演讲获得最好的效果,演讲者就应该在思想、道德、品质、学识等方面达到一定的标准和水平,对此做的努力和培养就是演讲者的自身素质修养,许多演讲者感到演讲的最大困难在于没有演讲材料。这就要求我们平时做有心人,"家事、国事、天下事,事事关心",广泛阅读,积累素材,平时多思考,即使临场上台演讲也不会慌张。要注意收集历史资料,熟记那些重要的历史事件、人物的有关情况,并分门别类地进行整理;注意收集当今的资料,对当今国内外发生的重大的政治、经济、文化、科技等领域的事件、人物的有关情况要了如指掌,并结合自己的观点进行思考,加强记忆,多记名人名言、俗语谚语、古典诗词、经典文学、寓言故事、时事评论等,到即兴演讲时方可信手拈来,恰当运用;注意收集现场的材料,设法熟悉演讲对象,注意观察现场的所见所闻,增加演讲的即兴因素,从而征服听众。

(二)加强思维能力训练

即兴演讲对一个人的思维能力的要求是很高的,要做到思维敏捷,就需要平时加强训练:要快速思维,反应灵敏,随机应变;要联想丰富,联想相关的人和事,使演讲内容丰富;要善于发散思维,解决问题时能在同一个方向上想出多种不同类型的方案,能在不同的方向上想出多种不同类型的方案,增强演讲的说服力和统摄力。

快速思维即快速组织内部语言,实际上就是一个快速创作、打腹稿的过程。它要求演讲者要善于观察演讲现场,以获取利于演讲的各种信息,并在获取到有用的信息后,在脑子里快速地构架与演讲题目闭合的逻辑。主要表现为以下三个方面:定话题、定观点、定框架。

定话题——应选择你想说的、观众想听的、你能讲的、社会生活需要的话题;

定观点——应确立明确精练、正确深刻、大家能接受的言之有理的观点;

定框架——即兴演讲的框架不外乎两种模式:一是开门见山式,也叫金字塔式,即先亮出主题,然后对主题做较详细的论证和分析说明;二是曲径通幽式,先举例,再叙主旨要点,最后说理由,进行论证分析。

要想在演讲中做到口若悬河、旁征博引、纵横捭阖,除了具备渊博的知识,还必须具备开阔的思维，既要全面地、辩证地看问题，还要富于联想、善于想象。因此要注意"四维"的训练，即逆向思维、纵深思维、发散思维和综合思维。良好的思维品质和优质的思维水平会让你的演讲语言呈现出一种丰富的美感。

五、即兴演讲的技巧

（一）适当的准备

即兴演讲时，如果演讲者一点儿准备都没有，再好的水平也发挥不出来，上场难免词不达意。但是即兴演讲又有时间要求，演讲者没有过多的时间来准备。这里说的"适当准备"，是指在平时充分积累的前提下，在开讲前的有效时间内，充分地酝酿演讲的大体逻辑构架，分析听众的组成以确定演讲的内容及措辞，分析场合以确定演讲时间的长短，观察现场以获得临场发挥的有利因素等。在事先利用有限的准备时间理清了思路的前提下，简明扼要地把准备好的观点或意见讲出来。

（二）精心设计开头

既然时间短暂，那么利用极具个性的开头来吸引听众就很重要，这叫"龙头"效应。即兴演讲很忌讳在开头讲它的缘由，因为听众都知道你为什么来演讲，讲缘由会显得乏味，会导致听众在第一时间就失去了兴趣。因此，演讲者一定要在一开始就把听众的注意力吸引过来，这就需要有一个精彩的开头，这就是"龙头"放应。

（三）事先反复演练

由于演讲是一种特殊性和复杂性相当强的活动，演讲者一般要承受一定的心理负担，因此有时很容易出现心理失衡的现象。这就要求演讲者平时加强心理训练，具备良好的心理素质，既热情果断，又镇定自若，而且还能侃侃而谈。同时演讲者要事先反复演练，并请观众在一旁给予评价；同时尽快观察、熟悉演讲现场，及时分析现场与演讲有关的各种信息，包括时间、地点、场景布置、听众等，以确定自己的话题，增加演讲即兴发挥的可能性。

（四）学会借题发挥

在即兴演讲时，恰当地利用当时当地的某些场景、情景来阐发题意，既可使演讲诙谐风趣，又可起到形象、深化主题的作用。其方法有：

1.借"会旨"发挥

即巧妙地借用会议的议题来发挥，或剖析议题的概念，或对议题做引申发挥,或阐述议题蕴含之义,等等,并在此基础上列出若干层次,发表感受。

语言学家张志公参加一次演讲研讨会,被邀请即兴发言。他稍加思索,脱口说道:"我有自知之明,我不是演讲家。因此我先做个声明:我讲话不超过五分钟,演讲是科学,演讲是艺术,演讲是武器。什么是科学?科学是对客观事实的规律的认识。演讲没有规律吗?不能认识吗?不是的,它是有规律性的,所以说它是科学;演讲不仅诉诸人类逻辑思维,而且诉诸人类形象思维,不仅要用道理说服人,还要用感情感染人,所以说它是艺术;演讲捍卫、宣传真理,驳斥谬误,所以说它是武器,而且是重要的武器。"

张志公的这番话从"演讲"这个题目出发,剖析其概念,从"科学""艺术""武器"三方面一一道来,条理清晰,论点鲜明。如果我们参加"创新思维讨论会""学习方法交流会"等会议,也可以从"创新思维""学习方法"等题目入手,剖析概念,阐释含义,快速构想出发言思路,做一番精彩的即兴发言。

2. 借"地名"发挥

有时会场所在地、地名、人名与会议议题或我们所讲的话题有某种巧合,这时,演讲者就可以借"题"发挥了。如某年某月,张某率队到衡县石梁镇考察学习,当听完对方的经验介绍后,他致辞时即从考究石梁镇的镇名"石"字入手,引用我国的"投石问路"的古语,说明他们的经验对我们有借鉴、指导意义,接着又以"他山之石,可以攻玉"一语来表明我们虚心学习的态度和打算。言之贴切诚恳,听者赞曰:这个"石"字借得妙。

3. 借"情景"发挥

时值八月酷暑,农村旱情严重。某村与邻村为水力纠纷正召开村民骨干会议。当时会场上,群情激愤,摩拳擦掌,大有一触即发之势。面对此情此景,某领导随即借用了当时会场上悬挂的一架吊扇,以不紧不慢的语气说:"今天天气真热,幸亏这吊扇吹点儿凉风。"从中引出"今天的会议也该吹点儿凉风"的话题,讲了应如何处理全局与局部的关系以及与邻村的关系问题,把激愤的群众情绪渐渐平息下来,从而回到用理智来思考解决纠纷的立场上来。

4. 借"事"发挥

即巧妙地借用会议内外的一些事情,找出这些事情与会议中心的某些关系,进而深入阐述,形成一席发言。

某次全国人大小组讨论会,桌上有橘子招待。一位代表吃橘子后说牙齿不好,吃一个就不能再吃了。另一位代表便借用这件事发挥,快速构思了一席很成功的发言:"我昨天掉了一颗牙,我的孙子最近也掉牙。我们两人掉牙有本质不同。我掉牙是衰老的表现,而我孙子掉牙却是成长的象征。同样,改革中出点问题,就像小孩子掉牙一样,是新生事物发展中的问题、前进中的问题,本身就包含着解决问题的因素。只要继续前进,问题就会解决。"

这席话借用"掉牙"的事,与改革中的问题做类比,形象、生动、自然。演讲者做即兴发言时,如能从生活里新鲜有趣的事情中借用一两件,以此同类相比,深入问题的本质,常能快速有效地构思成篇。

当然,巧借人名、地名或场景、情景,必须自然、贴切,扣牢主题,有感而发,否则也有牵强附会、矫揉造作之嫌。

(五)从现场发掘话题

在受到邀请后几乎没有时间准备的情况下,即兴演讲如何迅速选择和确定演讲主题和组织材料? 从演讲现场发掘话题也是一个切实可行的办法。

1. 从演讲场合找话题

听众总是因为一定的目的,在一定的时间和地点聚会。即兴演讲者可以根据聚会的原因、时间和地点,来确定自己的演讲话题。即使在事先准备好的演讲中,演讲者也可以借助现场场景"临场"发挥,把演讲主题表现得更淋漓尽致、更形象生动。

2. 从听众身上找话题

听众的心理状况,听众的构成成分,如籍贯、职业、年龄、性别、文化水准,乃至特别听众的身份,都可以成为即兴演讲的话题。

3. 从前面的演讲中找出话题

善于演讲者往往也善于倾听,演讲者往往在听的过程中受到提示和启发,以激发自己的演讲灵感。对前面的演讲话题,后面的演讲者可以拾遗补漏,或者可以转换角度,甚至可以因某个词、某句话的启发而构思一场精彩的演讲。

(六)结尾要有力

即兴演讲最困难的是结尾。因此,在开始即兴演讲之前,就要考虑好如何结尾,要用生动而有力的话语结束你的演讲,给听众留下一个良好而深刻的印象。演讲的结尾有许多种方式,即兴演讲中用得较多的是号召式、希望式和展望式结尾,因为这几种方法气势宏大,鼓舞人心,有气魄,令人振奋,能够给人留下深刻的印象。

但应该注意的是,即兴演讲的结尾一定要响亮而有余音,切忌"泄劲式"结尾,如"我讲得不好,耽误大家时间了,请原谅""由于水平有限,我的发言肯定有不少的缺点、毛病,请大家批评指正"等。

【思考与练习】

1. 为什么说演讲是一门艺术?如何提高演讲的艺术性?

2. 对于"梦想"这一主题,你会采用怎样的方式制造悬念,吸引大家的注意呢?

3. 给下列句子设计相应的手势:

(1)看,太阳升起来了,它光芒四射,普照人间。

(2)什么是爱?爱不是索取,而是奉献。

(3)小赵,真是好样的!

(4)中国人民是无所畏惧的,就是天塌下来,我们也顶得起。

(5)同志们,千万注意,这次试验是非常关键的一次。

(6)这种损人利己的行为,我们是坚决反对的。

(7)嫖娼、吸毒,这些腐败事物必须彻底清除!

(8)她轻轻地躺倒在草地上,仰望着蓝蓝的天空。

(9)高大的建筑物突然陷入地下。

(10)伸出我们的双手吧,拿出我们的智慧吧,献出我们青春的热血吧,我们是中华儿女,我们要做中国的脊梁!

4. 准备一篇演讲稿,谈谈演讲稿的写作与其他文章的写作有什么不同。

5. 请以"为邯郸学步鸣不平"为主题展开讨论并发表你的见解。

6. 参与组织并参加一次演讲比赛。

7. 请把"窗户、渔网、汽车、女人"这四种事物连接起来,并以此为副标题发表一段演讲。

8. 如果你是新老师,在欢迎新老师座谈会上,校领导请你即兴发言,你会说些什么?

下编 应用篇

第八章 口头介绍

第一节 自我介绍

一、概说

自我介绍,在一般情况下就是把自己的情况介绍给陌生的交际对象,使对方了解自己的身份、特点,尽可能地为自己和对方的交往提供方便,也给对方留下更深刻的印象。

在社交场合,出于某种需要和目的,你希望和别人交往,但一时又不知别人的名字和一些具体情况,在这种情况下,考虑到对方也可能没有记住你的名字,你可以做自我介绍。当你很想接近某个人并与其交谈,但由于某种原因没有人给你们介绍时,你也可以做自我介绍。

在参加社交聚会时,主人不可能把每个人的情况都介绍得很详细。为了增进了解,你可以抓住时机,如主人介绍话音刚落时,或者有人表示出想要进一步了解你的意向时,你可以多做几句自我介绍。

从交际心理看,人们初次见面时,彼此都有一种想了解对方,并渴望得到对方尊重的心理。这时,如果你能够及时地简单地进行自我介绍,不仅满足了对方的愿望,而且对方也会以礼相待,做一番自我介绍。双方以诚相见,这样就为进一步交往奠定了良好的基础。

在日常生活和工作中,人和人之间需要进行必要的沟通以寻求理解、帮助和支持。自我介绍是最常见的与他人认识沟通、增进了解、建立联系的方式。

在社交活动中,自我介绍的形式多种多样。但要注意,自我介绍的内容,应根据实际需要、所处场合而定,要有鲜明的针对性。

二、自我介绍的要点

(一)内容上的要求

1. 繁简适度。自我介绍常常包括姓名、年龄、籍贯、职业、职务、工作单位或住址、毕业学校、主要经历、特长、兴趣等。但在介绍时,不必将上述内容一次逐项说出,而要根据不同的社交目的和需要来决定介绍内容。大多情况下,自我介绍应简短明了,讲清姓名、身份、目的和要求即可。

2. 要把握分寸,真诚以待。自我介绍是对自己基本情况的客观陈述,应做到实事求是,不可言过其实,夸夸其谈。同时,自我介绍作为一种自我评价,也应掌握分寸,既不可过高,也不能过低,以给人留下美好的印象为目的,做到自信、自识、自谦。所以在做自我介绍时,最好不要用很、最、极等极端的词语,以免给人留下自我炫耀的印象。真诚自然的自我介绍,方能引起人们的注意。

3. 换位思考,了解需求。自我介绍的根本目的是要给对方留下一个印象,因此要站在让对方理解的角度来说话。比如,当你作为一名学生会工作人员参加小组会议时,应当站在交流对象所需要的角度进行思考。对方此时需要的应该是你的姓名、职务和你所学会的工作技能。所以我们应该据此进行自我介绍,在这时,在自我介绍中提及自己的兴趣爱好及家庭背景,就是不合适且不必要的行为。

在介绍自己时,一定要重视正与你打交道的人,要随机应变。如果你面对的是年长严肃的人,你最好认真规矩;如果与你打交道的人随和且具有幽默感,你不妨也放松地展示自己的特点,做出具有幽默感的有特色的自我介绍。

(二)形式上的要求

1. 镇定且自信。一般人对自信的人都会另眼相看,如果你有自信心,对方会对你产生好感;相反,如果你恐惧和紧张,可能使对方产生同样的反应,并对你有所保留,使彼此之间的沟通产生障碍。在日常生活中,有些人怕见陌生人,见到陌生人就仿佛思维凝固、手脚僵硬、舌头打结。要克服这种胆怯心理,关键是要自信,并鼓励自己不要被紧张情绪左右。一个人,首先要对自己有好印象,才能给别人好印象。

2. 发音标准,吐字清晰。自我介绍时普通话应力求标准,不可讲错字或念错音,方言最好不要用。同时,声音要沉稳、自然、洪亮,语速要适中,吐字要清晰,声调要开朗响亮。应灵活使用口头语言,尽量使用大家熟悉的语汇,而不要用过于生僻的词。切忌以背诵朗读的口吻介绍自己,以免显得过分僵硬。

3. 态度自然,注意礼貌。自我介绍时,整体上讲求落落大方、彬彬有礼。表情要尽量放松,态度要自然、友善、亲切、随和,最好能略带微笑。可以面对镜子找出自己最具"亲和力"的笑容,学会用目光表达友善。

三、自我介绍的禁忌

1. 不要中止别人的谈话而介绍自己,要等待适当的时机。

2. 不要态度轻浮,要尊重对方。无论男女,都希望别人尊重自己,尤其希望别人敬重他的优点和成就,因此在自我介绍时要表现庄重。

3. 不要过分地热忱,用大力握手或热情地拍打对方手背等动作,可能会使对方感到诧异。

4. 如果一个以前向他做过自我介绍的人未记起你的姓名,你也不要做出提醒或询问,最佳的方法是直截了当地再自我介绍一次。

5. 如果希望认识某一个人,要采取主动,不能等待对方注意自己。

6. 不要只向某一特殊人物做自我介绍,应该和多位人物打交道。

四、自我介绍的具体方法

要素一:问好。问好,是一种态度,表示你的友好,以礼貌性用语作为自我介绍的开始并和听众产生关系,这是问好的第一个作用——表示礼貌。你可以说"大家好",也可以说"同学们好",等等。问好的另一个作用在于提醒听众,接下来你要开始说话了,请听众集中注意力。不知道你有没有发现,我们中国的教育大环境一直在培养我们问好的这种习惯,比如:初次见面,第一句话一定是"你好";在学校上课时,第一件事是全体起立向老师问好,这些习惯已经固化在我们的大脑里面,形成了一种条件反射。当我们听到"你好"这些问候语时,我们本能的条件反射是立马端正姿态,准备竖起耳朵来听。

要素二:赞美和感谢。赞美,既是对听众的欣赏和认可,让听众因为你的语言而感到快乐,从而愿意继续听你讲下去,也是继续和听众发生关系,增加听众对你的好感的一种方法。感谢,感谢给你讲话机会的人和听你讲话的人。你要始终记得,不是所有的人都愿意把自己的时间花费在你的自我介绍上面,所以当有人这么做的时候,我们需要心怀感恩,真诚地感谢他们的聆听,这是一种姿态,也是一种胸怀。

要素三:名字介绍。很多人在自我介绍中涉及个人名字的时候通常容易犯两种错误:第一是由于很紧张或很激动,忘记了介绍名字;第二是介绍名字时不清楚,含含糊糊,即使听众听到了也不知道具体是哪几个字。在名字介绍这一块,我们需要注意两点:第一,由于中国汉字同音不同字的太多了,所以你很有必要告诉听众你的名字分别是哪个字;第二,对你的名字进行寓意,你的名字就是你的品牌,你要用一生的时间去打造。因此,为你的名字设计一个很个性的寓意显得非常重要。

这里介绍几种简单实用的名字寓意设计技巧,让你的名字"亮"起来。

1.本义设计法:就是根据名字中每个字的本义来赋予其特定的含义,从而使名字的寓意得以升华,比如:"大家好,我叫刘梦涵,梦想的梦,内涵的涵。我的名字从小就激励我要做一个有梦想、有内涵的女生。正因为这样,我特别喜欢读书。"

2.谐音设计法:就是根据名字中单个字的谐音及其意思来赋予其特定的含义。比如在今年 1 月,我主讲的一次 300 多人的线下演讲培训课上,有个女生在做自我介绍时就用了这种方法:"大家好,我叫代雅琳,代替的代,优雅的雅,琳琅满目的琳。我的名字的谐音和一种健身器材'哑铃'很像。"她一边说一边做出练习哑铃的样子。

3.拆字设计法:就是将名字中的字进行拆解之后赋予其新的特定的含义。比如你叫舒鹏,你可以这样说:"大家好,我叫舒鹏,'舒'是由'舍'和'予'组成的;'鹏'是由左边一个朋友的'朋',右边一个'鸟'组成的。我的名字告诉我,做人要舍得给予,只有这样,我的朋友才会像鸟儿一样从四面八方汇聚而来。"

4.名人设计法:就是将名字中的字跟名人的名字拉上关系,然后赋予其某种特定的含义。比如:"大家好,我叫雷云志,雷军的雷,马云的云,柳传志的志,这三位都是商界巨子,我希望自己可以和他们一样在商业领域内做出一番伟业。"

5.故事设计法:就是根据自己的名字引入一个故事,通过故事来赋予名字某种特定的含义。比如"大家好,我叫田学琴,大家可以想象这样一个场景:一个女生在田野里学习弹钢琴,是的,那个女生就是我——田学琴。我希望自己可以成为一个很有气质的女生,所以我从小就特别喜欢各种音乐器材"。

以上是五种常用的名字寓意设计技巧,不管是把你的名字告诉听众,还是对你的名字进行寓意,都是为了增强听众对你名字的记忆。

要素四:透明化自己。自我介绍时的"透明化自己",主要是告诉听众你的基本信息,让听众进一步了解你,比如你的学校、专业、家乡、兴趣、爱好、经历、梦想。通过介绍你的这些信息来扩大你和听众之间的透明区,心理学上有一个著名的效应,叫"自己人效应",意思是演讲者在年龄、性别、籍贯、职业、地位、经历、兴趣等任何方面都与听众存在相似性,都会使听众对演讲者产生亲切感与信任感,从而把演讲者与自己视为一体。

要素五:个性化塑造。这个要素是自我介绍时最能凸显自己与众不同的地方。我经常这样说:"个性化塑造是自我介绍的'灵魂',你的自我介绍能否让听众记忆深刻就取决于你的'个性化塑造'如何。"

那么,怎样才能塑造出自己的特点呢? 这里分享三种立竿见影的方法。

1.讲述自己最特别的成长经历。记住,很多人的自我介绍之所以让我们印象不深刻就在于千篇一律,没有自己的特色。而通过讲自己最特别的成长经历,就能立刻将自己和别人区分开来。

2.讲述自己过去比较有含金量的成绩。曾经有这样一个学生,他准备竞选他们团队的队长。在介绍自己的时候,他着重介绍自己过去比较有含金量的成绩。比如:他带领200人的学生团队做校园 App 推广,不到一个月的时间便获得了整个西北地区的最佳团队荣誉,他自己也以最高的业绩获得了5万元奖金,他们团队有三分之一的成员当月绩效都是8千以上,等等。在这里需要注意的是,有含金量的成绩一定要进行数字化呈现,这样给听众的冲击才是最大的。

3.讲述你自己最近正在做或者即将做的一件重大的事情(这件事情最好和在场的听众有关系)。这样说的好处在于,让听众对你接下来要做的事情充满期待,吸引那些对你所做事情感兴趣的同频听众,为你自己进行资源的搭建。

以上是个性化塑造的三种方法,你需要记住,个性化塑造的核心在于塑造经历,对经历进行包装和设计,以增加你对听众的吸引力,体现你自己的独特性。

要素六:个人诉求。就是你自己的一些愿望、要求或者需求,比如"希望大家可以记住我"或者"希望以后能和大家成为好朋友"。在个人诉求这一块,你同样需要把听众纳入你的语境中。

要素七:感谢祝福。再次感谢并送上对听众的祝福,比如"祝愿大家今天学习愉快""期待大家可以通过今天的活动成长为更好的自己"。

五、自我介绍实训练习

（一）一般社交场合

1. 作为一名大一新生,向你的新同学做一分钟的自我介绍。

（范例1）大一新生自我介绍

大家好,我是来自文学院汉语言文学专业的××。

我喜欢文字,钟爱写作,爱好艺术,信奉读万卷书行万里路的格言。优良的家庭氛围培养了我爱好读书的习性,而天生喜欢自由的我,经常利用假期到处走走,开阔自己的眼界,拓宽自己的视野,用自己的心去感悟生活。

我希望我安静淡然地过自己的生活,希望能在生活中汲取营养,不断提升自我,具备成长的能力,做一个素雅的女子。现在是大学的第一年,能跟大家相聚是一种缘分,期盼在以后的日子里相识、相知,愿这段经历能成为彼此今后人生中的一段美好的回忆。

（范例2）大一新生自我介绍

我叫××,今年××岁,来自××,最大的爱好是听歌和看电影。我认为我比周围的同龄人更会用心做事,用心对待自己想要达到的目标。

记得前不久我看过一本书,书的大概内容是,二十几岁决定人的一生。虽然我的年龄还不到20,但我想应该为这个充满挑战和冒险的20岁做准备,我的人生不想在碌碌无为的景象中度过,我想每一天都有不一样的色彩,每天都是充满挑战和希望的。我现在能做的,就是不断提高和完善自己的内涵和头脑,为了将来而不懈努力。

这就是我,虽然平凡,但带着真诚的梦想,拥有一颗善良执着的心,喜欢不断挑战和超越自己追求的梦想。"十年磨砺锋利出,宝剑只待君来识。"再苦再累,我都愿意一试,"吃得苦中苦,方为人上人",在以后的学习生活中,我一定会尽自己的努力,过充实而有意义的大学生活。

（范例3）大一新生自我介绍

大家好,我是××,来自××。来到这里,我非常开心,因为我又能在新的环境找到新的朋友了。

我是一名普普通通的内向学生。我沉着冷静,比较和善,也比较好相处,大家可以和我多交朋友。我喜欢看书,特别喜欢××的书,希望在大学能够交到一些志同道合的书友。

我和在座的同学们一样,渴望展翅高飞,渴望将来有更大的发展空间,有施展才华的更广阔的天地。我想,有耕耘就会有收获。未来的四年里,有各位老师的倾情传授,我们一定会有一个更加美好的未来。

谢谢大家!

2. 打电话给老师请教问题,向老师做自我介绍。

(范例4)

喂,您好,请问是李老师吗?我是××学院××级××专业的××,我有一个问题想请教您。

3. 与同学结成两人小组,模拟练习自我介绍。

(范例5)

A:你好,初次见面,我是××学院××级××专业的××。

B:你好,我是××学院××级××专业的××。

A:很高兴认识你,我是××城人,你呢?

B:我来自××,××城可真是个好地方啊!

…………

(二)工作场合

与同小组的合作伙伴初次见面,向其做自我介绍。

(范例6)部门工作自我介绍

各位同事:

大家好!(鞠躬)

我叫××,来自××,我性格开朗、为人正直、容易与人相处,平时爱好打篮球、爬山和跑步。

我非常高兴也非常荣幸地加入"××"这个大家庭中来,这里不仅为我提供了一个成长锻炼、展示自我的良好平台,也让我有机会认识更多的新同事、新朋友。我非常感谢各位领导,谢谢你们给我一次这么好的机会。(鞠躬)

我初来乍到,还有许多方面的知识需要向大家学习,还望在以后的工作中大家能够多多指教!

我相信,通过我们彼此之间的相互了解和认识,我们不但会成为事业上齐头并进一起奋斗的战友,更会成为人生中志同道合、荣辱与共的朋友。

最后,我愿能和大家一道为我们共同的事业而努力奋斗!

谢谢大家！（鞠躬）

（三）正式场合

1. 进行一场竞选演讲,在开头向观众介绍自己。

（范例7）

尊敬的各位老师、各位同学：

大家好！

我是软件学院的陆远,陆地的"陆",永远的"远"。我感谢父母为我起了这样一个名字。它让我时刻铭记,做人要脚踏实地、执着追求、永远向前！

今天,正是这一信念激励着我走上这个属于强者的讲台,来参加学生会主席的竞聘。现在我最想对大家说的就是,请相信,我能行！

（范例8）竞选学校社团干部的自我介绍

大家好,我叫××,来自××学院××班。

很荣幸能够参加咱们新媒体中心的这次纳新活动,今天我要竞选的部门是事务部。

首先向各位学长学姐介绍一下我的个人经历。我在高中时担任过校学生会宣传部部长,组织宣传过学校的运动会、篮球联谊赛海报的设计、元旦晚会赞助方的拉取等大大小小的活动,积累了丰富的工作经验,并且担任过班长一职,长期任班内的学习委员。无论是老师任务的上传下达、工作任务的处理还是人际关系的协调,我都有较强的能力,我相信自己可以胜任事务部的工作。

关于硬件方面的要求,我有自己的个人电脑,并且开设了自己的微信公众号,目前专心做内容,已经有了几十个关注者。我精通编辑器、图片后期处理、文字撰写,熟悉各种文档处理软件。

我是一个热情友好、低调谨慎、性格开朗活跃的人,喜欢和很多有想法的人做朋友,而且细心体贴,照顾他人的感受。加入新媒体中心,不仅是为了锻炼自己的能力,结交更多的朋友,也是为了和各位优秀的学长学姐一起,把新媒体中心这个组织运营得更加出色,更好地为学校服务,为同学们服务。

以上就是我的自我介绍,希望大家能给我一个机会,让我成为事务部的一员！

谢谢大家！

2. 在演出开始前,向观众做自我介绍。

（范例9）

敬爱的老师,亲爱的同学们:

大家好,我叫刘海燕,一个从小在海边长大的姑娘。我喜欢大海,更喜欢不怕暴风雨勇敢搏击的海燕,我希望自己能像海燕一样,永远为自己的理想翱翔在大海上空。今天,我表演的主题就是,我的理想。

3.考研复试,你需要向各位老师做自我介绍。

（范例10）考研复试自我介绍

老师们,大家好。很高兴能够来参加本次研究生复试的面试,我叫×××,今年22岁,来自四川省美丽的千年盐都自贡。我即将毕业于××通信工程专业。下面我将从四个方面介绍自己,一是本科学习情况,二是我的项目实践经历,三是我的个人生活以及个人品质,四是对未来的打算。

首先,我介绍一下我本科期间的学习情况。本科阶段我认真刻苦,努力学习专业知识,为以后的工作和学习打下了一定的基础。通过自己的努力,四年来,无挂科记录,并且也获得过学业奖学金以及计算机二级证书。当然作为工科专业,只有理论的学习是不够的。所以,本科期间我也积极参加了一些学科竞赛,比如××比赛,共计获得11项比赛奖项,其中包括国家级奖项1项和省级一等奖3项。在四川省大学生"互联网+"大学生创新创业大赛中,我们的团队获得了一等奖,并被推荐进入全国总决赛。

其次,讲一下我的项目实践经历。我和我的团队做过的主要项目有:××,在此项目中,我主要负责的是××。还有,××项目,在这个项目中,我主要负责的是××。大一时我自己也独立完成过一个××的设计。

再次,介绍一下我的个人生活和品质。通过在学校的学习和比赛项目中的锻炼,我的团队协作能力以及自学能力获得了极大的提高。在平常生活中,我乐观积极,喜欢弹吉他和打羽毛球。当感觉压力过大时,我也经常通过弹琴和打球来放松自己,这样也能够使后面的学习和工作更加积极和高效。

最后,如果我有幸被录取,在研究生学习阶段,我会按照学校的培养要求修完学分。此外我还将积极参与到导师的团队进行项目锻炼和学术研究,努力提升自己的专业素养和中英文文献阅读能力,并且在导师的指导下撰写出高质量的论文。当然这只是我的初步想法,我以后会根据我的学习情况和导师的建议做出调整。我的介绍完毕,谢谢老师们的聆听。

（范例11）考研复试自我介绍

尊敬的各位老师,上午好,我叫××,来自有××美称的××,目前就读于××大学,专业是××,今天非常荣幸能够见到各位专家学者。下面我会从学习经历、实习经历、兴趣爱好三个方面来介绍自己。

首先是我的学习经历,在本科四年的学习中,我一直坚持刻苦钻研的精神,保持勤奋学习的态度,认真对待专业课程的学习,所以成绩一直排名专业前三,有着扎实的专业基础,并且通过了计算机二级、英语六级、高中语文教师资格证等考试。我也在一直看咱们专业的期刊文献,如××。在老师的指导下,我还尝试发表专业论文。

其次是我的实习经历,除了专业课程的学习,我还有意识地培养自己的课程组织能力、交流沟通能力等。大学期间,我在空闲时间做过一些兼职,如:曾在××做过两个月的小学语文和英语老师,也在一所公立学校实习过,具备一些独立组织课堂和课堂管理的能力。

在兴趣爱好方面,我喜欢读书、锻炼。我每月坚持读一本书,每周坚持练三个小时瑜伽,这些习惯我一直坚持到现在,并且受益匪浅。

以上就是我的自我介绍,真诚希望我能够成为××大学的一分子,谢谢!

（范例12）考研复试自我介绍

各位尊敬的老师,上午好,很高兴能够进入贵校研究生考试复试环节。下面,我向老师介绍一下我自己。

我是来自计算机专业的一名应届生,在本科期间,我积极参加学科竞赛,先后获得××优秀奖,同时还获得过两次××奖学金,被学校评为优秀毕业生。在这期间,我也积极参加学校组织的社会实践活动。我撰写的实践报告被评为校优秀调查报告。

在大学我遇到了许多好的老师和朋友,从他们身上我也学到了很多东西。在本科参加项目设计期间,我感受到我的专业知识还有待提高,因此我选择读研进一步深造,完善我的专业知识,和更优秀的人一起奋斗,不断提升自我。

对于即将到来的研究生学习阶段,我也制订了一些简单的规划,在认真完成学院规定的课程的前提下,注重专业知识的学习。在此基础上,我会积极关注学科的前沿热点问题,阅读大量的专业文献,努力提高自己的专业素养。

以上是我的自我介绍,感谢各位老师。

第二节　介　绍　他　人

一、介绍个人

他人的介绍通常是双向的,即对被介绍人双方均做一番介绍。介绍他人时应起立,面带微笑,手掌朝上示意,不可用手指指点他人示意,不可称呼他人的绰号或者庸俗的称呼。在介绍他人时应看着对方以表达尊重,不宜眼神飘忽不定、四处乱看,这会给人给人一种不好的体验,容易造成误会。介绍时应声音洪亮,口齿清楚,以便让双方听清。介绍者应该对介绍的内容字斟句酌,慎之又慎,倘若对此掉以轻心,词不达意,敷衍了事,很容易给被介绍者留下不良的印象。介绍他人时应提前对介绍人有所了解,不应在介绍时才问被介绍人的身份、职位等信息。在介绍过程中应表达自己对双方的了解,这样有利于双方形成对对方的良好的第一印象。对他人好的介绍有利于拓展自己的交际圈,拓宽自己的眼界,扩大自己人际交往的范围,丰富自己的人脉。

在为他人做介绍时应遵循以下顺序:

1. 介绍上级与下级认识时,先介绍下级。

2. 介绍长辈与晚辈认识时,应先介绍晚辈后介绍长辈。

3. 介绍男士与女士认识时,应先介绍男士,后介绍女士。

4. 介绍同事、朋友与家人认识时,应先介绍家人,后介绍同事、朋友。

5. 介绍客人与主人认识时,应先介绍客人,后介绍主人。

（一）介绍亲属

在介绍亲属时应该明确介绍用词,在向外人介绍自己的家庭成员时,应尽量避免称谓上的含混。在介绍与自己同辈的家庭成员时,最好能把名字一起说出来,以便于他人称呼,介绍他人时动作要文雅、热情、坦率,且应明确称谓。

基本亲属称谓表			
父亲	母亲	哥哥	弟弟
姐姐	妹妹	儿子	女儿
丈夫	妻子	祖父	祖母

续表

基本亲属称谓表			
伯父	伯母	姑父	姑母
叔父	叔母	外祖父	外祖母
孙子	孙女	外孙子	外孙女
舅父	舅母	姨父	姨母

1. 一般场合

在介绍亲属的一般场合可以使用口语化表达,使得介绍的过程更加日常,也可以加强介绍人与他人之间的联系。

例1

如在外吃饭时碰到了朋友,可以这样介绍自己的家人:"好久不见啊,李江,来,我跟你介绍一下,这是我爸妈,这个是我的妹妹,我爸妈他们之前就很想和你见面,可是一直没有机会,今天可赶巧了。"

例2

比如在外面散步遇到亲戚时:"大伯,好巧啊,您也出来散步吗? 这是我的妻子,这是我大伯,他是一位人民教师,我小时候大伯可关照我了,特别是我的学习方面。"

2. 正式场合

在正式场合不宜使用粗俗的语言,要更加严谨。面对外人时,可根据不同的情况对亲属使用不同的敬称,对自己的亲人该使用谦称,如果两者错误使用,则会给人不好的体验,认为你失礼于人,所以应熟悉谦称与敬称。对待本人的亲属使用谦称,辈分或年龄高于自己的亲属,应在其称谓前加"家"字,如"家母""家父""家姐""家叔";如称呼辈分或者年龄低于自己的亲属,应在其称谓前加"舍"字,如"舍弟""舍妹""舍侄";称自己的儿女则在称谓前加"小"字,如"小女""小婿",称呼自己的儿女也有一些特殊的无规律可循的谦称,如"犬子""息子""息女",对他人的亲属则应使用敬称,称呼被介绍人的长辈宜在称呼之前加"尊"字,如"尊父""尊兄""尊母";对与其辈分一样或者年龄一样的平辈时宜在称呼之前加"贤"字,如"贤侄""贤妹""贤弟";还有一种特殊的称谓可以不分辈年龄,如"令堂""令尊""令爱""令媛""令郎"。

例 1

在商会或者公司交易合作有家人出席时:"您好,李总,今天很高兴能与您合作,令尊与令堂看起来依旧精神矍铄,十分康健啊!让我为您介绍一下,这是家父与家母,我父母也在我们的合作中起到了大力的推动作用。我们双方可以借此机会认识了解一下,拉近彼此的距离,方便以后的合作。"

例 2

在参加他人的红白喜事或者典礼时,遇到主办此次活动的被介绍人,应介绍与自己一同前来参加活动的家人亲属,或者是遇到其他人主动询问上前结交时,应这样介绍:"您好,很高兴受您的邀请参加这次活动,你说的这位正是家父,今年 62 岁了,还在做与书法相关的事业。这位是在下的家母,今年 59 岁了,以前从事教书写作的工作。"

(二)介绍同事

1.介绍领导(老师)

介绍领导时应注意以下原则:先高后低的原则,即先介绍职务高者,后介绍职务低者;先主后次原则,即先说领导的主要职务,后说次要职务,避免重复;规范介绍的原则,不同的场合、职务,应注意使用不同的规范与模式,在职场上更应注意口头介绍的重要性。

例 1

今天是××所在部门新领导进入部门工作的第一天,由××来为部门其他同事介绍新领导。当领导与大家见面时,××说:"这位就是我们新任的宣传部部长×××同志,也就是我们以后的直系领导,希望大家以后好好合作,支持领导的工作。我们×××部长原来是 985 大学毕业,一直以来工作能力出色,工作经验丰富。相信在×××部长的带领下,咱们部门一定会越来越好。"

例 2

小李在高考结束后顺利考上自己心仪的大学,为了感谢给予自己帮助的那些老师,他邀请老师来参加自己的升学宴。为了表达小李与小李父母对老师的感谢,小李鼓起勇气上台向大家介绍了老师:"坐在台下的那位是在高中时期给予我最大帮助的老师,也是我高中生涯最感谢的老师。这位老师就是李涛,他是一位受人尊敬的人民教师,在教室里、黑板前付出了自己二十多年的时间来做一件事,就是教书育人。他在教育方面获得了许多省级和市级奖项,更帮助了许多迷茫的学生。他是老师也是朋友,非常感谢李老师能来参加我的升学宴,感谢李老师。"

2.介绍同事(同学/同辈)

一般式:以介绍双方姓名、单位、职务等为主,适用于正式场合,方便不相识的两人初步了解对方。例如:"请允许我来为两位引见一下。这位是××公司营销部主任××小姐,这位是××集团副总××女士。"

简单式:只介绍双方姓名和与自己的关系,适用于双方对彼此都有一定认识的情况,适用于一般正式场合。例如:"我来给你们俩介绍一下,这位是李×,是我在公司的同事,我俩相处得特别好。这位是林×,是我的大学同学。你俩都是我的朋友,可以互相认识一下。"

强调式:适用于各种交际场合。此种介绍方式中,可以强调被介绍人与介绍人之间的特殊关系,或者强调被介绍人的成就或者其他方面,有所侧重,希望引起另一位被介绍人的重视。例如:"这位是××公司的业务经理王××女士。这位是××,她在××公司工作,是我的侄女,请王经理多多关照。"

推荐(引见)式:用于比较正式的场合,大部分用于将某人举荐给他人,通常会对前者的优点进行介绍。例如:

引荐人:"张老师您好,这位是小刘,我的一个朋友,他的专业方向是做新媒体运营的,虽然他比较年轻,但是很有想法,很有热情与天赋。我想把他介绍给您认识一下。"

张老师:"哦,小刘啊,你好,你好,很高兴认识你。"

小刘:"张老师您好,久仰久仰,很荣幸认识您啊。"

引荐人:"小刘,张老师是咱们本地最厉害的新媒体运营专家。我相信你可以从张老师身上学到许多东西,你之前提到过的几个案例,都是张老师操刀的,你可要跟张老师好好讨教一下。"

小刘:"一定一定。"

张老师:"哪里哪里,客气客气。"

(三)介绍朋友

介绍自己的朋友通常是在比较日常化的场合,介绍自己的朋友给他人时首先介绍名字,然后是长相外貌、气质。当被介绍人在现场时最好不要谈论他的外貌,但是可以适当地赞美,而后可以将朋友的优点、长处介绍给他人,适当介绍朋友的性格特点可以加深印象,且有利于拉近距离,通过口语表达化解尴尬。

例1

"请允许我介绍你们认识一下,这位是李××,我的同事,他性格开朗,人特别温柔,做事情非常细心,他平常喜欢打篮球,跑步锻炼身体。这位是黄×,我弟弟,现在还在读书,他打篮球也特别厉害,有机会你们俩可以切磋一下。李××哥哥学习很好,你有什么问题可以向这位哥哥请教。"

例2

我:"我有一个朋友我觉得肯定和你特别合得来,真想介绍你们两个认识一下。"

朋友:"谁啊?还和我合得来。"

我:"他是陈××,我高中就和他认识了,他现在是××集团的总经理,你别看他这么厉害,但是人特别有义气,平易近人,而且是一个特别有理想抱负的人。我觉得他和你肯定会有不谋而合的点,你也是一个特别有想法的人。你们俩如果能认识肯定特别好。"

(四)介绍演讲人

介绍演讲人时不要漏掉被介绍人的个人成就与身份地位,这样会引起演讲人与观众的不满,可以大方使用演讲者碍于自谦而不便使用的介绍词。介绍演讲人的成就与优秀之处,并介绍演讲人的演讲内容,这样做有助于听众对演讲人及演讲内容的了解,如果不主动介绍演讲人而让演讲人自我介绍,会带给演讲人自己不被尊重的感觉,带给人不好的印象。但即使时间十分充裕,你的介绍也不应该占用太长时间,应该简明扼要,并在介绍开始前确定各专有名词的正确发音。

例1

在一次美国某学术演讲会上,主持人介绍被邀请的演讲人——著名科学家、教育家杰罗德·温德时这样说:

"……我们今天的演讲人,了解当今科学的实况与将来可能的发展,他曾是芝加哥大学的化学教授,宾夕法尼亚州州立学院院长,俄亥俄州、哥伦比亚的巴德尔工业研究所所长。他曾以科学家身份任职政府部门,且是一位编辑和作家。他出生于爱荷华州的达文坡,在哈佛大学获得学位。他在军用工厂中完成训练,曾行游欧洲各地。我们的演讲人是好几门学科的教科书的作者和编辑。

他最著名的一本书是《明日世界的科学》，在他担任纽约'世界博览会'科学部主任时出版。他是《时代》《生活》《财富》及《时局》等杂志的科学顾问，因此，他对科学新闻的诠释，广为大众阅读和喜欢。我们的演讲人所著的《原子时代》出版于 1945 年，正是原子弹投掷于广岛 10 天之后。他常挂在嘴边的一句话是'最好的终将来到'，确实如此。现在，我要骄傲地向大家介绍，想必各位也一定会为他的到来而欢欣鼓舞，他就是《科学画报》的编辑组长——杰罗德·温德博士。"

例 2

一群企业界听众齐聚一堂，聆听成人进修教育的讲题，以下的介绍就相当得体：

"今天为我们演讲的玛姬贝克女士，14 岁高中毕业，17 岁大学毕业，她拥有三个研究所学位，其中第一个在 20 岁时就拿到了。她身居 BCA，是仓储供应公司负责人兼营运者。她独立创办了一项专案计划，鼓励员工修习大学学位。到今天为止，贝克女士公司雇用了 34 名员工，其中就有 29 人拥有大学学位，而这 29 名学士全都获得贝克女士公司的学费补助。她这位雇主向来主张实事求是，言行如一，请她来演讲今天的主题实在是最恰当不过。现在请大家欢迎玛姬贝克女士！"

例 3

主持人介绍道："威廉平易近人，笑容可掬，和他相处，丝毫不会感到任何压力。听完这位声调委婉的男士的演讲后，相信你们一定会有如沐春风的感觉。很难让人相信这位谦和有礼、一点儿架子也没有的男士竟然是世界多国元首的顾问，还经常应邀飞至华盛顿和总统幕僚咨商。各位先生、女士，有威廉在场，你们会深深体会到'专家'这两个字的真义。我很高兴，也十分荣幸，现在向诸位介绍这位个人形象与公司形象兼具的顾问专家——威廉先生！"

二、介绍集体

介绍集体是指介绍者在为他人介绍时，被介绍者中的一方或者双方不止一人。进行集体介绍时应关注时机、顺序、内容。口头介绍集体时，应该简单明确，不应模糊，而且声音一定要洪亮，由于集体人数较多，这种场合应该尽量放大音量让人听清。常用于正式大型的交际活动，比如公务活动，大规模的社交聚会、晚宴、会议、演讲、比赛，会谈。在进行集体介绍时应注重口语表达的严谨与介绍的顺序、原则等。介绍集体时应先介绍人数少的一方,再介绍人数多的一方。当双方地位、身份之间存在明显的差异,比如在年龄、性别、职务等方面存在差异,则优先介绍地位尊者。对于人数较多的集体,按照一定的站序来介绍,或顺时针或逆时针,以防缺漏,造成尴尬。

例1

介绍班集体时:"接下来介绍的是初二(2)班这个班集体,这个班共有 53 名同学,他们是一群积极向上,充满朝气,拥有自己个性的同学。每位同学都是会发光的个体,相信他们一定能创造辉煌,陈××是他们的班主任,求索笃志、自信自强是他们的口号。"

例2

在与其他公司合作时,向对方与自己对接的部门介绍自己的团队:

"王总,让我来向你介绍我们的团队,我们团队绝对值得您的选择与信赖。这位是负责宣传的赖×,他的宣传做得十分出彩,这位是负责审核的郭×,她出了名的细心。他是负责策划的姚××,他的策划非常有创意。而这边的这位是负责组织的王××,她的组织能力一流。相信我们一定会合作愉快。"

【**思考与练习**】

1.尝试组织一段语言来向他人介绍自己的家人。

2.模拟演讲的场合,介绍自己最喜欢的一位伟人。

3.尝试介绍自己的两位互相不认识的朋友认识。

第三节　其他类型的介绍

一、介绍物品

(一)基本要点

通过口语表达向大家介绍一件物品,能生动形象地把物品的特点、用途、好处、使用方法等介绍清楚。为了清楚地介绍这件物品,你可以先阅读有关说明书,再想想从哪些方面介绍,比如物品的外观、规格、用途、使用方法。在介绍时,你可以试着用一些说明方法,甚至可以展现实物来介绍。

在日常生活中,我们经常会向自己身边的朋友或者家人推荐某个自己喜欢的物品或者好用的物品,有时我们会遇到别人向我们推销某件物品,这些都属于对物品的介绍。

介绍物品时,要熟悉物品,对物品进行全面的了解,在外观、规格、用途、使用方法以及价格等方面,做到心中有数,同时找出这件物品最能打动人的地方。准备做精彩的描述前,要想好从哪些方面介绍物品(如外形、质量、用途、价格),要抓住突出的特点,要思考用哪些说明方法(用数字、举例、对比、打比方、生动形象等方法)具体描述物品的特点。

(二)训练安排

1. 向自己身边的朋友、同事以及家人推荐一件自己常用的好物或者自己喜欢的物品。

2. 向大众推销一件商品。

3. 向公司客户推荐自己的产品。

4. 口语交际课上向班上的同学推荐一件物品。

(三)精彩范例

例1

先生们,女士们,大家下午好!

我要给大家推荐一样商品——××牌高能电饭煲,希望大家能够喜欢。

现代社会,科技飞速发展,城市面貌可以说是焕然一新,电饭煲也走进了千家万户,派上了很大的用场。

在选择电饭煲的时候,你们可别走错了地方,应该去购买××牌高能电饭煲,因为这种电饭煲功能大、辐射小、用电少,而且价格十分便宜,希望大家不要错过。

你看!电饭煲雪白雪白的,正面还印着银色的椭圆形圈。圈的中间是时间、项目表;表的外面还有几个绿色小按钮。多么小巧玲珑!按钮上印着字,有开、关、保温、冷饭加热、功能选择、预约、烹调时间设定……

煮饭的时候,你可以根据自己的需要来选择稍软、稍硬、超快速、精煮,还是标准;你还可以确定烹调的时间。另外,电饭煲可以煮粥、炖汤、蒸煮,等等。

而且此电饭煲一般不会对人体造成伤害,导致疾病。假如发生了因辐射导致的疾病,本公司将给予相应的赔偿。

耗电量也是人们很关心的问题。××牌电饭煲采取了高效的节电装置，相当于普通电饭煲用电量的1/2。怎么样？挺不错吧！

这么好的电饭煲，大家一定会认为很贵吧！不，它才500元，可谓物美价廉，而且，本星期买还会赠送一个小礼物呢！

二、介绍景点

(一)基本要点

景点是由若干相关联的景物所构成，具有相对独立性和完整性，并具有审美特征的基本境遇单元。景点也叫旅游景区、旅游景点。

介绍景点就是对景点的各个方面进行说明，通过说明让第一次去某景点的游客或者未去过的人对此景点有一定的了解，熟悉此景点的某些具体内容，产生前去观光和游览的欲望。

景点分为自然景观和人文景观。自然景观从景点的名字、价值、地理位置、气候、观光景点、景点活动、交通还有它目前面临的一系列问题等方面进行介绍；而人文景观从景点名字的由来、历史价值、奇特之处、有趣的故事、出名的原因以及面临的问题等方面进行介绍。

介绍景点时可以用概述法，帮助旅游者对新游览的景点先有个总体了解，引起旅游者游览的兴趣，重点介绍游览路线上的重点景观。重点景观是一次游览活动的主要内容，是导游介绍的最重要的组成部分。在实地导游讲解时，导游员必须从实际出发，因人、因时而异，有的放矢，要有针对性，即根据不同的听众、当时的情绪以及周围的环境进行讲解，讲解内容包括地理位置、古今文化、民间风俗、景点特点、景点分类、相关活动。

(二)训练安排

1.向自己的外地朋友介绍家乡的有名景点。

2.向自己的家人朋友介绍自己去过的景点。

3.充当导游向游客介绍景点。

(三)精彩范例

例1

各位游客，大家好！我是你们今天的导游，大家叫我李导游就行了。

游客们，我们现在参观的八达岭长城是明朝修建的。为防止外敌入侵，秦朝、汉朝和明朝一共修建了一万三千里的长城。

大家看,长城全部是用巨大的条石和城砖筑成的。城墙外沿那两米多高的成排建筑是垛子,垛子上的方形口是望口和射口,是打仗用的。城墙顶上那一座座方形的城台,是屯兵的堡垒。每隔三百多米就有一座,这样打仗的时候城台之间可以互相呼应。

游客们,那时可没有汽车,也没有起重机,那一块块足有两三千斤重的条石和建筑材料都是靠人力抬上去的,难怪世界上的人都认为它是一大奇迹!

参观了长城,大家要记住一句话:不到长城非好汉!只有亲眼看见了先辈们的这一伟大创造,才能在今后的人生道路上成为一个真正的好汉!

例2

我的家乡在文成,那是一个美丽的农村。我们那最好玩的就是龙麒源。龙麒源景区是一处山水优美、风光清爽的地方,是融合了畲族民俗风情的旅游胜地。龙麒源所在地属文成县西坑畲族镇,当地畲民为纪念畲族始祖龙麒,就把这方风水宝地称为龙麒源。龙麒源景区位于文成县西北部,处在文成县环形旅游黄金枢纽的中心地带。南邻石垟森林公园、铜铃山国家森林公园,西近水牛塘景点,北接刘基故里景区,东北方连百丈漈飞瀑景区。景区植被面积266公顷,森林覆盖率达96%,几乎全是极富观赏性的阔叶丛林。景区气候温凉,四季分明,冬无严寒,夏无酷暑,空气清新怡人,阵阵山风凉爽,是一处十分适宜休闲度假避暑的好地方。

三、介绍食物

(一)基本要点

介绍食物,是向没有吃过该食物或者没有听过该食物的人介绍这种食物的味道、颜色、来源以及做法等,让没有品尝过的人对这种食物产生兴趣或者食欲。

介绍食物时,要从味道、外形,颜色等几个方面进行重点介绍,突出其特色,同时要适当地介绍这一食物的做法以及来源。也可以通过一些生动有趣的说法或者语句来描述食物,让人了解这种食物,同时也可以适当地表达自己对这种食物的感情。

(二)训练安排

1.向自己的朋友或者同学介绍自己家乡的特色美食。

2.向外来游客介绍当地食物。

3. 向别人介绍自己喜欢或者自己有一定感情的食物。

（三）精彩范例

例1

我的家乡金昌有很多小吃——牛肉面、凉皮子、沙米凉粉、油饼、卷糕、土豆饼等，这些小吃风味各不相同。在这些地方特色小吃中，我最喜欢的是土豆饼，为什么呢？让我给大家介绍一下，相信你们一定会喜欢。

土豆饼，顾名思义，就是用土豆做的饼。大家一定会问：土豆做的饼有什么稀奇的呢？玉米饼、南瓜饼我们都吃过，也就那样呗！如果你们真的这么以为，那就大错特错了。土豆饼之所以能成为特色小吃，一定不是表面看起来那么简单，自然有它的独特之处，制作它可麻烦着呢！

做土豆饼的第一道工序就是挑土豆。只有原料好，土豆饼的味道才会好，所以挑选的土豆一定要个大饱满，而且皮越粗糙的越好吃。甘肃盛产土豆，这自然不在话下了。第二步就是削皮，先把土豆洗干净然后再削皮，这也是个技术活呢，可得小心自己的手呢，可别伤着了。这下该进行第三步了——磨土豆，这个步骤是做土豆饼整个过程中比较关键的环节，因为磨不好会直接影响土豆饼的口感，所以一定要磨均匀。第四步是调制，磨完的土豆糊有一点而稀，不容易摊成饼，必须加入适量的面粉，面粉加入量以搅拌中不会渗出水为好。为了使土豆饼口感好，一定要打上几个鸡蛋，最后再根据个人口味加入食盐等调味料。好了，现在开始烙饼了，可以用平底锅或电饼铛。烙饼的关键是要掌握好火候，火大了容易煳，火小了容易碎，只要前面的工作做得扎实到位，这也没什么难的，一块饼只需烙五六分钟就好了。你们瞧，不一会儿工夫，几张圆圆的、黄澄澄的、香喷喷的土豆饼就做好了，光闻着就让人忍不住流口水呢。你们一定会问：这下可以吃了吧？直接吃当然可以，可最佳的吃法是在土豆饼上面匀涂少量的油泼辣椒面、酱、蒜苗丝及葱，再卷起来吃，或切成条拌着吃，味道真是好极了。说到这儿，我都馋了，你们呢？

远方的朋友，如果你们有机会来到我的家乡甘肃，一定要尝尝我家乡的土豆饼，它一定会让你大饱口福，乘兴而来，满意而归。我希望家乡的土豆饼能让更多的人品尝，让人流连忘返。我爱吃家乡的土豆饼，我更爱我的家乡。

例2

世界之大，美食众多，但最能引出馋虫的是什么呢？非贵州小吃炸尖豆腐

莫属。制作炸尖豆腐的方法如下:

第一步:准备好豆腐、肉末、韭菜、一个鸡蛋。当然馅料可以根据你的口味来定。

第二步:把事先准备好的豆腐切成一个个三角形,大约高5cm,厚2cm,再把切好的三角形豆腐放在一个盘子里备用。

第三步:接下来做尖豆腐的馅儿,先把做好的肉末放在一个盘子里。再把韭菜切成小粒,和放在盘子里的肉末一起搅拌均匀,打入一个鸡蛋,再进行第二次搅拌,只有把馅儿打到黏稠的程度才可以,那样的效果才最佳。

第四步:把两个盘子里的尖豆腐和馅儿拿出来,在煎豆腐的底部开一个小口子,深度大约为3cm。把拌好的肉馅儿塞在里面,记住肉馅不要太多,以免炸时肉馅跑到外面。

第五步:把从尖豆腐上挖下来的碎豆腐剁成泥,放在一个盘子里备用。

第六步:把这些碎豆腐均匀地抹在一个个做好的尖豆腐口子的外面。

第七步:往锅里倒入半碗食用油,把油煮热。再把一个个尖豆腐放在锅里油炸,炸到两面金黄即可捞出。

炸尖豆腐有很多灵魂吃法,最为人称道的是,把炸煎豆腐刷在羊肉火锅里头。瞧,这就是贵州老乡最爱的美食,希望你们也可以做一做、吃一吃哦!

例3

馄饨是人们常见的食品,也是人们每逢过节都要吃的食品。

馄饨的做法非常简单:先要把蔬菜和肉剁碎——记住,要七分瘦肉,两分肥肉,一分蔬菜,然后把皮放在手掌心,把馅放在皮的中间,包的过程非常像折纸,折好后再用手捏一下,一个馄饨就包好了。馄饨也可以用其他的材料来做。

馄饨的吃法也非常简单:将馄饨放进碗里,倒一点儿醋、麻油,也可以放一些辣酱,再用筷子搅拌一下,只见白白的馄饨被团团包围了。闻一闻,顿时口水直流。咬一口,皮软软的,透着一点儿醋的酸味。馄饨馅又鲜又嫩,闭上眼睛,身体好像也变得轻盈,腾云驾雾一般。如果放了辣酱,就更加美味了,在冬天吃这样的美味再好不过了。

在我爸爸年轻时生活的那个年代,他还没有吃过馄饨。现在我们的生活可以说是芝麻开花——节节高,人们丰衣足食,每天都能吃上馄饨。馄饨真的非常好吃,大家可以自己尝试做一做,尝尝自己的劳动果实。

四、介绍艺术作品

(一)基本要点

艺术作品是旨在给人们以美的感觉,让欣赏者休闲娱乐,达到放松的目的,从而引起人们喜爱的一种作品。现代艺术作品种类包括电影、电视剧(综艺节目)、油画、绘画、雕塑、雕刻。有些国家的版权法把建筑作品和摄影作品也列为艺术作品。尽管在某些国家,音乐作品被认为是受保护作品的一个特殊门类,但在许多国家的版权法中,艺术作品的概念也包括音乐作品。在大多数版权法中,艺术作品还包括实用艺术作品。

介绍艺术作品时一般从以下几个方面入手:

1. 从艺术品的制作手法、特有制作技巧、材料等方面开始分析。

2. 了解该作品的作者、作者的历史背景,等等。

3. 分析该作品创作时作者的身份地位、历史环境、创作目的。

4. 综合地评价、定论。

(二)训练安排

1. 向自己的朋友或者同学介绍自己喜欢或者拥有的一件艺术品

2. 向别人推荐自己喜欢的一部电影或者电视剧

3. 向别人推荐自己欣赏的绘画或者雕刻等方面的艺术品

(三)精彩范例

例1

它是一件老黄牛工艺品,出自我外婆之手,我把它摆放在我家窗台上,它就这样一直默默地陪伴着我。这是一头膘肥的小黄牛。近看,那乌黑发亮的大眼睛炯炯有神,透过它那真诚的目光能感觉到它是主人最忠诚的朋友。一颗红色的珠子巧妙地穿在它鼻子下面,是那么可爱。长长的尖尖的牛角长在头顶,看上去不仅可爱,还十分神气呢!

它望着你,似乎有话要说,却说不出来。它是多么希望自己变成一头真正的牛,那样不仅能帮人们耕地,还能在阳光下自由地玩耍。不过它不为自己的命运感到悲哀,它什么也不说,只是静静地站在窗前,凝望着窗前,凝望着窗外的蓝天、白云、鸟儿,把它们铭记在心。

老黄牛总是那么乐观,虽然现实生活总是不尽如人意。我们在面对一些不顺心的事时,还能像这头黄牛这般淡然、坚定吗?

例 2

《清明上河图》是我最喜欢的一幅画,也是中国传世名画之一,是北宋风俗画作品,宽 24.8 厘米,长 528.7 厘米,绢本设色,是北宋画家张择端存世的仅见的一幅精品,属于一级国宝。它生动地记录了中国 12 世纪城市的生活面貌,这在中国乃至世界绘画史上是独一无二的。画中有 814 人,牲畜 83 匹,船只 29 艘,房屋楼宇 30 多栋,车 13 辆,轿 14 顶,桥 17 座,树木约 180 棵。总之,《清明上河图》具有极高的史料价值。

例 3

《烈火中永生》这部电影,是我最爱看的革命影视作品。

江姐,是我脑海里印象最深的一位女中豪杰。她在熊熊的烈火当中表现得那样的坚强、勇敢。江姐的精神是那样的可贵,我对江姐的敬佩之情与怀念之情是永远也不会抹去的,虽然现在江姐牺牲了,但她会永远地活在我心中。江姐的意志是那样的坚定:她的丈夫在与敌人战斗的时候壮烈牺牲了。当江姐路过城门,看到敌人把自己丈夫的头颅悬挂在城楼上时,她心如刀绞,但她依然忍着悲痛,继续战斗。最后因叛徒出卖而被逮捕的她被关在重庆的中美合作所渣滓洞的集中营里。面对国民党反动派的严刑拷打,江姐宁死不屈。最终在 1949年 11 月 14 日这一天,江姐被特务秘密枪杀,当时,江姐只有 29 岁。多少像江姐一样的革命烈士,抛头颅、洒热血,才换来我们今天的幸福生活。我们应该珍惜今天的美好生活,好好学习,长大以后为祖国做更多有力的贡献。这部电影令我受到了很大的教育,所以,我爱看这部电影。

【思考与练习】

1. 班级准备开展"最佳推销员"特色活动,请每位同学向大家推销一件商品。

2. 小明和你是比较好的朋友,请将你最近用的好物分享给小明。

3. 作为一名导游,请向游客们介绍一下武隆这个景点。

4. 小明和你是来自不同省份的同事,请你向小明介绍一下你的家乡。

5. 班级分享会上,请向你们班级的同学说明自己比较喜欢的一种食物。

6. 大卫是你来自国外的一个朋友,他没有尝过中国菜,请你向他推荐一种比较有名的食物。

7. 作为你家乡的美食推荐官,向每一个游客推荐你家乡的特色美食。

8. 作为一个画展的策划人以及推荐者,请你向参观画展但对作品不熟悉的人员介绍画展中的绘画作品。

9. 你暑假旅游时购买了一件手工艺术品,请你在开学之际和你的同学分享自己的艺术品。

10. 和同事或者你的朋友分享自己比较喜欢的一部电影或者电视剧。

第九章　求　职　应　聘

当代社会,无论是求职还是求学,都面临着激烈的竞争。要获得岗位、职务,应试者一般都要通过笔试、面试两种考试。笔试侧重考查应试者的专业知识和素养,面试主要通过书面、面谈或线上交流(视频、电话)的形式来考察一个人的工作能力与综合素质,可以初步判断应聘者是否可以融入自己的公司或团队。要在面试中脱颖而出,获得相应的职位或职务,应试者不仅要具备优秀的专业素养,还要能在面试中充分展现自我,正确理解面试者的提问意图,恰当运用良好的语言表达技巧,体现自己缜密的逻辑思维能力、灵活的应对能力和解决问题的能力,在回答问题的同时,给面试官留下好的印象,获得成功。

第一节　面　试　概　说

面试作为一种考试活动,其考试目的主要是获得笔试中难以获得的相关信息,作为判断其是否符合面试单位的录用要求的重要依据。面试的内容一般有三个方面:考核面试者仪容仪表仪态、言语表达能力、人际沟通能力;考核面试者的性格、知识、能力、经验等个人特征;考核面试者的工作(学习)动机与期望。

一、面试的分类

(一)依据面试的形式,大致可以分为个人面试、集体面试、技能面试、综合面试和渐进式面试

1.个人面试

个人面试又称单独面试,指主考官与应试者单独面谈,是面试中最常见的一种形式。

(1)一对一的面试

适用范围:规模小的机构,应试者数量不多。

(2)面试小组的面试(多对一)

适用范围:较大规模、人数较多的面试,如公务员、教师面试,一般现场打分。

2.集体面试

集体面试主要用于考察应试者的人际沟通能力、洞察与把握环境的能力、组织领导能力等。在集体面试中,通常要求应试者进行小组讨论,相互协作解决某一问题,或者让应试者轮流担任领导、主持会议、发表演说等。无领导小组讨论是最常见的一种集体面试法。

3.技能面试

技能面试的主要方式是应试者参加现场技能测验或考试,如教师、护士等行业的专业技能面试。

4.综合面试

综合面试是现今最为常见的面试方式,是以上三种面试方式的综合,由主考官通过多种方式综合考察应试者多方面的才能。

5.渐进式面试

当参加面试的人员数量较多时,会采取渐进式面试。先进行初次面试,主要以了解受试者的个人背景及谈吐与应对能力为主要目的,然后进行第二次面试以及第三甚至第四次面试,具体面试的次数,视职位高低而定。

(二)根据职业和职务的要求,面试可以分为结构化面试、无领导小组讨论和半结构化面试

1.结构化面试

结构化面试是指面试的内容、形式、程序、评分标准及结果的合成与分析等构成要素,按统一制定的标准和要求进行的面试。在结构化面试中,根据特定职位的要求,遵循一定的程序,采用专门的题库、评价标准和评价方法,通过面试小组与应试者面对面的言语交流等方式,评价应试者是否符合招聘岗位要求的人才测评方法。

2.无领导小组讨论

无领导小组讨论指由一组应试者组成一个临时工作小组,讨论已给定的问题,并做出决策。由于这个小组是临时、随机组成的,并不指定谁是负责人,目的就在于考察应试者的表现,尤其是看谁会从中脱颖而出。

3.半结构化面试

半结构化面试是介于非结构化面试和结构化面试之间的一种形式,指面试构成要素中有的内容做统一的要求,有的内容则不做统一的规定,也就是在预先设计好的试题(结构化面试)的基础上,面试中的主考官向应试者又提出一些随机性的试题。

(三)其他面试类型

1.情景面试

情景面试又叫情景模拟面试或情景性面试。在情景面试中,面试题目主要是一些情景性的问题,即给定一个情景,看应试者在特定的情景中是如何反应的。情境面试的理论依据是动机理论中的目标设置理论。

2.问卷面试

运用问卷形式将所要考查的问题列举出来,由主考官根据应试者面试中的行为表现对其特征进行评定,并使其量化。它是面试中常用的一种方法,它的优点在于把定性考评与定量考评相结合,具有可操作性和准确性,避免了凭感觉、模糊地主观评价的缺陷与不足。

二、面试的准备与技巧

(一)面试前的准备工作

在参加面试前,应试者要做好充分的准备工作,面试的准备至少包括五个方面的内容:充分了解报考岗位(专业)要求、单位(学校)面试及录用流程、面试内容;准备相关材料,包括个人资料、报考单位或公司(学校)的情况资料;准备自我介绍、个人对报考岗位(专业)的认识、个人的职业(学业)规划的相关陈述;仪容仪表以及一些常见的面试问题。

(二)面试结束的语言技巧

礼貌再见。面试结束时的礼节也是考察录用的一个砝码。成功的方法在于:首先不要在面试者结束谈话前表现出浮躁不安、急欲离去的样子;其次,告辞时应感谢对方花时间同你面谈。离开时,如果有工作人员、秘书或接待员接待过你或招待过你,也应向他们致谢告辞。

第二节　求职应聘中的自我介绍

自我介绍是现代社交中不可或缺的环节。根据介绍人的不同,自我介绍又分为主动型自我介绍和被动型自我介绍两种类型。

在社交活动中,在欲结识某个人或某些人却无人引见的情况下,即可自己充当自己的介绍人,将自己介绍给对方。这种自我介绍叫主动型自我介绍。

面试时,将自己的某些方面的具体情况进行一番介绍,这种自我介绍则叫作被动型自我介绍。

在求职应聘面试时,大多数面试考官会要求应试者做一个自我介绍,一方面可以了解应试者的大概情况,另一方面考察应试者的口才、应变能力、心理承受能力、逻辑思维能力等。面试自我介绍十分重要,良好的表达,不仅可以展现自己,而且可以大大提高用人单位对自己的好感。

被面试者在做自我介绍时,具体应注意以下几点:

一、充分准备

接到面试通知后,被面试者最好准备自我介绍的草稿,然后试着讲述几次,尽量令声线听起来流畅自然,充满自信,切忌以背诵或者朗读的口吻介绍自己。

二、礼貌开场

自我介绍时,首先应礼貌地做一个极简短的开场白,并向所有的面试人员示意问好。

三、把握时间

自我介绍是面试成败的关键,时间控制十分重要。进行自我介绍一定要力求简洁,尽可能地节省时间。自我介绍的时间不能太长,以免让考官产生厌倦感。为了提高效率,在被允许的情况下,在做自我介绍的同时,可利用名片、介绍信等资料加以辅助。如果面试考官规定了时间,一定要注意时间的控制,最好不要超时,但也不能过于简短。

四、端正态度

面试中,被面试者的态度重点把握以下三点:

(1)态度要保持自然、友善、亲切、随和,整体上讲求落落大方,笑容可掬。

（2）充满信心和勇气。忌讳妄自菲薄、心怀怯葸。要敢于正视考官的双眼，显得胸有成竹，从容不迫。

（3）追求真实。进行自我介绍时所表述的各项内容，一定要实事求是，真实可信。过分谦虚，一味地贬低自己去讨好别人，或者自吹自擂、夸大其词，都是不可取的。

五、明确内容

介绍的内容不宜主要停留在诸如姓名、工作经历等方面，应该更多地谈一些跟你所应聘职位、职务有关的工作、学习经历和所取得的相关成绩，以证明你确实有能力胜任你所应聘的工作职位。自我评价要明确和客观，并且要言之有理，有事例等予以佐证。

六、注重语言

自我介绍时应语气自然，语速正常，语音清晰。生硬冷漠的语气、过快过慢的语速或者含糊不清的语音，都会严重影响自我介绍者的形象。

七、友好结束

在自我介绍结束后，介绍者应该道声"谢谢"，在显示自身良好教养的同时给考官留下好的印象。

第三节　求职应聘中的交谈技巧

交谈是面试中的必备环节，也是面试的核心环节。

一、摆正交谈心态

在面试中，如何摆正自己的心态很大程度上关系着面试的成败。在心态的把握上，这几点值得借鉴：

（1）尽可能展示真实的自己

面试时应该要展现自己的真实实力和真正的性格，切忌伪装和掩饰。有些面试者在面试时故意把自己塑造一番，比如明明比较内向，不擅言谈，面试时却拼命表现得很外向、健谈。这样的结果往往是既显得不自然，很难逃过有经验的面试者的眼睛，也不利于个人的自身发展。即便是侥幸通过了面试，录用单位也往往会根据面试时的表现规划个人发展或者安排适合的职位，这对个人未来的学业和职业生涯也是有害的。

（2）以平等的心态面对面试者

面试时以平等的心态对待面试者是避免情绪紧张的一种有效办法。特别是在回答案例分析问题时，一定要抱着是在和面试者一起讨论这个问题的心态，而不是觉得面试者是在考自己，这样就可能做出很多精彩的论述。

（3）态度要坦诚

做人优于做事，因此，面试时应试者一定要诚实地回答问题。面试时的欺骗行为不利于应试者未来学业和事业的发展。

二、遵循交谈原则

面试者交谈时应该把握以下"四个度"原则：

（1）体现高度，在交谈中展示自己的水平。一方面是政治思想水平和强烈的敬业精神；另一方面是专业水平。对问题的回答不能满足于"知其然"，还要答出"所以然"。

（2）增强信度，在交谈中展示自己的真诚。首先，态度要诚，交谈不要心不在焉；其次，表达要准，少用可能、也许、大概等模棱两可的词语；再次，内容要实，对自己的优点和缺点要一分为二，实事求是。

（3）表现风度，在交谈中展示自己的气质。一方面要体现自身的外在美，另一方面更要体现内在气质。言语是一个人内在气质、涵养的外在体现，要注意用自己的语言魅力展示自己。

（4）保持热度，在交谈中展示自己的热情。要注意做到主动问候，精神饱满，悉心聆听。

三、使用交谈技巧

面试场上受试者的语言表达艺术是社交能力和综合素养的体现。对求职应试者来说，掌握语言表达的技巧无疑是至关重要的。那么，面试中怎样恰当地运用谈话的技巧呢？

1. 交谈时首先应正确理解面试者的要求，注意"六不要"

不要误解话题，不要过于坚持己见显得固执，不要喧宾夺主独占话题，不要不礼貌地插话打断他人，不要说讨好奉承话，不要浪费口舌来回重复强调。在交谈中，讲清楚问题就行，回答问题要力求把握要点，精炼准确，有条不紊。不断重复谈话内容，别人不会理解为你在强调重点，反而会给人留下唠唠叨叨、婆婆妈妈的印象。

2.注意说话的速度

说话太快与太慢都不合适,最好在家里先练习回答问题的语速,可以找同学或者同伴一起进行现场学习式的相互确认演练。同时,在交谈中要注意称呼得体,慎用形容词和无意的感叹词,要给别人你非常谦虚有礼貌的感觉。

3.时刻留意对方的反应

交谈中很重要的一点是把握谈话的气氛和时机,这要求你随时注意观察对方的反应。如果对方的眼神或表情显示出对你所涉及的某个话题已失去了兴趣,你应该尽快找一两句话将话题收住。

4.有效倾听

倾听是交谈得以顺利进行的前提。有效倾听的技巧包括:

(1)具备耐心。应试者即使对一个知之甚多,能信手拈来的常识性话题,出于对面试本身和面试官的尊重,也不能表现得心不在焉。面试的目的在于让考官了解、信任、接受考生,而不是相互比较高下,所以应试者要尽量让考官把话讲完,不要随意打断考官的话。应试者如果确实需要插话,应先征得考官的同意,这样可以避免引起敌视或不耐烦之类的误解。

(2)保持专心。面试中应试者应全程全神贯注,始终保持饱满的精神状态,专心致志地注视着考官,以表明对他的谈话感兴趣。在与考官交流的过程中要不时地表示听懂了或赞同他的意见。如果一时没有听懂考官的话或存有疑问,应试者不妨提出一些富有启发性或针对性的问题。这样不但应试者可以全面了解问题、明确问题思路,考官也会觉得应试者听得很专心,对他的话很重视,从而会直接提高他的评分。

(3)细心观察。细心指的是考生要具备足够的敏感性,善于从考官的话语中分析、发现其表达的"言外之意"。同时了解考官对应试者的回答是否真正理解和认同,对应试者所谈的内容是否感兴趣,以此作为调整谈话内容和方式的依据。

第四节　求职应聘中交谈的语言技巧

交谈是应聘者展示自身专业能力、良好的语言表达能力从而让聘用单位建立对自己的良好印象的最好机会。在交谈中,娴熟使用语言表达技巧,往往事半功倍。

一、恰当使用语言技巧

语言表达能力强不仅在于语音标准,表达流利,用词得当,同样重要的还有说话方式。交谈时应尽量做到口齿清晰,语言流利,文雅大方,发音准确,吐字清晰,还要注意控制说话的速度,以免磕磕绊绊,影响语言的流畅度。为了增加语言的魅力,应注意修辞美妙,忌用口头禅,更不能有不文明的语言。交谈时发音应清晰。面试中应该使用普通话,而有些人对个别音素(比如某些方言区的应试者 n、l 不分,平舌、翘舌不分)的发音不准,如果影响讲话的整体质量,应少用或不用含有这个音素的字或词。交谈时语调应得体,得体的语调应该是起伏而不夸张,自然而不做作;声音应自然,音调不高不低,不失自我,不仅听来真切自然,而且有利于缓解紧张的情绪;音量应适中,音量不能过高,也不能过低,以保持听者能听清为宜;语速应适中,要根据内容的重要程度、难易度及对方的注意力情况调节语速和节奏。此外还要警惕容易破坏语言意境的现象:过分使用语气词、口头语、口头禅。这不仅有碍于人们的连贯理解,还容易惹人生厌。

二、注意语言表达的逻辑性

应聘者的发言需简洁、精练,谈吐流利、清楚,以中心内容为线索,展开发挥。为了突出中心论点,应试者可采用"结构化"语言,即回答问题时开宗明义,先下结论,然后再叙述和论证,条理清晰地展开主要内容,当然也要避免冗长的议论。

(一)避免表达含糊

避免使用语义含糊的词语或句式,有些词语本身就语义含糊,有些句式也是这样,如"可能""也许""如果"。杜绝使用歧义用语,如有应试者用"中考"来指大学期间的期中考试,造成面试官们误以为是初中毕业升高中的考试。

(二)指代要清楚

口语表达不同于书面表达,书面表达中,读者有足够的视觉空间容纳上下文,可以避免指代不清,因此,代词在书面表达中可大量使用。而口语表达没有文字记录,考官难以分清指代关系,尤其是同音代词"他""她""它",在口语中是无法分清的。因此,为了避免指代不清造成误解,应试者在面试作答时,应尽量少用人称代词,能用姓名的地方尽量用姓名。

(三)提供确切信息

有些应试者回答问题时不紧扣中心,泛泛而谈。例如,被问到对过去的某次失败的经历怎样认识时,应试者回答:"我在一次考试中失败了,我觉得……"这样的回答未能提供足够的信息让考官理解,是没有意义的。

(四)巧用关联词和段末小结

面试时可以多使用一些连接词、关联词来加强句与句之间的逻辑联系,以突出层次关系,增强谈话的逻辑结构。对于一些时间、空间、逻辑结构不明显的叙述,应试者可以在结尾言简意赅地做一个小结,给考官以清晰、完整的印象。

三、掌握面试中的常用句式和"万用语"

有时候应试者需要拖延回答问题的时间以斟酌字词;有时候应试者一时紧张,忘了话题;有时候应试者希望自己的表述会有更好的"外壳",这时就需要一些准备好的常用句式。以下是归纳总结的一些在这些情况下可以使用的常用句式和"万用语":"坦率地说……""我能适应这份工作是因为……""我是这样考虑这个问题的……""我真诚地希望您能对我的情况表示满意……""我希望您能理解……""我之所以这样做,是因为……""很高兴您能欣赏我的观点……""您对我的建议正是我准备实现的目标。""这是从中总结的教训,我相信我以后不会再犯同样的错误。"

四、注意"我"字的使用频率

为了向考官推荐自己,应试者往往会做以下的陈述:"我"适合这份工作、"我"富有工作经验等。心理学家研究发现,大多数人既有展示自我愿望又有不愿意做别人的观众的心态。因此在面试中应试者应尽量减少"我"字的使用,可以用较有弹性的"我觉得""我想"来代替强调意味很浓的"我认为""我建议"等词语,以起到缓冲作用。同时,应试者可以对"我"做一些修饰和限定,如"我的拙见""我个人的看法",给人谦虚谨慎的印象,赢得考官的好感。

五、提问技巧

交谈是双向的言语交际活动。在面试交谈中,面试者对应试者进行提问,应试者也不是完全被动的问题回答者,在必要情况下,应试者也要进行提问。应试者的提问既不同于普通交谈的提问,也不同于面试官考察式的提问。这种提问不是为了获取简单的信息,应试者尤其要避免以下几种作为禁忌的提问方式。

1. 压迫式提问

应试者提问时要把握分寸,稍一疏忽就可能给考官造成不良的印象,考官会以为考生有意挑衅,对他不尊重、不信任。在面试中,应试者不可存心挑考官的毛病,也不要加以指正。例如"您刚才不是说……现在怎么又说……"这类压迫式提问往往使人下不来台,造成尴尬局面,是应当极力避免的。

2. 确认式提问

"听懂了吗?""听明白了吗?""这样可以(行)吗?"这类以确认信息被接收、理解为目的的提问式语言,的确能够表达出提问者对自己所发出的信息是否被理解和接受的期待,鼓励信息接收方继续与之交流。但在面试中,应试者应尽量避免使用类似话语去确认考官是否理解他的回答,这会表现出对考官的不尊重和不信任,造成不好的印象。

3. 开放式提问

所谓开放式提问,以疑问代词"如何""什么""为什么""哪个""多少"展开,目的是获取信息,避免被动。例如,"这件事您为什么这样处理?"但是这类问题只有在自己的确不知道的情况下,方可向主考官这样提问,以示虚心求教。

4. 模糊式提问

有些应试者追求提问方式的婉转,本来是一个好问题,但由于掌握不好分寸,变成了兜圈子、捉迷藏。考官一时理解不了,只能凭着对问题的猜测来回答,而且答案大多也是模糊的。提问题时应使用大家都容易理解的语言,避免使用难以理解的专业术语或行话。要牢记,如果要得到清晰明确的回答,提问必须清楚和明确。

5. 连串式提问

连串式提问往往让人应接不暇,容易让考官无法把握关键问题从而无法作答。例如,"考官,我想问您几个问题:第一……第二……第三……"这种提问方式容易让人心生厌烦。

六、解释的技巧

在面试中,解释是常用的表达方式。解释的目的是将考官不明白或不了解的事实、观点说清楚,或是阐释某件事情的前因后果,或是将考官的误解及时澄清。

1. 端正解释态度

应试者在解释时,不能因为考官要求解释的问题太简单而表现得不耐烦或自傲。考官要求应试者解释某一问题,并不是没有听清楚或者不明白考生的意思,而是考查应试者的表达能力。应试者也不能因为自己被误解或回答被怀疑,需要解释而感到委屈和不满,在解释时,态度要真诚,用富有情感的语言来说明问题。

2. 讲究说理方式

解释其实就是阐明应试者的论点和论据。在确凿的证据和一定的逻辑推理的支持下,考官会很容易接受应试者的解释。解释时,若对真实情况难以直言,不要寻找借口,强词夺理,更不能巧言令色,凭空编造。应试者若有不便直说的或不愿在考场表露的,可以如实地向考官说明并请求他们的谅解。

3. 巧用间接解释

间接解释即从第三者的角度去解释,包括大学的老师、奖状证书等书面材料以及媒体资讯等。用第三者的身份进行解释可以增强解释的客观性和说服力。当解释实在难以奏效时,应试者不必着急。因为"话不投机半句多"。如果考官已经做出了某种判断,应试者往往很难改变他的观点,这时转移话题是最好的解决办法。应试者若抓住这个问题不放,则可能将应试者与考官的关系弄僵。

七、发表意见的技巧

应试者能否就某一问题发表合理的、深刻的、有建设性的意见,是面试中的一项常规且重要的测评项目。为了争取考官的认可,应试者除了要具备真才实学,能够发表真知灼见,还要掌握表达自己观点的艺术,以促进考官对自己观点的理解和接受。

1. "密切关注"考官

要注意倾听考官的提问,抓住提问要点,同时合理组织自己的语言。考官未说完时,绝不能打断其话头,应静待考官说完后再从容不迫地发言。发言时,一定要密切观察考官的反应,考官未听清楚时要及时重复,考官表示困惑时要加以解释或补充说明。如果考官流露出不耐烦的情绪,就要尽快结束话题,而不要等到被打断。

2. 提出观点与处理意见

当问题属于开放性、中性或不易引起争论时,考生可直接坦率地提出自己的观点。当自己的观点不易被接受时,可以使用"层层递推法"和"反证法"加以说明。"层层递推法"是指先从考官易接受的但离考生的真实主题较远的观点谈起,逐步接近应试者的真实观点;"反证法"则是指用"相反"的方法提出观点,然后逐步去证明这种观点是错误的,最终阐明应试者真正的观点。当考官明确提出相反的意见时,要虚心接受并真诚请教;若要坚持自己的观点,也要记住不要明确否定考官的意见,同时尊重考官的意见。

第五节　求职应聘中的礼仪

得体的仪容仪表容易给面试者留下良好的印象,也是一种礼貌的行为。面试时在仪容仪表方面应该注意以下几点:

首先,着装必须整洁。整洁意味着你重视这份工作,重视这个单位,也重视你今后代表的单位或企业形象。整洁并不要求过分的花费,却能赢得面试者的好感。因此面试时一定要挑选洗得干净、熨烫平整挺括的衣服。

其次,着装应当简单大方。面试不是约会,尽可能抛弃各种装饰。如果工作的专业性强或职务较高,在色彩上也应慎重。譬如,身着休闲的短 T 恤和破洞牛仔裤去应试一份管理工作,也许能力真的合适,但服饰会让面试者在心里打上大大的问号,成功的希望也就很渺茫了。总之,着装要协调统一,并与所申请的职位相符。

再次,头发应整齐,保持清洁。无论男性还是女性,干净利落的短发都比较适合面试,长发的女性可以将头发扎起来或者盘起来,展现良好的精神风貌。出于礼貌,女性可以适度化淡妆,切忌浓妆艳抹,以免留下轻浮、不专业的印象。

在做自我介绍时,应试者应该充分注意自己的仪态。

首先是眼神。眼睛最好多注视面试考官,有一定的眼神交流,但也不能长久地注视,这样会显得不礼貌。眼光不要长时间地偏离考官,不要往上看天花板,不要盯住考官桌上的纸。面试时两眼到处乱瞄,容易让主考官觉得这是一位没有安全感、对任何事都不抱有信任感的应试者。最好的方法是面带微笑，眼睛看着谈话者。

其次是坐姿。坐姿端正，手势大方，尽量避免身体摇晃、抖动，始终保持一种得体的姿态是很重要的。跷二郎腿或两手交叉于胸前，不停地轮流交叉双腿，是不耐烦的表现，而一直跷着二郎腿则会让考官觉得你没有礼貌。如果再把两手交叉放在胸前，那就表达出拒绝或否决的心情。因此，求职时一定要坐姿端正，双脚平放，放松心情。

再次是避免小动作。求职过程中，面试可以说是压力最大的一个环节。要想在面试中成为胜利者，应试者要做好多方面的准备，就连一些不经意的小动作也不能忽略。

不要边说话边拽衣角。应试者在面谈时，由于紧张或不适应，无意间会拽衣角或摆弄纽扣。这个小动作很容易让考官看出你的紧张焦虑，给人留下不成熟、浮躁的印象。不要拨弄头发。频繁用手拂拭额前的头发，会透露出你的敏感和神经质，还会让人产生不被尊重的感觉。为避免这种习惯影响到面试的结果，应试者最好剪短发，这样既显得精神，又能避免不经意间拨弄头发。不要使用夸张的肢体动作。面试时做适当的手势能帮助你更好地阐释自己的观点，不过动作太过活泼、夸张则会给人留下不稳重的印象。因此，面试时应以平稳的态度为原则。不要不停地看表。不论是在面谈还是在与人交谈时，不停地看时间，都会让人产生压迫感。因此，面试者要把握好时间，千万不要频繁地看表，更不能使用手机。

附面试常见问题：

问题一："自我介绍"

这个问题的面试方法：面试者用三到五分钟的时间进行自我介绍。

面试目的：了解面试者的基本背景和求学经历或工作经历，测试其心理承受能力、逻辑思维能力、语言表达能力。

应试者应该做到：1. 介绍内容必须与个人简历一致；2. 表述方式上尽量口语化；3. 要切中要害，不谈无关、无用的内容；4. 条理要清晰，层次要分明；5. 要具备训练有素的语言表达能力，适当使用肢体语言。

问题二："谈谈你的缺点"

面试目的：了解面试者是否认真思考过自己，分析过自己，反省过自己。如果一个人能认清自己的缺点,并有改进的愿望和方法,他可能是一个不可多得的人才。

应试者应该做到:1.不宜说自己没有缺点,因为人无完人;2.不宜说出严重影响所应聘工作的缺点;3.对于自己真正的缺点,应认真进行剖析,并用积极的心态去面对、去改进,表明自己正在不断改正。

问题三:"你有什么业余爱好?"

面试目的:了解面试者的性格、观念、心态、思想的深度等。为了深入了解面试者的爱好,面试者一般还会提出更加深层次的问题。比如,面试者喜欢音乐,相关问题就更加有针对性:你最喜欢哪一位音乐家(歌唱家、歌手)?你最喜欢这位音乐家(歌唱家、歌手)的哪一首歌(作品)?这首歌(作品)表达了什么情感或思想?你听了这首歌(作品)后有什么感悟?对人生的启示又是什么?

应试者应该做到:事先做好这方面的全面准备。最好不要说自己没有业余爱好,不要说自己有哪些庸俗的、令人感觉不好的爱好。

问题四:"你为什么选择我们学校(单位、公司)?"

面试目的:了解面试者求职的动机、愿望以及对此项工作的态度。

给应试者的建议:1.从行业、企业和岗位这三个角度来回答;2.参考答案——"我十分看好贵公司所在的行业,我认为贵公司十分重视人才,而且这项工作很适合我,相信自己一定能做好。"

问题五:"对未来的工作(学习),你有哪些可预见的困难?"

面试目的:了解应试者的预测能力,是否有应对方法。

应试者应该做到:1.从技术、知识、经验等方面预见到将出现的困难;2.说出自己对困难所持有的态度——"工作(学习)中出现一些困难是正常的,也是难免的。但是只要有坚韧不拔的毅力、勤奋的学习态度、良好的合作精神以及事前周密而充分的准备,任何困难都可以克服。"

问题六:"举一个人生中最失败的经历"

面试目的:了解应试者的胆量和勇气,是否陷入了选择性知觉的陷阱,是否进行了深刻的反省,是否接受了深刻的教训。

应试者应该做到:1.不宜说自己没有失败的经历;2.明确说明失败是主要由主观原因导致的;3.失败后自己曾做了深刻的反省,很快振作起来,以更加饱满的热情面对以后的学习或工作。

问题七:"你是应届毕业生,缺乏经验,如何能胜任这项工作?"

面试目的:关键不在于"经验",而在于应试者的心态,应试者是否有克服自身困难的信心和决心,工作是否有责任心。

应试者应该做到:1.对这个问题的回答最好体现出应试者的诚恳、机智、果敢及敬业;2.说出自己的观点——"作为应届毕业生,在工作经验方面的确会有所欠缺,因此在读书期间,我一直利用各种机会在这个行业里做兼职。我也发现,实际工作远比书本知识丰富、复杂。但我有较强的责任心、适应能力和学习能力,而且比较勤奋,所以在兼职中均能圆满完成各项工作,从中获取的经验也令我受益匪浅。请贵公司放心,学校所学及兼职的工作经验使我一定能胜任这个职位。"

问题八:"在工作中,与上级意见不一致,你将怎么办?"

面试目的:了解应试者的执行力、人际关系的沟通能力和协调能力,对工作的责任心。

应试者应该做到:1.在必要的情况下,首先在私下里给上级做解释和提醒;在无效的情况下,而且不会给单位造成重大损失,服从上级的意见。2.如果上级的决定会给单位造成重大损失,而解释和提醒无效时,希望能向更高层领导反映。

问题九:"你希望与什么样的上级共事?"

面试目的:通过应试者对上级的"希望"可以判断出应试者对自我的要求。

应试者应该做到:1.最好回避对上级具体的希望,多谈对自己的要求;2.参考答案——"作为刚步入社会的新人,我应该多要求自己尽快熟悉环境、适应环境,而不应该对环境提出什么要求,只要能发挥我的专长就可以了。"

问题十:"我们为什么要录用你?"

面试目的:应试者是否能够站在面试单位的角度来回答问题。

应试者应该做到:1.面试单位会录用这样的应试者——基本符合条件,对这份工作感兴趣,有足够的信心;2.说出自己的观点——"我符合贵单位的面试条件,凭我目前掌握的知识、技能、高度的责任感、良好的适应能力及学习能力,我完全能胜任这份工作。我十分希望能为贵单位服务,如果贵单位给我这个机会,我一定能成为贵单位的栋梁!"

问题十一:"班里有个学生被孤立,受排挤,作为老师,你应该怎么办?"（教师面试）

面试目的:应试者是否具备班级管理能力和家校联合等相关能力。

应试者应做到:了解问题的核心、题目考察的能力。说出自己的观点和解决办法:"作为一个老师,首先要从班干部、科任老师、学生家庭等方面去了解客观事实。找班干部了解一下这件事的始末,了解他们是因为什么事排挤、孤立那位同学。只有找到了关键点,才好直接切入,这点很重要。其次,我认为可以找这位被孤立的同学的父母谈一谈,详细了解他之前在家里和学校里的学习生活情况,和家长交流后可以从侧面发现原因,对症下药。还可以找班级其他科任老师了解这位同学的表现。再次,找这个被孤立的孩子谈谈心,了解他的真实想法和感受。在充分汇总各方意见,还原事情的真实面貌之后,可以会同一些有丰富教学带班经验的老师通过课上课下说服教育,并且要家长也一同做好被孤立孩子的心理疏导工作。协调各方关系,达到减小误解并最终达到消除矛盾的目的。"

最后强调:"每个孩子本性都是善良的,只是某些原因导致他们实施一些过激行为,尤其是处于小学阶段的孩子,正是培养性格的时候。所以我们更应该对此类学生之间发生的矛盾予以重视,防止事态严重化后给学生的身心造成不良的影响。同时要增进学校和家长之间的联系,加强家校联合,从而全方位地为学生的健康成长服务。"

问题十二:"如果班里有学生谈恋爱被你知道了,会怎么处理?"（教师面试）

面试目的:应试者是否尊重、理解青春期学生萌动的情感,是否具备与学生沟通交流的良好能力。

应试者应做到:明确青春期是个体身心逐步走向成熟的时期,学生在这一时期很容易对异性感到好奇,这是正常的现象;面对学生在青春期遇到的困惑和痛苦,身为教师必须教会学生理智地对待萌动的情感;教师应该以长者、朋友的身份关心、帮助处在青春期的学生,正确认识、理解、区分异性间的关系和同学间的友谊。

首先,作为教师应该仔细观察、了解学生是否真正早恋,不能轻易地给学生定性。如果该生确实早恋了,影响了正常的学习生活,成绩下降,甚至精神有些萎靡不振,一定要及时想办法解决。

其次,学生涉世未深,中学生在感情问题的处理上一般比较单纯,这时如果教师生硬地介入学生的心理禁区,不尊重学生的隐秘世界,采取封杀、羞辱、公开等手段,后果将无法预料。老师和家长大可不必兴师动众,严阵以待,应该以理解代替怀疑,以信任代替审问,以引导代替要求,以平等换来交流,帮助他们健康地走过情感的沼泽地。

再次,在尊重学生人格尊严独立和个人隐私的前提下,同这一事件涉及的学生进行平等、亲切的交谈。交流时应注意:一要态度亲切、和蔼;二要语气语调平缓、自然;三要用语得当、婉转。教师要向学生阐述他们在青春期对异性感到困惑,在心理上对异性产生莫名好感等常见问题,帮助学生正确看待男女同学间的友谊,劝说学生不要把喜欢、爱慕的情感同恋爱等同起来,正确处理与同学的关系。

平时还可以通过主题班会、课堂演讲和观看相关的教育影像资料等多种形式,向全体学生讲解青春期的心理健康知识,帮助其树立正确的恋爱观,说明现阶段早恋的不利影响,对全体同学进行教育。

相信经过教师的循循善诱,学生会意识到自己"早恋"带来的不良影响,会正视自己目前的问题,将重心重新转移到学习上来,甚至将这种美好的感情萌芽化作动力,更加努力学习。

同一个面试问题并非只有一个答案,而同一个答案并不是在任何面试场合都有效,关键在于应试者掌握了规律后,对面试的具体情况进行把握,有意识地揣摩面试官提出问题的心理背景,然后投其所好。

【思考与练习】

一、自我介绍与职业规划

1.请简单介绍你自己。

2.你描述一下你自己的性格和倾向。

3.你有什么兴趣和爱好?

4.你认为你最大的优点和缺点是什么?

5.你通常与哪种人相处最融洽?为什么?

6.你认为什么人最难相处?你会如何去面对他们?

7. 你认为你在哪种工作环境中最能发挥你的才能？

8. 你有没有制订你的人生目标？你的人生目标是什么？

9. 什么是你选择工作的首选因素？

10. 你对你的事业有什么长远的打算？你打算如何实现它？

11. 你认为要怎样才算事业成功？

12. 你如何处理你曾遇到的困难？

二、学校生活与学习计划

1. 你在学校最喜欢和最不喜欢哪一门课？为什么？

2. 你认为考试成绩能否反映你的实际才能？

3. 在这几年的学校生活中，你最难忘的经历是什么？

4. 你从课外活动中学到了什么？

5. 你考研为什么选择我们学校和我们专业？

三、工作经验

1. 你有什么工作经验和社会经验？

2. 简单描述一下你参加某次活动的情况以及你的职责。

3. 你从学校和社会的一些实践活动中学到了什么？

4. 在这些活动中，你最喜欢什么，不喜欢什么？

5. 在学校和社会活动中，你遇到的最大的困难是什么？你是如何解决的？

6. 你认为在学校获得的工作经验能否应付得了新工作？

7. 在学校里，你和同学相处得如何？

四、具体的工作内容

1. 你为什么申请这个职位？

2. 你为什么想加入本单位工作？

3. 你对这份工作（职位）有多少了解？哪一方面最吸引你？

4. 假如你被录用了，你将如何开展工作？

5. 你为什么认为你非常适合这份工作？

6. 你认为你的哪些经历有助于你即将担任的这份工作？

7. 你认为职业成功发展需要什么样的条件？

8. 你对加班有什么看法？是否可以接受？

9. 如果工作需要，你能否到外地工作或者经常出差？

第十章　教师口语

第一节　教师的语言素养

一、语言素养的含义

（一）什么是语言素养

所谓"语言素养"，是指以语言文字为载体的人的认知、情感和操作等几种因素在学习、交际、创造与自身发展中的综合体现。

这个定义有三层含义：其一，语言素养是以语言文字为载体的人的素养。其二，语言素养是人的语言能力与认知、情感、操作等诸因素的综合体现。当需要用语言传递信息时，人的大脑立刻会调动所有跟语言相关的知识、技艺对这种信息进行辨析、确认，同时必然会滋生一种感情因素影响这一认知过程，然后选择自以为最恰当的语言方式表达出来。在这个过程中所表现出来的语言素养自然是人的语言能力与认知、情感、操作等诸因素的综合体现。其三，语言素养作用于人的学习、交际、思维、创造和自身发展等领域，对人的人格完善和道德修养具有无可替代的作用。

（二）语言素养的内容

语言素养包含以下内容：

1.语言态度：指人对某种语言认同、接受的程度。

2.语言单位：指掌握语言基本词汇和词汇量的状况。

3.语言行为：指语言使用的规范程度、文明程度以及语言修养状况。

4.语言感受：指对语言材料做出恰当判断和反应，以及通过激活相关的语言体验，透过表层意义捕捉到深层意义的语言辨别水准。

5.语文知识：指掌握有关语法、修辞、逻辑、文体、文化等方面的基本知识的状况。

6.语文能力：指运用语文工具接收信息和传递信息的能力。

7.思维开发:指借助语言发展思维和借助思维发展语言的状况。思维开发的目的是发展智力。

8.语言艺术:指对语言行为的方式、方法进行创造性处理,使之更具表现力和感染力。

9 语言价值:指人的语言行为所产生的客观效应。

10.语言教育:指培养和发展语言自学能力的状况。

二、教师口语的基本功

(一)语言与逻辑

培根说:逻辑修辞使人思辨。

教师的语言具有逻辑性,对学生逻辑思维的培养有潜移默化的作用。教师语言言简意赅、严谨周密,分析入木三分、层层相扣,见解独到透彻、新颖深刻,能够促进学生进行积极的思考或深入理解,并在复杂的思维中感到有意思、有兴趣、有收获。

中学生的思维正处在由形象思维向抽象思维过渡的阶段,其抽象思维还需要具体的感性经验支持。中学生知识经验有限,理解能力较差,对教材的感知往往浅尝辄止。他们在掌握抽象概念时,最容易掌握的是那些有直观形象做支撑的特征,他们喜欢教师讲得生动、有趣、具体,希望教师的表述简洁明晰,讲述内容少而精,富有启发性。

针对中学生的思维特点,教师授课必须思维清晰、准确,有层次,有条理,富有连贯性。教师在讲课时应注意教材的内在线索,把握各部分之间的本质联系,运用逻辑推理的方式进行教学。在学生已有知识的基础上,教师应对新讲授的知识进行详细严密的论证,使观点与材料统一,自然地得出结论。如果教师思路不清,不懂思维规律,说起话来杂乱无章,前后矛盾,主次不分,条理不明,从东说到西,从南说到北,没有自控性,学生就很难抓住要领,教学效果也只能事倍功半。

(二)语言与经典

教师用好、用准经典名句就是对经典文化的最佳传承方式。

经典名句代表着语言的典雅性、哲理性、意境美,经典名句会提高语言表达效果,同时经典名句高度浓缩着经典文化精华。

教师的语言要能启迪学生的心灵,陶冶学生的情操,拓宽学生的视野,提升

学生的思想境界,使学生觉得意味深长,回味无穷,觉得有一种催人奋进的力量浸透在自己心里。例如:

要求学生高瞻远瞩,用"欲穷千里目,更上一层楼"。

形容抓不住事物本质,用"不识庐山真面目"。

说明虚心请教可以引用孔子的"三人行必有我师焉"。

鼓励学生大胆讨论最好引用韩愈的话:"师不必贤于弟子,弟子不必不如师。"

讲到竹可以引用"宁可食无肉,不可居无竹"。

笃志经典句有:"有志者,事竟成,破釜沉舟,百二秦关终属楚;苦心人,天不负,卧薪尝胆,三千越甲可吞吴。"

励志经典句有:"三十功名尘与土,八千里路云和月。莫等闲,白了少年头,空悲切!"

(三)语言与趣味

教师的口语是一门科学,更是一门艺术。

教师的语言应该含蓄而不死板,幽默而不肤浅,应生动、活泼、形象,具有趣味性。在讲授中,充满趣味性的语言会使学生如临其境、如见其人、如闻其声,能引发学生进行积极的思考和深入理解,或细心体会,或展开联想和想象,并且能激发其想象力和创造性。而呆板、枯燥的讲授,则收不到良好的教育和教学效果。

(四)语言与审美

教师的语言应是高品质的,要有一定的审美特质。

教师的语言修养是为人师表的重要因素之一,它对学生良好道德品质的培养和高雅审美情趣的提高将产生极大的影响。因此,教师的语言应该是一种温暖如春风、温润如细雨的语言,要能够启迪学生的心灵,陶冶学生的情操,就像魏巍《我的老师》中的蔡老师,"爱用唱的音调教我们读诗",温馨而亲切,使人心情舒畅,如沐春风。教师用纯美的语言去触动学生的心弦,给学生以美的享受,能促使学生形成纯洁、文明、健康的心灵世界。

教师在讲课中虽然主要以运用有声语言进行教学为主,但优美得体的体态语(表情、姿态、手势等)对情感的表达也起着重要的辅助作用——它既可以有效地提高口语表达的准确性,又能吸引听众的注意力。因此,准确、恰当地运用体态语言,是教师必须掌握的一项基本功。

在提高语言内在素质的同时,教师应加强语言外在美的培育,根据语言外在形式的构成要素,借助自己的体态来加强有声语言的作用,能帮助学生更好地理解课文。教师在运用体态语时要大方、生动、简练、丰富多样,符合审美标准。

(五)语言与心理

现代心理学研究表明:人脑只有在处于清醒和兴奋状态时才接收信息。

从中学生的心理特征来看,他们还不同程度地保持着少年开放期的特点。中学生喜欢钻研问题、追求真理,但又有一定的依赖性。这就要求教师讲究"导"的艺术。教学语言的启发性体现了教师"导"的艺术。对于中学生,兴趣是影响其学习成绩的重要因素之一。中学生处于青年前期,自制力差,不耐久思,注意力容易分散,教师应针对学生好胜心强、自尊心强等心理特征多鼓励、少批评,要动之以情、晓之以理,要"情动于中而言溢于表",才能吸引学生,才能激发学生的求知欲,使之感到"博我以文""欲罢不能"。

例如:

"凡读过鲁迅先生小说的人,几乎没有不知道《孔乙己》的;凡读过《孔乙己》的人,无不在心中留下孔乙己这个遭到旧社会摧残的苦人儿的形象。据鲁迅先生的朋友孙伏园回忆,鲁迅先生在他创作的短篇小说中最喜欢《孔乙己》。为什么他最喜欢《孔乙己》呢?孔乙己究竟是怎样一个艺术形象?鲁迅先生怎样运用鬼斧神工之笔来精心塑造这个形象的?"

这段导语先用两个"凡读过"点明《孔乙己》在鲁迅小说中的重要性,同时指出孔乙己是一个塑造得非常成功的人物形象,接着用鲁迅自己也喜欢《孔乙己》加以印证,然后顺势连发三问,巧妙地交代了学习的目的和要求。这段导语以发问形式设置悬念,达到激发学生学习兴趣和求知欲望的目的,使人感到新颖别致,饶有趣味。

【思考与练习】

1.流行语容易受到青少年的青睐,如何对待流行语?

2.随着自媒体的兴起,话语权得到解放。语言的语体范式新鲜有趣。微信体、舌尖体、琼瑶体、蜜糖体、梨花体、新闻联播体……书面语和口语、方言词语和普通话基本词语,各种混搭,新生词语如雨后春笋般出现,或生动形象,或调侃戏谑,或时尚新颖,或是闾巷俚语,或是创新词语? 这些词语接地气还是低俗? 如何让语言"接地气"?

第二节　教师课堂教学口语

教师的语言修养是在教育实践中形成和发展,并不断完善起来的。教师的语言修养离不开教学实践,而课堂教学是最主要的实践组成部分,良好的语言修养是提高课堂教学质量不可或缺的构成要素。课堂教学语言既不是演讲、做报告,也不同于演戏、说相声;既不需要像律师辩护那么庄重,但也不能像日常聊天那样随便,课堂教学语言有独特的风韵格调和特定的艺术要求。

教师课堂教学口语是指教师在课堂这一特定的场合,运用有限的时间,面对学生这一特定的对象,完成教学这一特定的任务所采用的口语体式。

课堂既是"讲堂",也是"学堂"。教学是师生的双边活动。因此设计和研究课堂教学语言必须从教和学两个方面来考虑。课堂教学,除了练习阶段,从"教"的角度看,一般包括起始、分析、总结三个阶段;从"学"的角度看,大致是先对教材产生兴趣,继而感知教材的各个部分,然后从总体上理解教材。在教学的各个阶段,有不同的教学目的和要求,所以教学语言也应有所不同。在教学过程中,教师是主导,学生是主体,教师必须把握教学各个阶段的特点,充分发挥语言的作用,才能取得较好的教学效果。

一、课堂教学口语的基本特点

(一)教育性

教师的全部教学活动都贯穿着明确的教育目的。在教学过程中,教师必须将教学与教育有机地结合起来,渗透"育人"的因素,使学生不但学到专业知识,而且受到启发和教育。苏联教育家苏霍姆林斯基在《给教师的一百条建议》中,十分诚恳地要求教师"要使青少年心目中产生这样一种想法:凡是真理都是革命的",同时"在物理、化学、生物、数学课的讲堂上讲授教材时,不要只是毫无感情地说明真理,而是要使青少年沿着科学艰险道路做一次富有探索精神的、充满为真理而斗争的崇高动机的旅行"。其目的显然是强调教书与育人要同步进行,课堂教学语言必须体现出教育性。

（二）简洁性

语言是教师授业解惑最好、最直接的教学工具。但是,有些教师生怕学生听不懂,讲课时习惯唠唠叨叨、啰唆累赘。常言道,话说三遍淡如水。老说那几句话,学生容易产生厌烦情绪,有时甚至会分不清主次。因此,教师的课堂语言应该是简洁的。孔子曰:"辞达而已矣。"说的也是这个道理。为了在有限的时间内,给学生传授更多的内容或信息,教师要在备课时仔细、反复地推敲字词,词语要经过慎重的选择,力求做到中心突出,每句话都要掷地有声。

（三）条理性

课堂上,教师语言要围绕中心和重点,层层推进,逐步深入。做到逻辑严谨,头头是道,特别是操作步骤要层次分明、条理清楚,使学生听得清楚明白。语言流畅、有条理,对于教师培养自己敏捷的思维和严密的逻辑是十分有利的。古代教育家孔子教学往往先思而后教,他的课堂总是有条不紊,循循善诱,逐层深入。试想,若孔夫子的教学语言没有经过缜密的思考,没有逻辑,那他怎么可以做到"门人弟子填其室"呢? 因此,富有条理的课堂语言在教师的教学中有着举足轻重、不容忽视的作用。

（四）形象性

教师的课堂语言,不但要简洁有条理,还要形象。李燕杰教授曾经说过:"讲到最典型的人物、最生动的事例、最感人情节,要绘声绘色,细致刻画,使听众如临其境、如见其人、如闻其声。"语言生动形象,就能将抽象的化为具体,把深奥的讲得浅显,令枯燥的变得风趣。鲁迅讲课曾用农民娶媳妇不要"杏脸柳腰、弱不禁风"的"美人",而要"腰臂圆壮、脸色红润的劳动姑娘"这个生动形象的事例,阐明"美的阶级性"这一抽象的理论问题。

（五）趣味性

富有趣味的语言可以调节课堂气氛,缩短师生之间的距离。幽默的教学语言是指教师根据教学情况、教学内容等,使用诙谐有趣的、能开启学生心智的语言。而课堂上教师语言生动风趣,幽默而富有哲理,会给学生无穷的回味,也能起到良好的教学效果。

很多教学实践已经证明:教师与学生之间彼此"陌生",没有认同感,教学效果自然会很差。碰到这种情况时,教师如果能恰当运用幽默的开场白或导入语,往往能缓解这种紧张的气氛,拉近师生之间的心理距离,让教师的亲和力倍增,从而及时消除学生的畏惧感,使学生感到教师和蔼可亲,进而认同教师的所作所为,心甘情愿地和教师互动学习。这就是所谓的"亲其师,信其道"。

三、课堂教学口语的基本要求

(一)课堂教学口语要有对象感

课堂教学的对象是学生,教师面对的听众是学生,这就决定了课堂教学语言必须具有准确性、启发性、直观性、连贯性、重复性、反馈性、趣味性、概括性、教育性、简明性等多种特点。这些特点具体体现在教学过程的各个阶段,教师在讲课的过程中应该动态地把握学生的心理特点。比如下午第一节课学生往往会犯困,如果讲的内容不是很吸引人,老师的授课缺乏特色,老师照本宣科地说:"这节课我们讲的是伟大的唐代著名道士、医学家孙思邈……"一节课下来,学生可能要趴下一大片,仅有的几个在听的也是眼神迷离。而百家讲坛的纪连海老师处理得就很好:他首先从孙思邈开棺救孕妇说起,然后再介绍孙思邈是唐代著名道士、医学家,人称"药王"。这样就很好地把学生的精神气调动起来,提高上课的效果。

另外学生上课的时候可能认真听了,也认真记了,但是下课后玩了一圈回来思绪就可能不在学习上了,上节课讲的内容也会有所遗忘,如何让学生很快回到学习状态,同时把两节课的内容连接上也要讲究方法。如果老师在上第二节课的时候说"上节课我们讲了……",把上节课的内容又大概复述一遍,学生就会没耐心听或者走神,因为他们觉得这些已经讲过了、了解了。如果老师能把学生身边的事或者自己经历的有趣的事与课堂内容联系起来,效果就不一样了。如中国传媒大学××老师在讲到三十年播音成果时,中间穿插了大家感兴趣的"金话筒"奖评奖过程、经验教训,再回到主题上来,很好地调动了学生的积极性。

(二)课堂教学口语要有节奏感

教师教学不同的文体,要求教学口语有不同的语言特点。语言表达要恰当地运用语气、语调、节奏的变化,通过语音的长短、快慢、高低、强弱、粗细的变化来表达丰富细腻的思想感情。

教师要在教学中产生良好的音响效果,就需要教师注意语调的抑扬顿挫、语速的快慢适中。美国心理学家赛门斯说:"在教师的许多特性中,声调占着一个重要的地位。从根本上讲,声调并不是教师的技能和设备中的一个重要部分,但是一种不好听的或低沉的声调很可能阻碍教师事业成功。有时教师的失败,是由于他的声调太弱了,以致学生听不清他的话,而他也不能用他的声调来控制学生的注意。另一方面,有些教师的声调如粗糙的晨号声,听着就非常刺耳。"因此,教师在讲话时必须注意语调变化,不宜过高过低,不能过于平板,而应该抑扬顿挫、高低有致,这样才能使学生听起来悦耳,集中他们的注意力。魏巍在《我的老师》中回忆蔡云芝先生时说,"直到现在我还记得她读诗的音调",记得她用唱歌的音调教读的诗。可见,抑扬顿挫的语调在教学中的重要性。

在节奏方面,教师可以通过对比训练培养自己对节奏的把握。如果是轻快型的节奏,整篇文章多扬少抑,声轻不着力,语流中顿挫少,且顿挫时间短,语速较快,轻巧明丽,有一定的跳跃感,全篇重点处的基本语气、基本转换都比较轻快。朱自清的散文《春》、柯蓝的散文《困难》就是典型的轻快节奏。课堂教学中,讲话过快容易使学生听不清教师讲授的内容,理解不深入,也容易使学生感到教师不够亲切,没有耐心。尤其是有的教师讲话像连珠炮,对学生而言,这无异于疲劳轰炸。因此,教师语速应快慢适中,不宜慢也不宜快,要留给学生理解思考的余地,让学生深入体会授课内容,以便获得更好的教学效果。教师在讲话时注意语音节奏,使之简洁鲜明,听起来清晰流畅,这样便于学生记忆理解,吸引他们的注意力。

(三)课堂教学口语要恰当地使用体态语

教师的语言在对外显现时,往往是多种感官共同作用,表现出一定的配合性,如口语与体态语的配合。

人们在讲话时,不仅需要言词丰富,还需要辅以动作、表情。同样,教师在教学教育工作中,不仅要说,也要运用表情、体态、手势。许多教师往往忽视体态语的作用,这也正是一些教师教学效果差的原因之一。在教学中,体态语有着特殊的作用。语文课与其他学科相比,更具有形象性、情感性,教师在讲课中运用有声语言进行教学的同时,可以借助自己的体态来补充、加强有声语言,能帮助学生更好地理解课文。教师在运用体态语时要大方、生动、简练,丰富多样,符合审美标准。

达·芬奇说"眼睛是心灵的窗户"。人们心灵深处的东西都可以通过这个"窗户"折射出来。因此,眼神较之其他体态语,是一种更微妙、更富有表现力的语言。讲课,既要学生听,又要学生看。有经验的教师讲课不是对着学生的耳朵讲,而是对着学生的眼睛说话。教师巧妙地运用自己的眼睛,表达自己的思想和感情,并善于洞悉、审视学生的眼神,及时捕捉反馈信息,检查自己的教学效果。课堂上学生精神集中,视线都交织在老师的脸上,这是肯定的反馈信息。相反,学生目光涣散,东倒西歪,交头接耳,或者趴在桌子上,这便是厌倦、否定的反映。这种情况下,教师就要采取一定的措施把学生的注意力转移到讲课内容上来。

手势是能够传情达意的手指、手掌和手臂的姿势动作,是体态语的重要组成部分。人们常常以拍桌捶腿表示"高兴";频频捶胸表示"悲痛";不停地搓手是"为难"的表现;拍拍脑门是"悔恨"的意思。教师常用的有指示性手势,用来指示具体的对象或者数量,当讲到"第一""第二"等顺序词时常伸出一只手,用另一只手扳手指头。这些手势都给学生具体、真实的感觉。

(四)课堂教学口语要具有丰富的情感

教育本身就是一项富有情感的事业,热爱学生是教师应具有的情感品质。教师讲课,既是知识的传授,又是心灵情感的交流。教育的本质是"爱",教师的情感态度和人格特征对学生具有极大的影响力。教师的教学语言,是在向学生传递教师的情感和智慧,同时也展示着教师的人格和心态。教学过程是教师与学生沟通、互动的过程。教师为主导,学生为主体;教师的教,是为了学生的学。旧的教学观念强调"师道尊严",老师与学生的关系就是教与被教、管与被管的关系,知识的传授似乎是一种居高临下的施舍。现在,这种旧观念必须摒弃,教师不应当以"一言堂"的权威意志支配学生、支配课堂,而应注重建立和谐的师生关系,整个教学过程体现师生之间心灵的交流与沟通。师生共同积极参与课堂教学活动,实现学生由被动接受到主动学习的转变。相反,态度淡漠,语言冰冷,只会造成课堂教学沉闷压抑。有的教师习惯板起面孔讲话,尽管学生可能不会敬而惧之或敬而远之。教师如果一味地在师道尊严中找感觉,就会给学生一种高高在上、冷若冰霜之感,学生怎么能够"亲其师"而"信其道"呢?教师应用诚恳亲切的语言给学生以帮助和指导,使学生能从教师亲切的语言中感到一种温暖、一种鼓励,从而调动学生学习的积极性。

【思考与练习】

1. 高中思想政治课理论抽象,如何让学生想听、愿听、乐听?

2.谈谈你对"会说话的教师不一定能成为优秀教师,但优秀教师一定是会说话的人,要想在普通教师中脱颖而出,就必须学会说话"这句话的理解。

第三节　教师教育工作口语

教师教育工作口语是指教师在与学生对话,对其进行表扬、批评等旨在使学生思想道德品质、学习生活等行为习惯、身心健康水平向教育者所期待的目标变化所进行的全部教育活动、教育过程中使用的语言。

一、教育说服语与安慰语

教育是通过会话使对象形成或转变理念、情感、行为习惯,从而向上、向善、向美的活动。说服是通过会话使对象改变某个主意和某个行动的活动。安慰是通过会话调适、改善对方心态的活动,安慰常常采用教育和说服的方法。

(一)教育说服与安慰的方式

1.讲述或讲解,是通过向学生叙述、描绘有关事实的经过、发展过程,以提高中学生的认识。这种方式比较形象主动,富有感染性。

2.报告或讲演,是一种比较系统地向中学生论述、论证、分析某个问题的方式。其特点是涉及的问题比较深、广,所需时间长。这种方式可以开阔视野、激励情感、活跃思想。

3.谈话,是班主任针对学生的思想实际,就某一问题与之交换意见,并对其进行教育的一种方式。谈话的针对性较强,便于师生之间交流思想感情,促进师生互相了解。谈话是说服教育常用的方式,不受时间、地点、人数的限制,课内课外均可进行。

4.讨论或辩论,是在老师的指导下,由全班或小组成员围绕某个中心课题各抒己见,相互学习,经过充分的讨论和争辩,最后得出正确结论以提高认识。这种方式能充分调动和依靠中学生自我教育的积极性,有利于培养和提高中学生识别、判断、评价问题的能力和坚持真理、修正错误的勇气。

(二)教育说服与安慰的要求

1.了解对象,对症下药。教师应尽量弄清楚学生的心理、心境、态度、性格、情趣。教育说服与安慰工作应从情、理、利、法、威、事这几个方面来进行,"情"

即动之以情;"理"即晓之以理;"利"揭示利害关系;"法"即用法律制度规范对象、威慑对象;"威"即利用威信和权利;"事"就是弄清事实,帮助学生解决具体问题。

2.融洽感情、创造氛围,把握说话时机。融洽感情是为了消除心理壁垒,尽量创造家庭气氛或好的舆论氛围,并及时调整谈话现场的气氛。

3.耐心细致,注意语言的使用。急躁和粗枝大叶是说服教育与安慰的大忌,因此要耐心细致,心平气和,使用朴实平易的语言,深入浅出,忌官腔官调,空洞说教,故作高深,花言巧语,可同时运用多种语言形式,如合适的文字资料、表情动作、语气语调。

二、表扬语与批评语

表扬是对对象的称赞和推崇。被人肯定、尊重的精神需要是赞扬的心理根据。

表扬直接或间接地满足人的多种心理需要:它能使人感到受尊重,能让人认识到学习的成就。扬长才能避短,表扬具有认识作用、动力作用、优化作用、导向作用、化解矛盾的作用等。所以,教师要善于发现学生身上的美,不要吝啬你的赞美之词。

批评是为帮助人、警醒人而指出对象的缺点和错误,它不同于对对象的贬斥、讥讽、攻击、谩骂,也不同于不负责任的议论。受批评的心理也产生于人的心理需要。它会直接或间接地与人的自我保护心理相抵触。它可能使人感到失去自尊和荣誉,使人觉得成绩被抹杀,使人觉得自己处在恶劣的人际关系中,还可能使人对自己的生存和安全环境产生悲观的体验。所以人们一般主张慎用批评。

(一)表扬的原则

1.客观。以事实为基础,实事求是,不编造,不夸张,具体而不笼统。

2.真诚。发自内心,情真意切。不假、大、空,不矫揉造作,不奉承恭维。

3.公正。正直不偏私,不分亲疏,不存好恶。

4.得体。适合目的和情境。看对象,兼顾他人,注意方法。

(二)批评的原则

1.必要性和适度。不多,不滥,不过,不扩大范围,不牵涉他人。

2.尊重诚恳。语气温和,多启发,不嘲讽训斥,不指桑骂槐、背后议论,不以势压人。

3.客观公正。不无中生有、夸大其词,不全盘否定,不意气处事。

4.因人因境。看对象,看场合,看时机。

(三)赞美和批评常用的方法

1.赞美的方法

直接赞美法,即用自己的言语直截了当地当面赞扬对方。只要客观、真诚,就会有好的效果。

间接赞美法,包括比较法、旁骛法、背后赞扬法、表情法等。

2.批评的方法

批评的方法包括建议希望法、关爱提醒法、赞扬法、询问商讨法、自承责任法、现身示范法、借他人口、打比方、旁敲侧击法、"三明治法"(肯定批评赞美结合)、直截了当法、震慑法。

教学案例:

一年前,我现在这个班刚进入一年级,有个性格孤僻的女生叫余灵,平时不怎么善于交际。下课就一门心思地在教室里看书,尽管她百般努力,也没见丝毫的进步。考试不及格对她来说是家常便饭。我也百思不得其解,某日从她家长口中得知:"她居然连晚上做梦都会说我做不来作业,紧接着伤心地哭醒。"家长的话让我沉思良久,为什么余灵会有那么大的学习压力?

回想之前叫她回答问题时,她都会吓得全身发抖,我曾屡次对她说"你都上一年级了还那么胆小,不如去读幼儿园算了!""我既没有打你,又没有骂你,你就哭哭啼啼的,真没用!"等一些伤害自尊的话。我开始意识到我不经意的话对她造成了伤害。换位思考,如果别人当众说我没用,我也会因此变得压抑,何况她还是个孩子。

我知道了我的教育方法存在问题,我开始关心她的一举一动。某自习课,我安排学生考试,我故意在办公室转一圈,之后又悄悄地到教室外观察学生的考试情况,发现教室里热火朝天像在赶集,甚至还有人在教室里追逐打闹。在我观察的过程中,我发现唯独余灵一人,一声不吭地写着卷子,任由旁边的人怎样说,她依旧对他们不理不睬,真是"两耳不闻窗外事,一心只读圣贤书"。我立刻走进教室总结了考试情况,表扬了余灵同学,并对这个特别的女生说:"你是一个遵守纪律的好学生,以后就由你来记录早自习哪些同学不认真。"她吞吞吐吐地说:"陈老师,我啊?"我肯定地说:"是啊!你能管好自己不说话,相信你在管好自己的同时也能管好别人。"她微微一笑地点了点头。

至今已是二年级,余灵同学通过自身的努力不仅当上了纪律委员,而且在学习成绩上也有了很大的进步,次次考试都名列前茅。

回想这件事,它时刻提醒我:教育学生要多鼓励、少批评,你的鼓励将成为激励学生不断前进的动力。

训练设计:

1.请分析下列事例中分别采用了什么赞美方法和批评方法。

《陶行知的四块糖果》(参见《湖北省普通话水平测试大纲》朗读作品6号)

育才小学校长陶行知在校园看到学生王友用泥块砸自己班上的同学,陶行知当即喝止了他,并令他放学后到校长室去。无疑,陶行知是要好好教育这个"顽皮"的学生。那么他是如何教育的呢?

放学后,陶行知来到校长室,王友已经等在门口准备挨训了。可一见面,陶行知却掏出一块糖果送给王友,并说:"这是奖给你的,因为你按时来到这里,而我却迟到了。"王友惊疑地接过糖果。

随后,陶行知又掏出第二块糖果放到他手里,说:"这第二块糖果也是奖给你的,因为当我不让你再打人时,你立即就住手了,这说明你很尊敬我,我应该奖你。"王友更惊疑了,他眼睛睁得大大的。

陶行知又掏出第三块糖果塞到王友手里,说:"我调查过了,你用泥块砸那些男生,是因为他们不守游戏规则,欺负女生;你砸他们,说明你很正直善良,且有批评不良行为的勇气,应该奖励你啊!"王友感动极了,他流着泪后悔地喊道:"陶……陶校长。你打我两下吧,我砸的不是坏人,而是自己的同学啊……"

陶行知满意地笑了。他随即掏出第四块糖果递给王友,说:"为你正确地认识错误,我再奖给你一块糖果,只可惜我只有这一块糖果了。我的糖果没有了,我看我们的谈话也该结束了吧!"说完,就走出了校长室。

2.讲讲生活中你赞美(批评)他人(或被他人赞美、批评)的事情经过以及心理效应。

三、沟通语

沟通语是指教师为了了解情况与学生沟通交流,并提出自己的建议,或引导学生自己找出解决问题的办法时使用的语言。

第一,学会共情。

共情是师生沟通的基础,如果教师与学生交流时能够做到共情,学生会更愿意向教师敞开心扉,教师就可以从学生的表达中听出潜在的信息和主要问题,获得关键的信息,进而提升沟通效果。

第二,注重语言艺术。

教师要多使用接纳性和鼓励性的语言,少使用批评、责备和学生难以接受的语言。如采用开放式的沟通语言,即"什么""怎么""你的意思是……"等,少用"为什么"来询问,慎提敏感问题。谈的过程中,教师还要以"好""是""原来如此"等语言来鼓励学生继续表达。

第三,发挥无声语言的魅力。

在交谈的过程中,教师要充分发挥无声语言在情感教育中的特殊魅力。如声音要热情、平稳而坚定,音量大小要适中;要面带微笑,表情开朗,下巴放松;要发挥眼睛是心灵的窗户的作用,善于以目传神、以目传情、以目传意。此外,教师可以用点头、身体前倾、皱眉等肢体动作来回应学生的表达。

【思考与练习】

1. 某同学家里本来就很困难,昨天又被人骗了 200 元,这是他一个月的生活费,她很痛苦,老师应该怎样安慰他?

2. 九(7)班是区优秀班集体,男女同学均爱好打篮球,而学校规定课余时间不能打篮球。当前面临的矛盾是学生爱好与学校规定相抵触。作为班主任,你该怎么办?

3. 学校为了不让学生摘花,规定摘一朵罚一块。一个学生摘了一朵,被老师看见了,老师说罚款一元,他还掏出两元说不用找啦! 假如你是老师,准备怎样对孩子进行说服教育?

4. 初中生不想继续上学,怎么进行说服教育?

附录一　普通话水平测试用朗读作品

作品1号

白 杨 礼 赞

那是力争上游的一种树,笔直的干,笔直的枝。它的干呢,通常是丈把高,像是加以人工似的,一丈以内,绝无旁枝;它所有的丫枝呢,一律向上,而且紧紧靠拢,也像是加以人工似的,成为一束,绝无横斜逸出;它的宽大的叶子也是片片向上,几乎没有斜生的,更不用说倒垂了;它的皮,光滑而有银色的晕圈,微微泛出淡青色。这是虽在北方的风雪的压迫下却保持着倔强挺立的一种树!哪怕只有碗那样粗细,它却努力向上发展,高到丈许,两丈,参天耸立,不折不挠,对抗着西北风。

这就是白杨树,西北极普通的一种树,然而绝不是平凡的树!

它没有婆娑的姿态,没有屈曲盘旋的虬枝,也许你要说它不美丽——如果美是专指“婆娑”或“横斜逸出”之类而言,那么白杨树算不得树中的好女子;但是它却是伟岸、正直、朴质、严肃,也不缺乏温和,更不用提它的坚强不屈与挺拔,它是树中的伟丈夫!当你在积雪初融的高原上走过,看见平坦的大地上傲然挺立这么一株或一排白杨树,难道你只觉得树只是树,难道你就不想到它的朴质、严肃、坚强不屈,至少也象征了北方的农民;难道你竟一点也不联想到,在敌后的广大土地上,到处有坚强不屈,就像这白杨树一样傲然挺立的守卫他们家乡的哨兵!难道你又不更远一点想到这样枝枝叶叶靠紧团结、力求上进的白杨树,宛然象征了今天在华北平原纵横决荡用血写出新中国历史的那种精神和意志。

——节选自茅盾《白杨礼赞》

作品 2 号

差 别

两个同龄的年轻人同时受雇于一家店铺,并且拿同样的薪水。

可是一段时间后,叫阿诺德的那个小伙子青云直上,而那个叫布鲁诺的小伙子却仍在原地踏步。布鲁诺很不满意老板的不公正待遇。终于有一天他到老板那儿发牢骚了。老板一边耐心地听着他的抱怨,一边在心里盘算着怎样向他解释清楚他和阿诺德之间的差别。

"布鲁诺先生,"老板开口说话了,"您现在到集市上去一下,看看今天早上有什么卖的。"

布鲁诺从集市上回来向老板汇报说,今早集市上只有一个农民拉了一车土豆在卖。

"有多少?"老板问。

布鲁诺赶快戴上帽子又跑到集市上,然后回来告诉老板一共四十袋土豆。

"价格是多少?"

布鲁诺又第三次跑到集市上问来了价格。

"好吧,"老板对他说,"现在请您坐到这把椅子上一句话也不要说,看看阿诺德怎么说。"

阿诺德很快就从集市上回来了,向老板汇报说到现在为止只有一个农民在卖土豆,一共四十口袋,价格是多少多少;土豆质量很不错,他带回来一个让老板看看。这个农民一个钟头以后还会弄来几箱西红柿,据他看价格非常公道。昨天他们铺子的西红柿卖得很快,库存已经不多了。他想这么便宜的西红柿,老板肯定会要进一些的,所以他不仅带回了一个西红柿做样品,而且把那个农民也带来了,他现在正在外面等回话呢。

此时老板转向了布鲁诺,说:"现在您肯定知道为什么阿诺德的薪水比您高了吧!"

——节选自张健鹏、胡足青主编《故事时代》中《差别》

作品 3 号

丑 石

我常常遗憾我家门前的那块丑石:它黑黝黝地卧在那里,牛似的模样;谁也不知道是什么时候留在这里的,谁也不去理会它。只是麦收时节,门前摊了麦子,奶奶总是说:这块丑石,多占地面呀,抽空把它搬走吧。

它不像汉白玉那样的细腻,可以刻字雕花,也不像大青石那样的光滑,可以供来浣纱捶布。它静静地卧在那里,院边的槐荫没有庇覆它,花儿也不再在它身边生长。荒草便繁衍出来,枝蔓上下,慢慢地,它竟锈上了绿苔、黑斑。我们这些做孩子的,也讨厌起它来,曾合伙要搬走它,但力气又不足;虽时时咒骂它,嫌弃它,也无可奈何,只好任它留在那里了。

终有一日,村子里来了一个天文学家。他在我家门前路过,突然发现了这块石头,眼光立即就拉直了。他再没有离开,就住了下来;以后又来了好些人,都说这是一块陨石,从天上落下来已经有二三百年了,是一件了不起的东西。不久便来了车,小心翼翼地将它运走了。

这使我们都很惊奇!这又怪又丑的石头,原来是天上的啊!它补过天,在天上发过热、闪过光,我们的先祖或许仰望过它,它给了他们光明、向往、憧憬;而它落下来了,在污土里,荒草里,一躺就是几百年了!

我感到自己的无知,也感到了丑石的伟大,我甚至怨恨它这么多年竟会默默地忍受着这一切!而我又立即深深地感到它那种不屈于误解、寂寞的生存的伟大。

——节选自贾平凹《丑石》

作品 4 号

达瑞的故事

在达瑞八岁的时候,有一天他想去看电影。因为没有钱,他想是向爸妈要钱,还是自己挣钱。最后他选择了后者。他自己调制了一种汽水,向过路的行人出售。可那时正是寒冷的冬天,没有人买,只有两个人例外——他的爸爸和妈妈。

　　他偶然有一个和非常成功的商人谈话的机会。当他对商人讲述了自己的"破产史"后,商人给了他两个重要的建议:一是尝试为别人解决一个难题;二是把精力集中在你知道的、你会的和你拥有的东西上。

　　这两个建议很关键。因为对于一个八岁的孩子而言,他不会做的事情很多。于是他穿过大街小巷,不停地思考:人们会有什么难题,他又如何利用这个机会?

　　一天,吃早饭时父亲让达瑞去取报纸。美国的送报员总是把报纸从花园篱笆的一个特制的管子里塞进来。假如你想穿着睡衣舒舒服服地吃早饭和看报纸,就必须离开温暖的房间,冒着寒风,到花园去取。虽然路短,但十分麻烦。

　　当达瑞为父亲取报纸的时候,一个主意诞生了。当天他就按响邻居的门铃,对他们说,每个月只需付给他一美元,他就每天早上把报纸塞到他们的房门底下。大多数人都同意了,很快他有了七十多个顾客。一个月后,当他拿到自己赚的钱时,觉得自己简直是飞上了天。

　　很快他又有了新的机会,他让他的顾客每天把垃圾袋放在门前,然后由他早上运到垃圾桶里,每个月加一美元。之后他还想出了许多孩子赚钱的办法,并把它集结成书,书名为《儿童挣钱的二百五十个主意》。为此,达瑞十二岁时就成了畅销书作家,十五岁有了自己的谈话节目,十七岁就拥有了几百万美元。

　　——节选自[德]博多·舍费尔《达瑞的故事》,刘志明译

作品 5 号

第 一 场 雪

　　这是入冬以来,胶东半岛上第一场雪。

　　雪纷纷扬扬,下得很大。开始还伴着一阵儿小雨,不久就只见大片大片的雪花,从彤云密布的天空中飘落下来。地面上一会儿就白了。冬天的山村,到了夜里就万籁俱寂,只听得雪花簌簌地不断往下落,树木的枯枝被雪压断了,偶尔咯吱一声响。

　　大雪整整下了一夜。今天早晨,天放晴了,太阳出来了。推开门一看,嗬!好大的雪啊!山川、河流、树木、房屋,全都罩上了一层厚厚的雪,万里江山,变成了粉妆玉砌的世界。落光了叶子的柳树上挂满了毛茸茸亮晶晶的银条儿;而

那些冬夏常青的松树和柏树上，则挂满了蓬松松沉甸甸的雪球儿。一阵风吹来，树枝轻轻地摇晃，美丽的银条儿和雪球儿簌簌地落下来，玉屑似的雪末儿随风飘扬，映着清晨的阳光，显出一道道五光十色的彩虹。

大街上的积雪足有一尺多深，人踩上去，脚底下发出咯吱咯吱的响声。一群群孩子在雪地里堆雪人，掷雪球儿。那欢乐的叫喊声，把树枝上的雪都震落下来了。

俗话说，"瑞雪兆丰年"。这个话有充分的科学根据，并不是一句迷信的成语。寒冬大雪，可以冻死一部分越冬的害虫；融化了的水渗进土层深处，又能供应庄稼生长的需要。我相信这一场十分及时的大雪，一定会促进明年春季作物，尤其是小麦的丰收。有经验的老农把雪比作是"麦子的棉被"。冬天"棉被"盖得越厚，明春麦子就长得越好，所以又有这样一句谚语："冬天麦盖三层被，来年枕着馒头睡。"

我想，这就是人们为什么把及时的大雪称为"瑞雪"的道理吧。

——节选自峻青《第一场雪》

作品 6 号

读书人是幸福人

我常想，读书人是世间幸福人，因为他除了拥有现实的世界之外，还拥有另一个更为浩瀚，也更为丰富的世界。现实的世界是人人都有的，而后一个世界却为读书人所独有。由此我想，那些失去阅读机会或不能阅读的人是多么不幸，他们的丧失是不可补偿的。世间有诸多的不平等，如财富的不平等、权力的不平等，而阅读能力的拥有或丧失却体现为精神的不平等。

一个人的一生，只能经历自己拥有的那一份欣悦，那一份苦难，也许再加上他亲自闻知的那一些关于自身以外的经历的经验。然而，人们通过阅读，却能进入不同时空的诸多他人的世界。这样，具有阅读能力的人，无形中获得了超越有限生命的无限可能性。阅读不仅使他多识了草木虫鱼之名，而且可以上溯远古下及未来，饱览存在的与非存在的奇风异俗。

更为重要的是，读书加惠于人们的不仅是知识的增广，而且还在于精神的感化与陶冶。人们从读书学做人，从那些往哲先贤以及当代才俊的著述中学得他们的人格。人们从《论语》中学得智慧的思考，从《史记》中学得严肃的历史精神，从《正气歌》中学得人格的刚烈，从马克思学得人世的激情，从鲁迅学得批判精神，从托尔斯泰学得道德的执着。歌德的诗句刻写着睿智的人生，拜伦的诗句呼唤着奋斗的热情。一个读书人，一个有机会拥有超乎个人生命体验的幸运人。

——节选自谢冕《读书人是幸福人》

作品 7 号

二十美金的价值

一天，爸爸下班回到家已经很晚了，他很累也有点儿烦，他发现五岁的儿子靠在门旁正等着他。

"爸，我可以问您一个问题吗？"

"什么问题？""爸，您一小时可以赚多少钱？""这与你无关，你为什么问这个问题？"父亲生气地说。

"我只是想知道，请告诉我，您一小时赚多少钱？"小孩儿哀求道。"假如你一定要知道的话，我一小时赚二十美金。"

"哦，"小孩儿低下了头，接着又说，"爸，可以借我十美金吗？"父亲发怒了："如果你只是要借钱去买毫无意义的玩具的话，给我回到你的房间睡觉去。好好想想为什么你会那么自私。我每天辛苦工作，没时间和你玩儿小孩子的游戏。"

小孩儿默默地回到自己的房间关上门。

父亲坐下来还在生气。后来，他平静下来了，心想他可能对孩子太凶了——或许孩子真的很想买什么东西，再说他平时很少要过钱。

父亲走进孩子的房间："你睡了吗？""爸，还没有，我还醒着。"孩子回答。

"我刚才可能对你太凶了，"父亲说，"我不应该发那么大的火儿——这是你要的十美金。""爸，谢谢您。"孩子高兴地从枕头下拿出一些被弄皱的钞票，慢慢地数着。

"为什么你已经有钱了还要？"父亲不解地问。

"因为原来不够，但现在凑够了。"孩子回答，"爸我现在有二十美金了，我可以向您买一个小时的时间吗？明天请早一点儿回家——我想和您一起吃晚餐。"

——节选自唐继柳编译《二十美金的价值》

作品 8 号

繁　星

我爱月夜，但我也爱星天。从前在家乡七八月的夜晚在庭院里纳凉的时候，我最爱看天上密密麻麻的繁星。望着星天，我就会忘记一切，仿佛回到了母亲的怀里似的。

三年前在南京我住的地方有一道后门，每晚我打开后门，便看见一个静寂的夜。下面是一片菜园，上面是星群密布的蓝天。星光在我们的肉眼里虽然微小，然而它使我们觉得光明无处不在。那时候我正在读一些天文学的书，也认得一些星星，好像它们就是我的朋友，它们常常在和我谈话一样。

如今在海上，每晚和繁星相对，我把它们认得很熟了。我躺在舱面上，仰望天空。深蓝色的天空里悬着无数半明半昧的星。船在动，星也在动，它们是这样低，真是摇摇欲坠呢！渐渐地我的眼睛模糊了，我好像看见无数萤火虫在我的周围飞舞。海上的夜是柔和的，是静寂的，是梦幻的。我望着许多认识的星，我仿佛看见它们在对我眨眼，我仿佛听见它们在小声说话。这时我忘记了一切。在星的怀抱中我微笑着，我沉睡着。我觉得自己是一个小孩子，现在睡在母亲的怀里了。

有一夜，那个在哥伦波上船的英国人指给我看天上的巨人。他用手指着：那四颗明亮的星是头，下面的几颗是身子，这几颗是手，那几颗是腿和脚，还有三颗星算是腰带。经他这一番指点，我果然看清楚了那个天上的巨人。看，那个巨人还在跑呢！

——节选自巴金《繁星》

205

作品 9 号

风筝畅想曲

假日到河滩上转转,看见许多孩子在放风筝。一根根长长的引线,一头系在天上,一头系在地上,孩子同风筝都在天与地之间悠荡,连心也被悠荡得恍恍惚惚了,好像又回到了童年。

儿时放的风筝,大多是自己的长辈或家人编扎的,几根削得很薄的篾,用细纱线扎成各种鸟兽的造型,糊上雪白的纸片,再用彩笔勾勒出面孔与翅膀的图案。通常扎得最多的是"老雕""美人儿""花蝴蝶"等。

我们家前院就有位叔叔,擅扎风筝,远近闻名。他扎得风筝不只体形好看,色彩艳丽,放飞得高远,还在风筝上绷一叶用蒲苇削成的膜片,经风一吹,发出"嗡嗡"的声响,仿佛是风筝的歌唱,在蓝天下播扬,给开阔的天地增添了无尽的韵味,给驰荡的童心带来几分疯狂。

我们那条胡同的左邻右舍的孩子们放的风筝几乎都是叔叔编扎的。他的风筝不卖钱,谁上门去要,就给谁,他乐意自己贴钱买材料。

后来,这位叔叔去了海外,放风筝也渐与孩子们远离了。不过年年叔叔给家乡写信,总不忘提起儿时的放风筝。香港回归之后,他的家信中说到,他这只被故乡放飞到海外的风筝,尽管飘荡游弋,经沐风雨,可那线头儿一直在故乡和亲人手中牵着,如今飘得太累了,也该要回归到家乡和亲人身边来了。

是的。我想,不光是叔叔,我们每个人都是风筝,在妈妈手中牵着,从小放到大,再从家乡放到祖国最需要的地方去啊!

——节选自李恒瑞《风筝畅想曲》

作品 10 号

父 亲 的 爱

爸不懂得怎样表达爱,使我们一家人融洽相处的是我妈。他只是每天上班下班,而妈则把我们做过的错事开列清单,然后由他来责骂我们。

有一次我偷了一块糖果,他要我把它送回去,告诉卖糖的说是我偷来的,说我愿意替他拆箱卸货作为赔偿。但妈妈却明白我只是个孩子。

我在运动场打秋千跌断了腿,在前往医院的途中一直抱着我的,是我妈。爸把汽车停在急诊室门口,他们叫他驶开,说那空位是留给紧急车辆停放的。爸听了便叫嚷道:"你以为这是什么车?旅游车?"

在我生日会上,爸总是显得有些不大相称。他只是忙于吹气球,布置餐桌,做杂务。把插着蜡烛的蛋糕推过来让我吹的,是我妈。

我翻阅照相册时,人们总是问:"你爸爸是什么样子的?"天晓得!他老是忙着替别人拍照。妈和我笑容可掬地一起拍的照片,多得不可胜数。

我记得妈有一次叫他教我骑自行车。我叫他别放手,但他却说是应该放手的时候了。我摔倒之后,妈跑过来扶我,爸却挥手要她走开。我当时生气极了,决心要给他点儿颜色看。于是我马上爬上自行车,而且自己骑给他看。他只是微笑。

我念大学时,所有的家信都是妈写的。他除了寄支票外,还寄过一封短柬给我,说因为我不在草坪上踢足球了,所以他的草坪长得很美。

每次我打电话回家,他似乎都想跟我说话,但结果总是说:"我叫你妈来接。"

我结婚时,掉眼泪的是我妈。他只是大声擤了一下鼻子,便走出房间。

我从小到大都听他说:"你到哪里去?什么时候回家?汽车有没有汽油?不,不准去。"爸完全不知道怎样表达爱,除非……

会不会是他已经表达了,而我却未能察觉?

——节选自〔美〕艾尔玛·邦贝克《父亲的爱》

作品 11 号

国家荣誉感

一个大问题一直盘踞在我脑袋里:

世界杯怎么会有如此巨大的吸引力?除去足球本身的魅力之外,还有什么超乎其上而更伟大的东西?

近来观看世界杯,忽然从中得到了答案:是由于一种无上崇高的精神情感——国家荣誉感!

地球上的人都会有国家的概念,但未必时时都有国家的感情。往往人到异国,思念家乡,心怀故国,这国家概念就变得有血有肉,爱国之情来得非常具体。而现代社会,科技昌达,信息快捷,事事上网,世界真是太小太小,国家的界限似乎也不那么清晰了。再说足球正在快速世界化,平日里各国球员频繁转会,往来随意,致使越来越多的国家联赛都具有国际的因素。球员们不论国籍,只效力于自己的俱乐部,他们比赛时的激情中完全没有爱国主义的因子。

然而,到了世界杯大赛,天下大变。各国球员都回国效力,穿上与光荣的国旗同样色彩的服装。在每一场比赛前,还高唱国歌以宣誓对自己祖国的挚爱与忠诚。一种血缘情感开始在全身的血管里燃烧起来,而且立刻热血沸腾。

在历史时代,国家间经常发生对抗,好男儿戎装卫国。国家的荣誉往往需要以自己的生命去换取。但在和平时代,唯有这种国家之间大规模对抗性的大赛,才可以唤起那种遥远而神圣的情感,那就是:为祖国而战!

——节选自冯骥才《国家荣誉感》

作品 12 号

海滨仲夏夜

夕阳落山不久,西方的天空,还燃烧着一片橘红色的晚霞。大海,也被这霞光染成了红色,而且比天空的景色更要壮观。因为它是活动的,每当一排排波浪涌起的时候,那映照在浪峰上的霞光,又红又亮,简直就像一片片霍霍燃烧着的火焰,闪烁着,消失了。而后面的一排,又闪烁着,滚动着,涌了过来。

天空的霞光渐渐地淡下去了,深红的颜色变成了绯红,绯红又变为浅红。最后,当这一切红光都消失了的时候,那突然显得高而远了的天空,则呈现出一片肃穆的神色。最早出现的启明星,在这蓝色的天幕上闪烁起来了。它是那么大,那么亮,整个广漠的天幕上只有它在那里放射着令人注目的光辉,活像一盏悬挂在高空的明灯。

夜色加浓,苍空中的"明灯"越来越多了。而城市各处的真的灯火也次第亮了起来,尤其是围绕在海港周围山坡上的那一片灯光,从半空倒映在乌蓝的海面上,随着波浪,晃动着,闪烁着,像一串流动着的珍珠,和那一片片密布在苍穹里的星斗互相辉映,煞是好看。

在这幽美的夜色中,我踏着软绵绵的沙滩,沿着海边,慢慢地向前走去。海水,轻轻地抚摸着细软的沙滩,发出温柔的刷刷声。晚来的海风,清新而又凉爽。我的心里,有着说不出的兴奋和愉快。

夜风轻飘飘地吹拂着,空气中飘荡着一种大海和田禾相混合的香味儿,柔软的沙滩上还残留着白天太阳炙晒的余温。那些在各个工作岗位上劳动了一天的人们,三三两两地来到了这软绵绵的沙滩上,他们浴着凉爽的海风,望着那缀满了星星的夜空,尽情地说笑,尽情地休憩。

——节选自峻青《海滨仲夏夜》

作品 13 号

海洋与生命

生命在海洋里诞生绝不是偶然的,海洋的物理和化学性质,使它成为孕育原始生命的摇篮。

我们知道,水是生物的重要组成部分,许多动物组织的含水量在百分之八十以上,而一些海洋生物的含水量高达百分之九十五。水是新陈代谢的重要媒介,没有它,体内的一系列生理和生物化学反应就无法进行,生命也就停止。因此,在短时期内动物缺水要比缺少食物更加危险。水对今天的生命是如此重要,它对脆弱的原始生命,更是举足轻重了。生命在海洋里诞生,就不会有缺水之忧。

水是一种良好的溶剂。海洋中含有许多生命所必需的无机盐,如氯化钠、氯化钾、碳酸盐、磷酸盐,还有溶解氧,原始生命可以毫不费力地从中吸取它所需要的元素。

水具有很高的热容量,加之海洋浩大,任凭夏季烈日曝晒,冬季寒风扫荡,它的温度变化却比较小。因此,巨大的海洋就像是天然的"温箱",是孕育原始生命的温床。

阳光虽然为生命所必需,但是阳光中的紫外线却有扼杀原始生命的危险。水能有效地吸收紫外线,因而又为原始生命提供了天然的"屏障"。

这一切都是原始生命得以产生和发展的必要条件。

——节选自童裳亮《海洋与生命》

作品 14 号

和时间赛跑

读小学的时候,我的外祖母去世了。外祖母生前最疼爱我,我无法排除自己的忧伤,每天在学校的操场上一圈儿又一圈儿地跑着,跑得累倒在地上,扑在草坪上痛哭。

那哀痛的日子,断断续续地持续了很久,爸爸妈妈也不知道如何安慰我。他们知道与其骗我说外祖母睡着了,还不如对我说实话:外祖母永远不会回来了。

"什么是永远不会回来呢?"我问着。

"所有时间里的事物,都永远不会回来。你的昨天过去,它就永远变成昨天,你不能再回到昨天。爸爸以前也和你一样小,现在也不能回到你这么小的童年了;有一天你会长大,你会像外祖母一样老;有一天你度过了你的时间,就永远不会回来了。"爸爸说。

爸爸等于给我一个谜语,这谜语比课本上的"日历挂在墙壁,一天撕去一页,使我心里着急"和"一寸光阴一寸金,寸金难买寸光阴"还让我感到可怕;也比作文本上的"光阴似箭,日月如梭"更让我觉得有一种说不出的滋味。

时间过得那么飞快,使我的小心眼儿里不只是着急,而是悲伤。有一天我放学回家,看到太阳快落山了,就下决心说:"我要比太阳更快地回家。"我狂奔回去,站在庭院前喘气的时候,看到太阳还露着半边脸,我高兴地跳跃起来,那一天我跑赢了太阳。以后我就时常做那样的游戏,有时和太阳赛跑,有时和西北风比快,有时一个暑假才能做完的作业,我十天就做完了;那时我三年级,常常把哥哥五年级的作业拿来做。每一次比赛胜过时间,我就快乐得不知道怎么形容。

如果将来我有什么要教给我的孩子,我会告诉他:假若你一起和时间比赛,你就可以成功!

——节选自林清玄《和时间赛跑》

作品 15 号

胡适的白话电报

三十年代初,胡适在北京大学任教授。讲课时他常常对白话文大加称赞,引起一些只喜欢文言文而不喜欢白话文的学生的不满。

一次,胡适正讲得得意的时候,一位姓魏的学生突然站了起来,生气地问:"胡先生,难道说白话文就毫无缺点吗?"胡适微笑着回答说:"没有。"那位学生更加激动了:"肯定有!白话文废话太多,打电报用字多,花钱多。"胡适的目光顿时变亮了,轻声地解释说:"不一定吧!前几天有位朋友给我打来电报,请我去政府部门工作,我决定不去,就回电拒绝了。复电是用白话写的,看来也很省字。请同学们根据我这个意思,用文言文写一个回电,看看究竟是白话文省字,还是文言文省字?"胡教授刚说完,同学们立刻认真地写了起来。

十五分钟过去,胡适让同学举手,报告用字的数目,然后挑了一份用字最少的文言电报稿,电文是这样写的:"才疏学浅,恐难胜任,不堪从命。"白话文的意思是:学问不深,恐怕很难担任这个工作,不能服从安排。

胡适说,这份写得确实不错,仅用了十二个字。但我的白话电报却只用了五个字:"干不了,谢谢!"

胡适又解释说:"干不了"就有才疏学浅、恐难胜任的意思;"谢谢"既对朋友的介绍表示感谢,又有拒绝的意思。所以,废话多不多,并不看它是文言文还是白话文,只要注意选用字词,白话文是可以比文言文更省字的。

——节选自陈灼主编的《桥梁:实用汉语中级教程(上)》中《胡适的白话电报》

作品 16 号

火 光

很久以前,在一个漆黑的秋天的夜晚,我泛舟在西伯利亚一条阴森森的河上。船到一个转弯处,只见前面黑黢黢的山峰下面一星火光蓦地一闪。

火光又明又亮,好像就在眼前……

"好啦,谢天谢地!"我高兴地说,"马上就到过夜的地方啦!"

船夫扭头朝身后的火光望了一眼,又不以为然地划起桨来。

"远着呢!"

我不相信他的话,因为火光冲破朦胧的夜色,明明就在那儿闪烁。不过船夫是对的,事实上,火光的确还远着呢。

这些黑夜的火光的特点是:驱散黑暗,闪闪发亮,近在眼前,令人神往。乍一看,再划几下就到了……其实却还远着呢!

我们在漆黑如墨的河上又划了很久。一个个峡谷和悬崖,迎面驶来,又向后移去,仿佛消失在茫茫的远方,而火光却依然停在前头,闪闪发亮,令人神往——依然是这么近,又依然是那么远……

现在,无论是这条被悬崖峭壁的阴影笼罩的漆黑的河流,还是那一星明亮的火光,都经常浮现在我的脑际,在这以前和在这以后,曾有许多火光,似乎近在咫尺,不只使我一人心驰神往。可是生活之河却仍然在那阴森森的两岸之间流着,而火光也依旧非常遥远。因此,必须加劲划桨……

然而,火光啊……毕竟……毕竟就在前头!

——节选自[俄]柯罗连科《火光》,张铁夫译

作品 17 号

济南的冬天

对于一个在北平住惯的人,像我,冬天要是不刮风,便觉得是奇迹;济南的冬天是没有风声的。对于一个刚由伦敦回来的人,像我,冬天要能看得见日光,便觉得是怪事;济南的冬天是响晴的。自然,在热带的地方,日光永远是那么毒,响亮的天气,反有点儿叫人害怕。可是,在北中国的冬天,而能有温晴的天气,济南真得算个宝地。

设若单单是有阳光,那也算不了出奇。请闭上眼睛想:一个老城,有山有水,全在天底下晒着阳光,暖和安适地睡着,只等春风来把它们唤醒,这是不是理想的境界?小山整把济南围了个圈儿,只有北边缺着点口儿。这一圈小山在冬天特别可爱,好像是把济南放在一个小摇篮里,它们安静不动地低声地说:"你们放心吧,这儿准保暖和。"真的,济南的人们在冬天是面上含笑的。他们一看那些小山,心中便觉得有了着落,有了依靠。他们由天上看到山上,便不知不觉地想起:明天也许就是春天了吧?这样的温暖,今天夜里山草也许就绿起来

了吧？就是这点儿幻想不能一时实现，他们也并不着急，因为这样慈善的冬天，干什么还希望别的呢！

最妙的是下点儿小雪呀。看吧，山上的矮松越发的青黑，树尖儿上顶着一髻儿白花，好像日本看护妇。山尖儿全白了，给蓝天镶上一道银边。山坡上，有的地方雪厚点儿，有的地方草色还露着；这样，一道儿白，一道儿暗黄，给山们穿上一件带水纹儿的花衣；看着看着，这件花衣好像被风儿吹动，叫你希望看见一点儿更美的山的肌肤。等到快日落的时候，微黄的阳光斜射在山腰上，那点儿薄雪好像忽然害羞，微微露出点儿粉色。就是下小雪吧，济南是受不住大雪的，那些小山太秀气。

——节选自老舍《济南的冬天》

作品 18 号

家 乡 的 桥

纯朴的家乡村边有一条河，曲曲弯弯，河中架一弯石桥，弓样的小桥跨两岸。

每天，不管是鸡鸣晓月，日丽中天，还是月华泻地，小桥都印下串串足迹，洒落串串汗珠。那是乡亲为了追求多棱的希望，兑现美好的遐想。弯弯小桥，不时荡过轻吟低唱，不时露出舒心的笑容。

因而，我稚小的心灵，曾将心声献给小桥：你是一弯银色的新月，给人间普照光辉；你是一把闪亮的镰刀，割刈着欢笑的花果；你是一根晃悠悠的扁担，挑起了彩色的明天！哦，小桥走进我的梦中。

我在漂泊他乡的岁月，心中总涌动着故乡的河水，梦中总看到弓样的小桥。当我访南疆探北国，眼帘闯进座座雄伟的长桥时，我的梦变得丰满了，增添了赤橙黄绿青蓝紫。

三十多年过去，我带着满头霜花回到故乡，第一紧要的便是去看望小桥。

啊！小桥呢？它躲起来了？河中一道长虹，浴着朝霞熠熠闪光。哦，雄浑的大桥敞开胸怀，汽车的呼啸、摩托的笛音、自行车的叮铃，合奏着进行交响乐；南来的钢筋、花布、北往的柑橙、家禽，绘出交流欢悦图……

啊！蜕变的桥，传递了家乡进步的消息，透露了家乡富裕的声音。时代的春风,美好的追求,我蓦地记起儿时唱给小桥的歌,哦,明艳艳的太阳照耀了,芳香甜蜜的花果捧来了,五彩斑斓的岁月拉开了!

我心中涌动的河水,激荡起甜美的浪花。我仰望一碧蓝天,心底轻声呼喊:家乡的桥啊,我梦中的桥!

——节选自郑莹《家乡的桥》

作品 19 号

坚守你的高贵

三百多年前,建筑设计师莱伊恩受命设计了英国温泽市政府大厅。他运用工程力学的知识,依据自己多年的实践,巧妙地设计了只用一根柱子支撑的大厅天花板。一年以后,市政府权威人士进行工程验收时,却说只用一根柱子支撑天花板太危险,要求莱伊恩再多加几根柱子。

莱伊恩自信只要一根坚固的柱子足以保证大厅安全,他的"固执"惹恼了市政官员,险些被送上法庭。他非常苦恼:坚持自己原先的主张吧,市政官员肯定会另找人修改设计;不坚持吧,又有悖自己为人的准则。矛盾了很长一段时间,莱伊恩终于想出了一条妙计,他在大厅里增加了四根柱子,不过这些柱子并未与天花板接触,只不过是装装样子。

三百多年过去了,这个秘密始终没有被人发现。直到前两年,市政府准备修缮大厅的天花板,才发现莱伊恩当年的"弄虚作假"。消息传出后,世界各国的建筑专家和游客云集,当地政府对此也不加掩饰,在新世纪到来之际,特意将大厅作为一个旅游景点对外开放,旨在引导人们崇尚和相信科学。

作为一名建筑师,莱伊恩并不是最出色的。但作为一个人,他无疑非常伟大。这种伟大表现在他始终恪守着自己的原则,给高贵的心灵一个美丽的住所,哪怕是遭遇到最大的阻力,也要想办法抵达胜利。

——节选自游宇明《坚守你的高贵》

作品 20 号

金　子

自从传言有人在萨文河畔散步时无意发现了金子后,这里便常有来自四面八方的淘金者。他们都想成为富翁,于是寻遍了整个河床,还在河床上挖出很多大坑,希望借助它们找到更多的金子。的确,有一些人找到了,但另外一些人因为一无所得而只好扫兴归去。

也有不甘心落空的,便驻扎在这里,继续寻找。彼得·弗雷特就是其中一员。他在河床附近买了一块没人要的土地,一个人默默地工作。他为了找金子,已把所有的钱都押在这块土地上。他埋头苦干了几个月,直到土地全变成了坑坑洼洼,他失望了——他翻遍了整块土地,但连一丁点儿金子都没看见。

六个月后,他连买面包的钱都没有了。于是他准备离开这儿到别处去谋生。

就在他即将离去的前一个晚上,天下起了倾盆大雨,并且一下就是三天三夜。雨终于停了,彼得走出小木屋,发现眼前的土地看上去好像和以前不一样:坑坑洼洼已被大水冲刷平整,松软的土地上长出一层绿茸茸的小草。

“这里没找到金子,”彼得忽有所悟地说,“但这土地很肥沃,我可以用来种花,并且拿到镇上去卖给那些富人,他们一定会买些花装扮他们华丽的客厅。如果真是这样的话,那么我一定会赚许多钱。有朝一日我也会成为富人……”

于是他留了下来。彼得花了不少精力培育花苗,不久,田地里长满了美丽娇艳的各色鲜花。

五年以后,彼得终于实现了他的梦想——成了一个富翁。“我是唯一的一个找到真金的人!”他时常不无骄傲地告诉别人,“别人在这儿找不到金子后便远远地离开,而我的‘金子’是在这块土地里,只有诚实的人用勤劳才能采集到。”

——节选自《金子》,陶猛译

作品 21 号

捐　诚

我在加拿大学习期间遇到过两次募捐,那情景至今使我难以忘怀。

一天,我在渥太华的街上被两个男孩子拦住去路。他们十来岁,穿得整整齐齐,每人头上戴着个做工精巧、色彩鲜艳的纸帽,上面写着"为帮助患小儿麻痹的伙伴募捐"。其中的一个,不由分说就坐在小凳上给我擦起皮鞋来,另一个则彬彬有礼地发问:"小姐,您是哪国人? 喜欢渥太华吗?""小姐,在你们国家有没有小孩儿患小儿麻痹? 谁给他们医疗费?"一连串的问题,使我这个有生以来头一次在众目睽睽之下让别人擦鞋的异乡人,从近乎狼狈的窘态中解脱出来。我们像朋友一样聊起天儿来……

几个月之后,也是在街上。一些十字路口处或车站坐着几位老人。他们满头银发,身穿各种老式军装,上面布满了大大小小形形色色的徽章、奖章,每人手捧一大束鲜花,有水仙、石竹、玫瑰及叫不出名字的,一色雪白。匆匆过往的行人纷纷止步,把钱投进这些老人身旁的白色木箱内,然后向他们微微鞠躬,从他们手中接过一朵花。我看了一会儿,有人投一两元,有人投几百元,还有人掏出支票填好后投进木箱。那些老军人毫不注意人们捐多少钱,一直不停地向人们低声道谢。同行的朋友告诉我,这是为纪念二次大战中参战的勇士,募捐救济残废军人和烈士遗孀,每年一次;认捐的人可谓踊跃,而且秩序井然,气氛庄严。有些地方,人们还耐心地排着队。我想,这是因为他们都知道:正是这些老人们的流血牺牲换来了包括他们信仰自由在内的许许多多。

我两次把那微不足道的一点儿钱捧给他们,只想对他们说声"谢谢"。

——节选自青白《捐诚》

作品 22 号

可爱的小鸟

没有一片绿叶,没有一缕炊烟,没有一粒泥土,没有一丝花香,只有水的世界,云的海洋。

一阵台风袭过,一只孤单的小鸟无家可归,落到被卷到洋里的木板上,乘流而下,姗姗而来,近了,近了!……

忽然,小鸟张开翅膀,在人们头顶盘旋了几圈儿,"噗啦"一声落到了船上。许是累了?还是发现了"新大陆"?水手撵它它不走,抓它,它乖乖地落在掌心。可爱的小鸟和善良的水手结成了朋友。

瞧,它多美丽,娇巧的小嘴,啄理着绿色的羽毛,鸭子样的扁脚,呈现出春草的鹅黄。水手们把它带到舱里,给它"搭铺",让它在船上安家落户,每天,把分到的一塑料筒淡水匀给它喝,把从祖国带来的鲜美的鱼肉分给它吃,天长日久,小鸟和水手的感情日趋笃厚。清晨,当第一束阳光射进舷窗时,它便敞开美丽的歌喉,唱啊唱,嘤嘤有韵,宛如春水淙淙。人类给它以生命,它毫不悭吝地把自己的艺术青春奉献给了哺育它的人。可能都是这样?艺术家们的青春只会献给尊敬他们的人。

小鸟给远航生活蒙上了一层浪漫色调。返航时,人们爱不释手,恋恋不舍地想把它带到异乡。可小鸟憔悴了,给水,不喝!喂肉,不吃!油亮的羽毛失去了光泽。是啊,我们有自己的祖国,小鸟也有它的归宿,人和动物都是一样啊,哪儿也不如故乡好!

慈爱的水手们决定放开它,让它回到大海的摇篮去,回到蓝色的故乡去。离别前,这个大自然的朋友与水手们留影纪念。它站在许多人的头上,肩上,掌上,胳膊上,与喂养过它的人们,一起融进那蓝色的画面……

——节选自王文杰《可爱的小鸟》

作品 23 号

课 不 能 停

纽约的冬天常有大风雪,扑面的雪花不但令人难以睁开眼睛,甚至呼吸都会吸入冰冷的雪花。有时前一天晚上还是一片晴朗,第二天拉开窗帘,却已经积雪盈尺,连门都推不开了。

遇到这样的情况,公司、商店常会停止上班,学校也通过广播,宣布停课。但令人不解的是,唯有公立小学,仍然开放。只见黄色的校车,艰难地在路边接孩子,老师则一大早就口中喷着热气,铲去车子前后的积雪,小心翼翼地开车去学校。

据统计,十年来纽约的公立小学只因为超级暴风雪停过七次课。这是多么令人惊讶的事。犯得着在大人都无须上班的时候让孩子去学校吗?小学的老师也太倒霉了吧?

于是,每逢大雪而小学不停课时,都有家长打电话去骂。妙的是,每个打电话的人,反应全一样——先是怒气冲冲地责问,然后满口道歉,最后笑容满面地挂上电话。原因是,学校告诉家长:

在纽约有许多百万富翁,但也有不少贫困的家庭。后者白天开不起暖气,供不起午餐,孩子的营养全靠学校里免费的中饭,甚至可以多拿些回家当晚餐。学校停课一天,穷孩子就受一天冻,挨一天饿,所以老师们宁愿自己苦一点儿,也不能停课。

或许有家长会说:何不让富裕的孩子在家里,让贫穷的孩子去学校享受暖气和营养午餐呢?

学校的答复是:我们不愿让那些穷苦的孩子感到他们是在接受救济,因为施舍的最高原则是保持受施者的尊严。

——节选自刘墉《课不能停》

作品 24 号

莲花和樱花

十年,在历史上不过是一瞬间。只要稍加注意,人们就会发现:在这一瞬间里,各种事物都悄悄经历了自己的千变万化。

这次重新访日,我处处感到亲切和熟悉,也在许多方面发觉了日本的变化。就拿奈良的一个角落来说吧,我重游了为之感受很深的唐招提寺,在寺内各处匆匆走了一遍,庭院依旧,但意想不到还看到了一些新的东西。其中之一,就是近几年从中国移植来的"友谊之莲"。

在存放鉴真遗像的那个院子里,几株中国莲昂然挺立,翠绿的宽大荷叶正迎风而舞,显得十分愉快。开花的季节已过,荷花朵朵已变为莲蓬累累。莲子的颜色正在由青转紫,看来已经成熟了。

我禁不住想:"因"已转化为"果"。

中国的莲花开在日本,日本的樱花开在中国,这不是偶然。我希望这样一种盛况延续不衰。可能有人不欣赏花,但决不会有人欣赏落在自己面前的炮弹。

在这些日子里,我看到了不少多年不见的老朋友,又结识了一些新朋友。大家喜欢涉及的话题之一,就是古长安和古奈良。那还用得着问吗,朋友们缅怀过去,正是瞩望未来。瞩目于未来的人们必将获得未来。

我不例外,也希望一个美好的未来。

为了中日人民之间的友谊,我将不浪费今后生命的每一瞬间。

——节选自严文井《莲花和樱花》

作品 25 号

绿

梅雨潭闪闪的绿色招引着我们;我们开始追捉她那离合的神光了。揪着草,攀着乱石,小心探身下去,又鞠躬过了一个石穹门,便到了汪汪一碧的潭边了。

瀑布在襟袖之间;但是我的心中已没有瀑布了。我的心随潭水的绿而摇荡。那醉人的绿呀! 仿佛一张极大极大的荷叶铺着,满是奇异的绿呀。我想张开两臂抱住她;但这是怎样一个妄想啊。

站在水边,望到那面,居然觉着有些远呢! 这平铺着,厚积着的绿,着实可爱。她松松的皱缬着,像少妇拖着的裙幅;她轻轻的摆弄着,像跳动的初恋的处女的心;她滑滑的明亮着,像涂了“明油”一般,有鸡蛋清那样软,那样嫩,令人想着所曾触过的最嫩的皮肤;她又不杂些尘滓,宛然一块温润的碧玉,只清清的一色——但你却看不透她!

我曾见过北京什刹海拂地的绿杨,脱不了鹅黄的底子,似乎太淡了。我又曾见过杭州虎跑寺近旁高峻而深密的“绿壁”,丛叠着无穷的碧草与绿叶的,那又似乎太浓了。其余呢,西湖的波太明了,秦淮河的也太暗了。可爱的,我将什么来比拟你呢? 我怎么比拟得出呢? 大约潭是很深的,故能蕴蓄着这样奇异的绿;仿佛蔚蓝的天融了一块在里面似的,这才这般的鲜润啊。

那醉人的绿呀! 我若能裁你以为带,我将赠给那轻盈的舞女,她必能临风飘举了。我若能挹你以为眼,我将赠给那善歌的盲妹,她必能明眸善睐了。我舍不得你;我怎舍得你呢? 我用手拍着你,抚摩着你,如同一个十二三岁的小姑娘。我又掬你入口,便是吻着她了。我送你一个名字,我从此叫你女儿绿,好吗?

第二次到仙岩的时候,我不禁惊诧于梅雨潭的绿了。

——节选自朱自清《绿》

作品 26 号

落 花 生

我们家的后园有半亩空地,母亲说:"让它荒着怪可惜的,你们那么爱吃花生,就开辟出来种花生吧。"我们姐弟几个都很高兴,买种,翻地,播种,浇水,没过几个月,居然收获了。

母亲说:"今晚我们过一个收获节,请你们父亲也来尝尝我们的新花生,好不好?"我们都说好。母亲把花生做成了好几样食品,还吩咐就在后园的茅亭里过这个节。

晚上天色不太好,可是父亲也来了,实在很难得。

父亲说:"你们爱吃花生吗?"

我们争着答应:"爱!"

"谁能把花生的好处说出来?"

姐姐说:"花生的味美。"

哥哥说:"花生可以榨油。"

我说:"花生的价钱便宜,谁都可以买来吃,都喜欢吃。这就是它的好处。"

父亲说:"花生的好处很多,有一样最可贵,它的果实埋在地里,不像桃子、石榴、苹果那样,把鲜红嫩绿的果实高高地挂在枝头上,使人一见就生爱慕之心。你们看它矮矮地长在地上,等到成熟了,也不能立刻分辨出来它有没有果实,必须挖出来才知道。"

我们都说是,母亲也点点头。

父亲接下去说:"所以你们要像花生,它虽然不好看,可是很有用,不是外表好看而没有实用的东西。"

我说:"那么,人要做有用的人,不要做只讲体面,而对别人没有好处的人了。"

父亲说:"对。这是我对你们的希望。"

我们谈到夜深才散。花生做的食品都吃完了,父亲的话却深深地印在我的心上。

——节选自许地山《落花生》

作品 27 号

麻　雀

我打猎归来,沿着花园的林荫路走着,狗跑在我前边。

忽然,狗放慢脚步,蹑足潜行,好像嗅到了前边有什么野物。

我顺着林荫路望去,看见了一只嘴边还带黄色,头上生着柔毛的小麻雀。风猛烈地吹打着林荫路上的白桦树,麻雀从巢里跌落下来,呆呆地伏在地上,孤立无援地张开两只羽毛还未丰满的小翅膀。

我的狗慢慢向它靠近,忽然,从附近一棵树上飞下一只黑胸脯的老麻雀,像一颗石子似的落到狗的跟前。老麻雀全身倒竖着羽毛,惊慌万状,发出绝望、凄惨的叫声,接着向露出牙齿、大张着的狗嘴扑去。

老麻雀是猛扑下来救护幼雀的。它用身体掩护着自己的幼儿……但它整个小小的身体因恐怖而战栗着!它小小的声音也变得粗暴嘶哑。它在牺牲自己!

在它看来,狗该是多么庞大的怪物啊!然而它还是不能站在自己高高的安全的树枝上……一种比它的理智更强烈的力量,使它从那儿扑下身来。

我的狗站住了,向后退了退……看来,它也感到了这种力量。

我赶紧唤住惊慌失措的狗,然后我怀着崇敬的心情,走开了。

是啊,请不要见笑。我崇敬那只小小的、英勇的鸟儿,我崇敬它那种爱的冲动和力量。

爱,我想,比死和死的恐惧更强大,只有依靠它,依靠这种爱,生命才能维持下去,发展下去。

——节选自[俄]屠格涅夫《麻雀》,巴金译

作品 28 号

迷 途 笛 音

那年我六岁。离我家仅一箭之遥的小山坡旁,有一个早已被废弃的采石场,双亲从来不准我去那儿,其实那儿风景十分迷人。

一个夏季的下午,我随着一群小伙伴偷偷上那儿去了。就在我们穿越了一条孤寂的小路后,他们却把我一个人留在原地,然后奔向"更危险的地带"了。

等他们走后,我惊慌失措地发现,再也找不到要回家的那条孤寂的小道了。像只无头的苍蝇,我到处乱钻,衣裤上挂满了芒刺。太阳已落山,而此时此刻,家里一定开始吃晚餐了,双亲正盼着我回家……想着想着,我不由得背靠着一棵树,伤心地呜呜大哭起来……

突然,不远处传来了声声柳笛。我像找到了救星,急忙循声走去。一条小道边的树桩上坐着一位吹笛人,手里还正削着什么。走近细看,他不就是被大家称为"乡巴佬儿"的卡廷吗?

"你好,小家伙儿,"卡廷说,"看天气多美,你是出来散步的吧?"

我怯生生地点点头,答道:"我要回家了。"

"请耐心等上几分钟,"卡廷说,"瞧,我正在削一支柳笛,差不多就要做好了,完工后就送给你吧!"

卡廷边削边不时把尚未成形的柳笛放在嘴里试吹一下。没过多久,一支柳笛便递到我手中。我俩在一阵阵清脆悦耳的笛音中,踏上了归途……

当时,我心中只充满感激,而今天,当我自己也成了祖父时,却突然领悟到他用心之良苦!那天当他听到我的哭声时,便判定我一定迷了路,但他并不想在孩子面前扮演"救星"的角色,于是吹响柳笛以便让我能发现他,并跟着他走出困境!就这样,卡廷先生以乡下人的纯朴,保护了一个小男孩儿强烈的自尊。

——节选自《迷途笛音》,唐若水译

作品 29 号

莫 高 窟

在浩瀚无垠的沙漠里,有一片美丽的绿洲,绿洲里藏着一颗闪光的珍珠。

这颗珍珠就是敦煌莫高窟。它坐落在我国甘肃省敦煌市三危山和鸣沙山的怀抱中。

鸣沙山东麓是平均高度为十七米的崖壁。在一千六百多米长的崖壁上,凿有大小洞窟七百余个,形成了规模宏伟的石窟群。其中四百九十二个洞窟中,共有彩色塑像两千一百余尊,各种壁画共四万五千多平方米。莫高窟是我国古代无数艺术匠师留给人类的珍贵文化遗产。

莫高窟的彩塑,每一尊都是一件精美的艺术品。最大的有九层楼那么高,最小的还不如一个手掌大。这些彩塑个性鲜明,神态各异。有慈眉善目的菩萨,有威风凛凛的天王,还有强壮勇猛的力士……

莫高窟壁画的内容丰富多彩,有的是描绘古代劳动人民打猎、捕鱼、耕田、收割的情景,有的是描绘人们奏乐、舞蹈、演杂技的场面,还有的是描绘大自然的美丽风光。其中最引人注目的是飞天。壁画上的飞天,有的臂挎花篮,采摘鲜花;有的反弹琵琶,轻拨银弦;有的倒悬身子,自天而降;有的彩带飘拂,漫天遨游;有的舒展着双臂,翩翩起舞。看着这些精美动人的壁画,就像走进了灿烂辉煌的艺术殿堂。

莫高窟里还有一个面积不大的洞窟——藏经洞。洞里曾藏有我国古代的各种经卷、文书、帛画、刺绣、铜像等共六万多件。由于清朝政府腐败无能,大师珍贵的文物被外国强盗掠走。仅存的部分经卷,现在陈列于北京故宫等处。

莫高窟是举世闻名的艺术宝库。这里的每一尊彩塑、每一幅壁画、每一件文物,都是中国古代人民智慧的结晶。

——节选自小学《语文》第六册中的《莫高窟》

作品 30 号

牡丹的拒绝

其实你在很久以前并不喜欢牡丹,因为它总被人作为富贵膜拜。后来你目睹了一次牡丹的落花,你相信所有的人都会为之感动:一阵清风徐来,妖艳鲜嫩的盛期牡丹忽然整朵整朵地坠落,铺撒一地绚丽的花瓣。那花瓣落地时依然鲜艳夺目,如同一只奉上祭坛的大鸟脱落的羽毛,低吟着壮烈的悲歌离去。

牡丹没有花谢花败之时,要么烁于枝头,要么归于泥土,它跨越委顿和衰老,由青春而死亡,由美丽而消遁。它虽美却不吝惜生命,即使告别也要展示给人最后一次的惊心动魄。

所以在这阴冷的四月里,奇迹不会发生。任凭游人扫兴和诅咒,牡丹依然安之若素。它不苟且、不俯就、不妥协、不媚俗,甘愿自己冷落自己。它遵循自己的花期、自己的规律,它有权利为自己选择每年一度的盛大节日。它为什么不拒绝寒冷?

天南海北的看花人,依然络绎不绝地涌入洛阳城。人们不会因牡丹的拒绝而拒绝它的美。如果它再被贬谪十次,也许它就会繁衍出十个洛阳牡丹城。

于是你在无言的遗憾中感悟到,富贵与高贵只是一字之差。同人一样,花儿也是有灵性的,更有品位之高低。品位这东西为气为魂为筋骨为神韵,只可意会。你叹服牡丹卓尔不群之姿,方知品位是多么容易被世人忽略或是漠视的美。

——节选自张抗抗《牡丹的拒绝》

作品 31 号

"能吞能吐"的森林

森林涵养水源,保持水土,防止水旱灾害的作用非常大。据专家测算,一片十万亩面积的森林,相当于一个两百万立方米的水库,这正如农谚所说的:"山上多栽树,等于修水库。雨多它能吞,雨少它能吐。"

说起森林的功劳,那还多得很。它除了为人类提供木材及许多种生产、生活的原料之外,在维护生态环境方面也是功劳卓著,它用另一种"能吞能吐"的特殊功能孕育了人类。因为地球在形成之初,大气中的二氧化碳含量很高,氧气很少,气温也高,生物是难以生存的。大约在四亿年之前,陆地才产生了森林。森林慢慢将大气中的二氧化碳吸收,同时吐出新鲜氧气,调节气温:这才具备了人类生存的条件,地球上才最终有了人类。

森林,是地球生态系统的主体,是大自然的总调度室,是地球的绿色之肺。森林维护地球生态环境的这种"能吞能吐"的特殊功能是其他任何物体都不能取代的。然而,由于地球上的燃烧物增多,二氧化碳的排放量急剧增加,使得地球生态环境急剧恶化,主要表现为全球气候变暖,水分蒸发加快,改变了气流的循环,使气候变化加剧,从而引发热浪、飓风、暴雨、洪涝及干旱。

为了使地球的这个"能吞能吐"的绿色之肺能恢复健壮,以改善生态环境,抑制全球变暖,减少水旱等自然灾害,我们应该大力造林、护林,使每一座荒山都绿起来。

——节选自《中考语文课外阅读试题精选》中《"能吞能吐"的森林》

作品 32 号

朋友和其他

朋友即将远行。

暮春时节,又邀了几位朋友在家小聚,虽然都是极熟的朋友,却是终年难得一见,偶尔电话里相遇,也无非是几句寻常话。一锅小米稀饭,一碟大头菜,一盘自家酿制的泡菜,一只巷口买回的烤鸭,简简单单,不像请客,倒像家人团聚。

其实,友情也好,爱情也好,久而久之都会转化为亲情。

说也奇怪,和新朋友会谈文学、谈哲学、谈人生道理等等,和老朋友却只话家常,柴米油盐,细细碎碎,种种琐事。很多时候,心灵的契合已经不需要太多的言语来表达。

朋友新烫了个头,不敢回家见母亲,恐怕惊骇了老人家,却欢天喜地来见我们,老朋友颇能以一种趣味性的眼光欣赏这个改变。

年少的时候,我们差不多都在为别人而活,为苦口婆心的父母活,为循循善诱的师长活,为许多观念、许多传统的约束力而活。年岁逐增,渐渐挣脱外在的限制与束缚,开始懂得为自己活,照自己的方式做一些自己喜欢的事,不在乎别人的批评意见,不在乎别人的诋毁流言,只在乎那一分随心所欲的舒坦自然。偶尔,也能够纵容自己放浪一下,并且有一种恶作剧的窃喜。

就让生命顺其自然,水到渠成吧,犹如窗前的乌桕,自生自落之间,自有一分圆融丰满的喜悦。春雨轻轻落着,没有诗,没有酒,有的只是一分相知相属的自在自得。

夜色在笑语中渐渐沉落,朋友起身告辞,没有挽留,没有送别,甚至也没有问归期。

已经过了大喜大悲的岁月,已经过了伤感流泪的年华,知道了聚散原来是这样的自然和顺理成章,懂得这点,便懂得珍惜每一次相聚的温馨,离别便也欢喜。

——节选自杏林子《朋友和其他》

作品 33 号

散　步

我们在田野散步:我,我的母亲,我的妻子和儿子。

母亲本不愿出来的。她老了,身体不好,走远一点儿就觉得很累。我说,正因为如此,才应该多走走。母亲信服地点点头,便去拿外套。她现在很听我的话,就像我小时候很听她的话一样。

这南方初春的田野,大块小块的新绿随意地铺着,有的浓,有的淡,树上的嫩芽也密了,田里的冬水也咕咕地起着水泡。这一切都使人想着一样东西——生命。

我和母亲走在前面,我的妻子和儿子走在后面。小家伙突然叫起来:"前面是妈妈和儿子,后面也是妈妈和儿子。"我们都笑了。

后来发生了分歧,母亲要走大路,大路平顺;我的儿子要走小路,小路有意思。不过,一切都取决于我。我的母亲老了,她早已习惯听从她强壮的儿子;我的儿子还小,他还习惯听从他高大的父亲;妻子呢,在外面,她总是听我的。一霎时我感到了责任的重大。我想找一个两全的办法,找不出;我想拆散一家人,分成两路,各得其所,终不愿意。我决定委屈儿子,因为我伴同他的时日还长。我说:"走大路。"

但是母亲摸摸孙儿的小脑瓜儿,变了主意:"还是走小路吧。"她的眼随小路望去:那里有金色的菜花,两行整齐的桑树,尽头一口水波粼粼的鱼塘。"我走不过去的地方,你就背着我。"母亲对我说。

这样,我们在阳光下,向着那菜花、桑树和鱼塘走去。到了一处,我蹲下来,背起了母亲;妻子也蹲下来,背起了儿子。我和妻子都是慢慢地,稳稳地,走得很仔细,好像我背上的同她背上的加起来,就是整个世界。

——节选自莫怀戚《散步》

作品 34 号

神秘的"无底洞"

地球上是否真的存在"无底洞"？按说地球是圆的,由地壳、地幔和地核三层组成,真正的"无底洞"是不应存在的,我们所看到的各种山洞、裂口、裂缝,甚至火山口也都只是地壳浅部的一种现象。然而中国一些古籍却多次提到海外有个深奥莫测的无底洞。事实上地球上确实有这样一个"无底洞"。

它位于希腊亚各斯古城的海滨。由于濒临大海,大涨潮时,汹涌的海水便会排山倒海般地涌入洞中,形成一股湍湍的急流。据测,每天流入洞内的海水量达三万多吨。奇怪的是,如此大量的海水灌入洞中,却从来没有把洞灌满。曾有人怀疑,这个"无底洞",会不会就像石灰岩地区的漏斗、竖井、落水洞一类的地形。然而从二十世纪三十年代以来,人们就做了多种努力企图寻找它的出口,却都是枉费心机。

为了揭开这个秘密,一九五八年美国地理学会派出一支考察队,他们把一种经久不变的带色染料溶解在海水中,观察染料是如何随着海水一起沉下去。接着又察看了附近海面以及岛上的各条河、湖,满怀希望地寻找这种带颜色的水,结果令人失望。难道是海水量太大把有色水稀释得太淡,以致无法发现？

至今谁也不知道为什么这里的海水会没完没了地"漏"下去,这个"无底洞"的出口又在哪里,每天大量的海水究竟都流到哪里去了？

——节选自[美]罗伯特·罗威尔《神秘的"无底洞"》

作品 35 号

世间最美的坟墓

我在俄国见到的景物再没有比托尔斯泰墓更宏伟、更感人的了。

后事就这样办了,完全按照托尔斯泰的愿望;他的坟墓成了世间最美的、给人印象最深刻的坟墓。它只是树林中的一个小小的长方形土丘,上面开满鲜花——没有十字架,没有墓碑,没有墓志铭,连托尔斯泰这个名字也没有。

这个比谁都感到受自己的声名所累的伟人,却像偶尔被发现的流浪汉,不为人知的士兵,不留名姓地被人埋葬了。谁都可以踏进他最后的安息地,围在四周的稀疏的木栅栏是不关闭的——保护列夫·托尔斯泰得以安息的没有任何别的东西,唯有人们的敬意;而通常,人们却总是怀着好奇,去破坏伟人墓地的宁静。

这里,逼人的朴素禁锢住任何一种观赏的闲情,并且不容许你大声说话。风儿俯临,在这座无名者之墓的树木之间飒飒响着,和暖的阳光在坟头嬉戏;冬天,白雪温柔地覆盖这片幽暗的土地。无论你在夏天还是冬天经过这儿,你都想象不到,这个小小的、隆起的长方体里安放着一位当代最伟大的人物。

然而,恰恰是这座不留姓名的坟墓,比所有挖空心思用大理石和奢华装饰建造的坟墓更扣人心弦。在今天这个特殊的日子里,到他的安息地来的成百上千人中间,没有一个有勇气,哪怕仅仅从这幽暗的土丘上摘下一朵花留作纪念。人们重新感到,世界上再没有比托尔斯泰最后留下的、这座纪念碑式的朴素坟墓,更打动人心的了。

——节选自[奥]茨威格《世间最美的坟墓》,张仁厚译

作品 36 号

苏 州 园 林

我国的建筑,从古代的宫殿到近代的一般住房,绝大部分是对称的,左边怎么样,右边怎么样。苏州园林可绝不讲究对称,好像故意避免似的。东边有了一个亭子或者一道回廊,西边决不会来一个同样的亭子或者一道同样的回廊。这是为什么? 我想,用图画来比方,对称的建筑是图案画,不是美术画,而园林是美术画,美术画要求自然之趣,是不讲究对称的。

苏州园林里都有假山和池沼。

假山的堆叠,可以说是一项艺术而不仅是技术。或者是重峦叠嶂,或者是几座小山配合着竹子花木,全在乎设计者和匠师们生平多阅历,胸中有丘壑,才能使游览者攀登的时候忘却苏州城市,只觉得身在山间。

至于池沼,大多引用活水。有些园林池沼宽敞,就把池沼作为全园的中心,其他景物配合着布置。水面假如成河道模样,往往安排桥梁。假如安排两座以上的桥梁,那就一座一个样,决不雷同。

池沼或河道的边沿很少砌齐整的石岸,总是高低屈曲任其自然。还在那儿

布置几块玲珑的石头,或者种些花草。这也是为了取得从各个角度看都成一幅画的效果。池沼里养着金鱼或各色鲤鱼,夏秋季节荷花或睡莲开放,游览者看"鱼戏莲叶间",又是入画的一景。

——节选自叶圣陶《苏州园林》

作品 37 号

态度创造快乐

一位访美中国女作家,在纽约遇到一位卖花的老太太。老太太穿着破旧,身体虚弱,但脸上的神情却是那样祥和兴奋。女作家挑了一朵花说:"看起来,你很高兴。"老太太面带微笑地说:"是的,一切都这么美好,我为什么不高兴呢?""对烦恼,你倒真能看得开。"女作家又说了一句。没料到,老太太的回答更令女作家大吃一惊:"耶稣在星期五被钉上十字架时,是全世界最糟糕的一天,可三天后就是复活节。所以,当我遇到不幸时,就会等待三天,这样一切就恢复正常了。"

"等待三天",多么富于哲理的话语,多么乐观的生活方式。它把烦恼和痛苦抛下,全力去收获快乐。

沈从文在二十世纪六七十年代,陷入了困窘的境地。可他毫不在意,他在咸宁时给他的表侄、画家黄永玉写信说:"这里的荷花真好,你若来……"身陷苦难却仍为荷花的盛开欣喜赞叹不已,这是一种趋于澄明的境界,一种旷达洒脱的胸襟,一种面临磨难坦荡从容的气度。一种对生活童子般的热爱和对美好事物无限向往的生命情感。

由此可见,影响一个人快乐的,有时并不是困境及磨难,而是一个人的心态。如果把自己浸泡在积极、乐观、向上的心态中,快乐必然会占据你的每一天。

——节选自《态度创造快乐》

作品 38 号

泰 山 极 顶

泰山极顶看日出,历来被描绘成十分壮观的奇景。有人说:登泰山而看不到日出,就像一出大戏没有戏眼,味儿终究有点儿寡淡。

我去爬山那天,正赶上个难得的好天,万里长空,云彩丝儿都不见,素常,烟雾腾腾的山头,显得眉目分明。同伴们都欣喜地说:"明天早晨准可以看见日出了。"我也是抱着这种想头,爬上山去。

一路从山脚往上爬,细看山景,我觉得挂在眼前的不是五岳独尊的泰山,却像一幅规模惊人的青绿山水画,从下面倒展开来。在画卷中最先露出的是山根底那座明朝建筑岱宗坊,慢慢地便现出王母池、斗母宫、经石峪……山是一层比一层深,一叠比一叠奇,层层叠叠,不知还会有多深多奇。万山丛中,时而点染着极其工细的人物。王母池旁的吕祖殿里有不少尊明塑,塑着吕洞宾等一些人,姿态神情是那样有生气,你看了,不禁会脱口赞叹说:"活啦。"

画卷继续展开,绿荫森森的柏洞露面不太久,便来到对松山。两面奇峰对峙着,满山峰都是奇形怪状的老松,年纪怕都上千岁了,颜色竟那么浓,浓得好像要流下来似的。来到这儿你不妨权当一次画里的写意人物,坐在路旁的对松亭里,看看山色,听听流水和松涛。一时间,我又觉得自己不仅是在看画卷,却又像是在零零乱乱翻动着一卷历史稿本。

——节选自杨朔《泰山极顶》

作品 39 号

陶行知的四块糖果

育才小学校长陶行知在校园看到学生王友用泥块砸自己班上的同学,陶行知当即喝止了他,并令他放学后到校长室去。无疑,陶行知是要好好教育这个"顽皮"的学生。那么他是如何教育的呢?

放学后,陶行知来到校长室,王友已经等在门口准备挨训了。可一见面,陶行知却掏出一块糖果送给王友,并说:"这是奖给你的,因为你按时来到这里,而我却迟到了。"王友惊疑地接过糖果。

随后,陶行知又掏出第二块糖果放到他手里,说:"这第二块糖果也是奖给你的,因为当我不让你再打人时,你立即就住手了,这说明你很尊敬我,我应该奖你。"王友更惊疑了,他眼睛睁得大大的。

陶行知又掏出第三块糖果塞到王友手里,说:"我调查过了,你用泥块砸那些男生,是因为他们不守游戏规则,欺负女生;你砸他们,说明你很正直善良,且有批评不良行为的勇气,应该奖励你啊!"王友感动极了,他流着泪后悔地喊道:"陶……陶校长。你打我两下吧,我砸的不是坏人,而是自己的同学啊……"

陶行知满意地笑了。他随即掏出第四块糖果递给王友,说:"为你正确地认识错误,我再奖给你一块糖果,只可惜我只有这一块糖果了。我的糖果没有了,我看我们的谈话也该结束了吧!"说完,就走出了校长室。

——节选自《教师博览·百期精华》中《陶行知的四块糖果》

作品 40 号

提 醒 幸 福

享受幸福是需要学习的,当它即将来临的时刻需要提醒。人可以自然而然地学会感官的享乐,却无法天生地掌握幸福的韵律。灵魂的快意同器官的舒适像一对孪生兄弟,时而相傍相依,时而南辕北辙。

幸福是一种心灵的震颤。它像会倾听音乐的耳朵一样,需要不断地训练。

简而言之,幸福就是没有痛苦的时刻。它出现的频率并不像我们想象的那样少。人们常常只是在幸福的金马车已经驶过去很远时,捡起地上的金鬃毛说,原来我见过它。

人们喜爱回味幸福的标本,却忽略它披着露水散发清香的时刻。那时候我们往往步履匆匆,瞻前顾后不知在忙着什么。

世上有预报台风的,有预报蝗灾的,有预报瘟疫的,有预报地震的。没有人预报幸福。其实幸福和世界万物一样,有它的征兆。

幸福常常是朦胧的,很有节制地向我们喷洒甘霖。你不要总希望轰轰烈烈的幸福,它多半只是悄悄地扑面而来。你也不要企图把水龙头拧得更大,那样它会很快地流失。你需要静静地以平和之心,体验它的真谛。

幸福绝大多数是朴素的。它不会像信号弹似的,在很高的天际闪烁红色的光芒。它披着本色的外衣,亲切温暖地包裹起我们。

幸福不喜欢喧嚣浮华,它常常在暗淡中降临。贫困中相濡以沫的一块糕饼,患难中心心相印的一个眼神,父亲一次粗糙的抚摸,女友一张温馨的字条……这都是千金难买的幸福啊。像一粒粒缀在旧绸子上的红宝石,在凄凉中愈发熠熠夺目。

——节选自毕淑敏《提醒幸福》

作品 41 号

天才的造就

在里约热内卢的一个贫民窟里,有一个男孩子,他非常喜欢足球,可是又买不起,于是就踢塑料盒,踢汽水瓶,踢从垃圾箱里拣来的椰子壳。他在胡同里踢,在能找到的任何一片空地上踢。

有一天,当他在一处干涸的水塘里猛踢一个猪膀胱时,被一位足球教练看见了。他发现这个男孩儿踢得很像是那么回事,就主动提出要送给他一个足球。小男孩儿得到足球后踢得更卖劲了。不久,他就能准确地把球踢进远处随意摆放的一个水桶里。

圣诞节到了,孩子的妈妈说:"我们没有钱买圣诞礼物送给我们的恩人,就让我们为他祈祷吧。"

小男孩儿跟随妈妈祈祷完毕,向妈妈要了一把铲子便跑了出去。他来到一座别墅前的花园里,开始挖坑。

就在他快要挖好坑的时候,从别墅里走出一个人来,问小孩儿在干什么,孩子抬起满是汗珠的脸蛋儿,说:"教练,圣诞节到了,我没有礼物送给您,我愿给您的圣诞树挖一个树坑。"

教练把小男孩儿从树坑里拉上来,说,我今天得到了世界上最好的礼物。明天你就到我的训练场去吧。

三年后,这位十七岁的男孩儿在第六届足球锦标赛上独进二十一球,为巴西第一次捧回了金杯。一个原来不为世人所知的名字——贝利,随之传遍世界。

——节选自刘燕敏《天才的造就》

作品 42 号

我的母亲独一无二

记得我十三岁时,和母亲住在法国东南部的耐斯城。母亲没有丈夫,也没有亲戚,够清苦的,但她经常能拿出令人吃惊的东西,摆在我面前。她从来不吃肉,一再说自己是素食者。然而有一天,我发现母亲正仔细地用一小块碎面包擦那给我煎牛排用的油锅。我明白了她称自己为素食者的真正原因。

我十六岁时,母亲成了耐斯市美蒙旅馆的女经理。这时,她更忙碌了。一天,她瘫在椅子上,脸色苍白,嘴唇发灰。马上找来医生,做出诊断:她摄取了过多的胰岛素。直到这时我才知道母亲多年一直对我隐瞒的疾病——糖尿病。

她的头歪向枕头一边,痛苦地用手抓挠胸口。床架上方,则挂着一枚我一九三二年赢得耐斯市少年乒乓球冠军的银质奖章。

啊,是对我的美好前途的憧憬支撑着她活下去,为了给她那荒唐的梦至少加一点真实的色彩,我只能继续努力,与时间竞争,直至一九三八年我被征入空军。巴黎很快失陷,我辗转调到英国皇家空军,刚到英国就接到了母亲的来信。这些信是由在瑞士的一个朋友秘密地转到伦敦,送到我手中的。

现在我要回家了,胸前佩戴着醒目的绿黑两色的解放十字绶带,上面挂着五六枚我终生难忘的勋章,肩上还佩戴着军官肩章。到达旅馆时,没有一个人跟我打招呼。原来,我母亲在三年半以前就已经离开人间了。

在她死前的几天中,她写了近二百五十封信,把这些信交给她在瑞士的朋友,请这个朋友定时寄给我。就这样,在母亲死后的三年半的时间里,我一直从她身上吸取着力量和勇气——这使我能够继续战斗到胜利那一天。

——节选自[法]罗曼·加里《我的母亲独一无二》

作品 43 号

我 的 信 念

生活对于任何人都非易事,我们必须有坚韧不拔的精神。最要紧的,还是我们自己要有信心。我们必须相信,我们对每一件事情都具有天赋的才能,并且,无论付出任何代价,都要把这件事完成,当事情结束的时候,你要能问心无愧地说:"我已经尽我所能了。"

有一年的春天,我因病被迫在家里休息数周。我注视着我的女儿们所养的蚕正在结茧,这使我很感兴趣。望着这些蚕执着地、勤奋地工作,我感到和它们非常相似。像它们一样,我总是耐心地把自己的努力集中在一个目标上。我之所以如此,或许是因为有某种力量在鞭策着我——正如蚕被鞭策着去结茧一般。

近五十年来,我致力于科学研究,而研究,就是对真理的探讨。我有许多美好快乐的记忆。少女时期我在巴黎大学,孤独地过着求学的岁月;在后来献身科学的整个时期,我丈夫和我专心致志,像在梦幻中一般,坐在简陋的书房里艰辛地研究,后来我们就在那里发现了镭。

我永远追求安静的工作和简单的家庭生活。为了实现这个理想,我竭力保持宁静的环境,以免受人事的干扰和盛名的拖累。

我深信,在科学方面我们有对事业而不是对财富的兴趣。我的唯一奢望是在一个自由国家中,以一个自由学者的身份从事研究工作。

我一直沉醉于世界的优美之中,我所热爱的科学也不断增加它崭新的远景。我认定科学本身就具有伟大的美。

——节选自［波兰］玛丽·居里《我的信念》,剑捷译

作品 44 号

我为什么当教师

我为什么非要教书不可?是因为我喜欢当教师的时间安排表和生活节奏。七、八、九三个月给我提供了进行回顾、研究、写作的良机,并将三者有机融合,而善于回顾、研究和总结正是优秀教师素质中不可缺少的成分。

干这行给了我多种多样的"甘泉"去品尝,找优秀的书籍去研读,到"象牙塔"和实际世界里去发现。教学工作给我提供了继续学习的时间保证,以及多种途径、机遇和挑战。

然而,我爱这一行的真正原因,是爱我的学生。学生们在我的眼前成长变化。当教师意味着亲历"创造"过程的发生——恰似亲手赋予一团泥土以生命,没有什么比目睹它开始呼吸更激动人心的了。

权利我也有了:我有权利去启发诱导,去激发智慧的火花,去问费心思考的问题,去赞扬回答的尝试,去推荐书籍,去指点迷津。还有什么别的权利能与之相比呢?

而且,教书还给我金钱和权利之外的东西,那就是爱心。不仅有对学生的爱,对书籍的爱,对知识的爱,还有老师才能感受到的对"特别"学生的爱。这些学生,有如冥顽不灵的泥块,由于接受了老师的炽爱才勃发了生机。

所以,我爱教书,还因为,在那些勃发生机的"特别"学生身上,我有时发现自己和他们呼吸相通,忧乐与共。

——节选自[美]彼得·基·贝得勒《我为什么当教师》

作品 45 号

西部文化和西部开发

西部是华夏文明的源头。华夏祖先的脚步是顺着水边走的:长江上游出土过元谋人牙齿化石,距今约一百七十万年;黄河中游出土过蓝田人头盖骨,距今约七十万年。这两处古人类都比距今约五十万年的北京猿人资格更老。

西部地区是华夏文明的重要发源地。秦皇汉武以后,东西方文化在这里交汇融合,从而有了丝绸之路的驼铃声声,佛院深寺的暮鼓晨钟。敦煌莫高窟是世界文化史上的一个奇迹,它在继承汉晋艺术传统的基础上,形成了自己兼收并蓄的恢宏气度,展现出精美绝伦的艺术形式和博大精深的文化内涵。秦始皇兵马俑、西夏王陵、楼兰古国、布达拉宫、三星堆、大足石刻等历史文化遗产,同样为世界所瞩目,成为中华文化重要的象征。

西部地区又是少数民族及其文化的集萃地,几乎包括了我国所有的少数民族。在一些偏远的少数民族地区,仍保留了一些久远时代的艺术品种,成为珍贵的"活化石",如纳西古乐、戏曲、剪纸、刺绣、岩画等民间艺术和宗教艺术。特色鲜明、丰富多彩,犹如一个巨大的民族民间文化艺术宝库。

我们要充分重视和利用这些得天独厚的资源优势,建立良好的民族民间文化生态环境,为西部大开发做出贡献。

——节选自《中考语文课外阅读试题精选》中《西部文化和西部开发》

作品 46 号

喜　悦

高兴，这是一种具体的被看得到摸得着的事物所唤起的情绪。它是心理的，更是生理的。它容易来也容易去，谁也不应该对它视而不见失之交臂，谁也不应该总是做那些使自己不高兴也使旁人不高兴的事。让我们说一件最容易做也最令人高兴的事吧，尊重你自己，也尊重别人，这是每一个人的权利，我还要说这是每一个人的义务。

快乐，它是一种富有概括性的生存状态、工作状态。它几乎是先验的，它来自生命本身的活力，来自宇宙、地球和人间的吸引，它是世界的丰富、绚丽、阔大、悠久的体现。快乐还是一种力量，是埋在地下的根脉。消灭一个人的快乐比挖掘掉一棵大树的根要难得多。

欢欣，这是一种青春的、诗意的情感。它来自面向着未来伸开双臂奔跑的冲力，它来自一种轻松而又神秘、朦胧而又隐秘的激动，它是激情即将到来的预兆，它又是大雨过后的比下雨还要美妙得多也久远得多的回味…

喜悦，它是一种带有形而上色彩的修养的境界。与其说它是一种情绪，不如说它是一种智慧，一种超拔，一种悲天悯人的宽容和理解，一种饱经沧桑的充裕和自信，一种光明的理性，一种坚定的成熟，一种战胜了烦恼和庸俗的清明澄澈。它是一潭清水，它是一抹朝霞，它是无边的平原，它是沉默的地平线。多一点儿、再多一点儿喜悦吧，它是翅膀，也是归巢。它是一杯美酒，也是一朵永远开不败的莲花。

——节选自王蒙《喜悦》

作品 47 号

香港最贵的一棵树

在湾仔，香港最热闹的地方，有一棵榕树。它是最贵的一棵树，不光在香港，在全世界，都是最贵的。

树，活的树，又不卖，何言其贵？只因它老，它粗，是个香港百年沧桑的活见证，香港人不忍看着它被砍伐，或者被移走，便跟要占用这片山坡的建筑者谈条件:可以在这儿建大楼盖商厦,但一不准砍树,二不准挪树,必须把它原地精心养起来,成为香港闹市中的一景。太古大厦的建设者最后签了合同,占用这个大山坡建豪华商厦的先决条件是同意保护这棵老树。

树长在半山坡上,计划将树下面的成千上万吨山石全部掏空取走,腾出地方来盖楼。把树架在大楼上面,仿佛它原本是长在楼顶似的。建设者就地造了一个直径十八米、深十米的大花盆,先固定好这棵老树,再在大花盆底下盖楼,光这一项就花了两千三百八十九万港币,这也堪称是最昂贵的保护措施了。

太古大厦落成之后,人们可以乘滚动扶梯一次到位,来到太古大厦的顶层。出后门,那儿是一片自然景色。一棵大树出现在人们面前,树干有一米半粗,树冠直径足有二十多米,独木成林,非常壮观,形成一座以它为中心的小公园,取名叫"榕圃"。树前面插着铜牌,说明缘由。此情此景,如不看铜牌的说明,绝对想不到巨树根底下还有一座宏伟的现代大楼。

——节选自舒乙《香港最贵的一棵树》

作品48号

鸟 的 天 堂

我们的船渐渐地逼近榕树了。我有机会看清它的真面目:是一棵大树,有数不清的丫枝,枝上又生根,有许多根一直垂到地上,伸进泥土里。一部分树枝垂到水面,从远处看,就像一棵大树斜躺在水面上一样。

现在正是枝繁叶茂的时节。这棵榕树好像在把它的全部生命力展示给我们看。那么多的绿叶,一簇堆在另一簇的上面,不留一点缝隙。翠绿的颜色明亮地在我们的眼前闪耀,似乎每一片树叶上都有一个新的生命在颤动,这美丽的南国的树!

船在树下泊了片刻,岸上很湿,我们没有上去。朋友说这里是"鸟的天堂",有许多鸟在这棵树上做窝,农民不许人去捉它们。我仿佛听见几只鸟扑翅的声音,但是等到我的眼睛注意地看那里时,我却看不见一只鸟的影子。只有无数的树根立在地上,像许多根木桩。地是湿的,大概涨潮时河水常常冲上岸去。"鸟的天堂"里没有一只鸟,我这样想到。船开了,一个朋友拨着船,缓缓地流到河中间去。

第二天,我们划着船到一个朋友的家乡去,就是那个有山有塔的地方。从学校出发,我们又经过那"鸟的天堂"。

这一次是在早晨,阳光照在水面上,也照在树梢上。一切都显得非常光明。我们的船也在树下泊了片刻。

起初周围非常清静。后来忽然起了一声鸟叫。我们把手一拍,便看见一只大鸟飞了起来,接着又看见第二只,第三只。我们继续拍掌,很快地这个树林就变得很热闹了。到处都是鸟声,到处都是鸟影。大的,小的,花的,黑的,有的站在枝上叫,有的飞起来,在扑翅膀。

——节选自巴金《鸟的天堂》

作品 49 号

野　草

有这样一个故事。

有人问:世界上什么东西的气力最大?回答纷纭得很,有的说"象",有的说"狮",有人开玩笑似的说:是"金刚"。金刚有多少气力,当然大家全不知道。

结果,这一切答案完全不对,世界上气力最大的,是植物的种子。一粒种子所可以显现出来的力,简直是超越一切。

这又是一个故事。

人的头盖骨,结合得非常致密与坚固,生理学家和解剖学者用尽了一切的方法,要把它完整地分出来,都没有这种气力。后来忽然有人发明了一个方法,就是把一些植物的种子放在要剖析的头盖骨里,给它以温度与湿度,使它发芽。一发芽,这些种子便以可怕的力量,将一切机械力所不能分开的骨骼,完整地分开了。植物种子的力量之大,如此如此。

这,也许特殊了一点儿,常人不容易理解。那么,你看见笋的成长吗?你看见过被压在瓦砾和石块下面的一棵小草的生长吗?它为着向往阳光,为着达成它的生之意志,不管上面的石块如何重,石与石之间如何狭,它必定要曲曲折折地,但是顽强不屈地透到地面上来,它的根往土壤钻,它的芽往地面挺。这是一种不可抗的力,阻止它的石块,结果也被它掀翻。一粒种子的力量之大,如此如此。

　　没有一个人将小草叫做"大力士"，但是它的力量之大，的确是世界无比。这种力，是一般人看不见的生命力。只要生命存在，这种力就要显现，上面的石块，丝毫不足以阻挡。因为它是一种"长期抗战"的力，有弹性，能屈能伸的力，有韧性，不达目的不止的力。

——节选自夏衍《野草》

作品 50 号

一　分　钟

　　著名教育家班杰明曾经接到一个青年人的求教电话，并与那个向往成功、渴望指点的青年人约好了见面的时间和地点。

　　待那个青年如约而至时，班杰明的房门敞开着，眼前的景象令青年人颇感意外——班杰明的房间里乱七八糟，狼藉一片。

　　没等青年人开口，班杰明就招呼道："你看我这房间，太不整洁了，请你在门外等候一分钟，我收拾一下，你再进来吧。"一边说着，班杰明就轻轻关上了房门。

　　不到一分钟的时间，班杰明就又打开了房门并热情地把青年人让进客厅。这时，青年人的眼前展现出另一番景象——房间里的一切已变得井然有序，而且有两杯刚刚倒好的红酒，在淡淡的香水气息里还漾着微波。

　　可是，没等青年人把满腹的有关人生和事业的疑难问题向班杰明讲出来，班杰明就非常客气地说道："干杯。你可以走了。"

　　青年人手持酒杯一下子愣住了，既尴尬又非常遗憾地说："可是，我……我还没向您请教呢……"

　　"这些……难道还不够吗？"班杰明一边微笑着一边扫视着自己的房间，轻言细语地说，"你进来又有一分钟了。"

　　"一分钟……一分钟……"青年人若有所思地说，"我懂了，您让我明白了一分钟的时间可以做许多事情，可以改变许多事情的深刻道理。"

　　班杰明舒心地笑了。青年人把杯里的红酒一饮而尽，向班杰明连连道谢之后,开心地走了。

其实,把握好了生命中的每一分钟,也就是把握了理想的人生。

——节选自纪广洋《一分钟》

作品 51 号

一个美丽的故事

有个塌鼻子的小男孩儿,因为两岁时得过脑炎,智力受损,学习起来很吃力。打个比方,别人写作文能写二三百字,他却只能写三五行。但即便这样的作文,他同样能写得很动人。

那是一次作文课,题目是《愿望》。他极其认真地想了半天,然后极认真地写,那作文极短,只有三句话:我有两个愿望,第一个是,妈妈天天笑眯眯地看着我说"你真聪明";第二个是,老师天天笑眯眯地看着我说"你一点儿也不笨"。

于是就是这篇作文,深深地打动了他的老师,那位妈妈式的老师不仅给了他最高分,在班上带感情朗读了这篇作文,还一笔一画地批道:你很聪明,你的作文写得非常感人,请放心,妈妈肯定会格外喜欢你的,老师肯定会格外喜欢你的,大家肯定会格外喜欢你的。

捧着作文本,他笑了,蹦蹦跳跳地回家了,像只喜鹊。但他并没有把作文本拿给妈妈看,他是在等待,等待着一个美好的时刻。

那个时刻终于到了,是妈妈的生日——一个阳光灿烂的星期天。那天,他起得特别早,把作文本装在一个亲手做的美丽的大信封里,等着妈妈醒来。妈妈刚刚睁眼醒来,他就笑眯眯地走到妈妈跟前说:"妈妈,今天是您的生日,我要送给您一件礼物。"

果然,看着这篇作文,妈妈甜甜地涌出了两行热泪,一把搂住小男孩儿,搂得很紧很紧。是的,智力可以受损,但爱永远不会。

——节选自张玉庭《一个美丽的故事》

作品 52 号

永远的记忆

　　小学的时候,有一次我们去海边远足,妈妈没有做便饭,给了我十块钱买午餐。好像走了很久,很久,终于到海边了,大家坐下来便吃饭,荒凉的海边没有商店,我一个人跑到防风林外面去,级任老师要大家把吃剩的饭菜分给我一点儿。有两三个男生留下一点儿给我,还有一个女生,她的米饭拌了酱油,很香。我吃完的时候,她笑眯眯地看着我,短头发,脸圆圆的。

　　她的名字叫翁香玉。

　　每天放学的时候,她走的是经过我们家的一条小路,带着一位比她小的男孩儿,可能是弟弟。小路边是一条清澈见底的小溪,两旁竹阴覆盖,我总是远远地跟在后面。夏日的午后特别炎热,走到半路她会停下来,拿手帕在溪水里浸湿,为小男孩儿擦脸。我也在后面停下来,把肮脏的手帕弄湿了擦脸,再一路远远地跟着她回家。

　　后来我们家搬到镇上去了,过几年我也上了中学。有一天放学回家,在火车上,看见斜对面一位短头发、圆圆脸的女孩,一身素净的白衣黑裙。我想她一定不认识我了。火车很快到站了,我随着人群挤向门口,她也走近了,叫我的名字。这是她第一次和我说话。

　　她笑眯眯的,和我一起走过月台。以后就没有再见过她了。

　　这篇文章收在我出版的《少年心事》这本书里。

　　书出版后半年,有一天我忽然收到出版社转来的一封信,信封上是陌生的字迹,但清楚地写着我本名。

　　信里面说她看到了这篇文章心里非常激动,没想到在离开家乡,漂泊异地这么久之后,会看见自己仍然在一个人的记忆里,她自己也深深记得这其中的每一幕,只是没想到越过遥远的时空,竟然另一个人也深深记得。

——节选自苦苓《永远的记忆》

作品 53 号

语言的魅力

在繁华的巴黎大街的路旁,站着一个衣衫褴褛、头发斑白、双目失明的老人。他不像其他乞丐那样伸手向过路行人乞讨,而是在身旁立一块木牌,上面写着:"我什么也看不见!"街上过往的行人很多,看了木牌上的字都无动于衷,有的还淡淡一笑,便姗姗而去了。

这天中午,法国著名诗人让·彼浩勒也经过这里。他看看木牌上的字,问盲老人:"老人家,今天上午有人给你钱吗?"

盲老人叹息着回答:"我,我什么也没有得到。"说着,脸上的神情非常悲伤。

让·彼浩勒听了,拿起笔悄悄地在那行字的前面添上了"春天到了,可是"几个字,就匆匆地离开了。

晚上,让·彼浩勒又经过这里,问那个盲老人下午的情况。盲老人笑着回答说:"先生,不知为什么,下午给我钱的人多极了!"让·彼浩勒听了,摸着胡子满意地笑了。

"春天到了,可是我什么也看不见!"这富有诗意的语言,产生这么大的作用,就在于它有非常浑厚的感情色彩。是的,春天是美好的,那蓝天白云,那绿树红花,那莺歌燕舞,那流水人家,怎么不叫人陶醉呢?但这良辰美景,对于一个双目失明的人来说,只是一片漆黑。当人们想到这个盲老人,一生中竟连万紫千红的春天都不曾看到,怎能不对他产生同情之心呢?

——节选自王大赫、郭全斌《语言的魅力》

作品 54 号

赠你四味长寿药

有一次,苏东坡的朋友张鹗拿着一张宣纸来求他写一幅字,而且希望他写一点儿关于养生方面的内容。苏东坡思索了一会儿,点点头说:"我得到了一个养生长寿古方,药只有四味,今天就赠给你吧。"于是,东坡的狼毫在纸上挥洒起来,上面写着:"一曰无事以当贵,二曰早寝以当富,三曰安步以当车,四曰晚食以当肉。"

这哪里有药? 张鹗一脸茫然地问。苏东坡笑着解释说,养生长寿的要诀,全在这四句里面。

所谓"无事以当贵",是指人不要把功名利禄、荣辱过失考虑得太多,如能在情志上潇洒大度,随遇而安,无事以求,这比富贵更能使人终其天年。

"早寝以当富",指吃好穿好、财货充足,并非就能使你长寿。对老年人来说,养成良好的起居习惯,尤其是早睡早起,比获得任何财富更加宝贵。

"安步以当车",指人不要过于讲求安逸、肢体不劳,而应多以步行来替代骑马乘车,多运动才可以强健体魄,通畅气血。

"晚食以当肉",意思是人应该用已饥方食、未饱先止代替对美味佳肴的贪吃无厌。他进一步解释,饿了以后才进食,虽然是粗茶淡饭,但其香甜可口会胜过山珍;如果饱了还要勉强吃,即使美味佳肴摆在眼前也难以下咽。

苏东坡的四味"长寿药",实际上是强调了情志、睡眠、运动、饮食四个方面对养生长寿的重要性,这种养生观点即使在今天仍然值得借鉴。

——节选自蒲昭和《赠你四味长寿药》

作品 55 号

站在历史的枝头微笑

人活着,最要紧的是寻觅到那片代表着生命绿色和人类希望的丛林,然后选一高高的枝头站在那里观览人生,消化痛苦,孕育歌声,愉悦世界!

这可真是一种潇洒的人生态度,这可真是一种心境爽朗的情感风貌。

站在历史的枝头微笑,可以减免许多烦恼。在那里,你可以从众生相所包含的甜酸苦辣、百味人生中寻找你自己,你境遇中的那点儿苦痛,也许相比之下,再也难以占据一席之地,你会较容易地获得从不悦中解脱灵魂的力量,使之不致变得灰色。

人站得高些,不但能有幸早些领略到希望的曙光,还能有幸发现生命的立体的诗篇。每一个人的人生,都是这诗篇中的一个词、一个句子或者一个标点。你可能没有成为一个美丽的词,一个引人注目的句子,一个惊叹号,但你依然是这生命的立体诗篇中的一个音节、一个停顿、一个必不可少的组成部分。这足以使你放弃前嫌,萌生为人类孕育新的歌声的兴致,为世界带来更多的诗意。

最可怕的人生见解,是把多维的生存图景看成平面。因为那平面上刻下的大多是凝固了的历史——过去的遗迹;但活着的人们,活得却是充满着新生智慧的,由不断逝去的"现在"组成的未来。人生不能像某些鱼类躺着游,人生也不能像某些兽类爬着走,而应该站着向前行,这才是人类应有的生存姿态。

——节选自[美]本杰明·拉什《站在历史的枝头微笑》

作品 56 号

中国的宝岛——台湾

中国的第一大岛、台湾省的主岛台湾,位于中国大陆架的东南方,地处东海和南海之间,隔着台湾海峡和大陆相望。天气晴朗的时候,站在福建沿海较高的地方,就可以隐隐约约地望见岛上的高山和云朵。

台湾岛形状狭长,从东到西,最宽处只有一百四十多公里;由南至北,最长的地方有三百九十多公里。地形像一个纺织用的梭子。

台湾岛上的山脉纵贯南北,中间的中央山脉犹如全岛的脊梁。西部为海拔近四千米的玉山山脉,是中国东部的最高峰。全岛约有三分之一的地方是平地,其余为山地。岛内有缎带般的,蓝宝石似的湖泊,四季常青的森林和果园,自然景色十分优美。西南部的阿里山和日月潭,台北市郊的大屯山风景区,都是闻名世界的游览胜地。

台湾岛地处热带和温带之间,四面环海,雨水充足,气温受到海洋的调剂,冬暖夏凉,四季如春,这给水稻和果木生长提供了优越的条件。水稻、甘蔗、樟脑是台湾的"三宝"。

岛上还是一个闻名世界的"蝴蝶王国"。岛上的蝴蝶共有四百多个品种,其中有不少是世界稀有的珍贵品种。岛上还有不少鸟语花香的蝴蝶谷,岛上居民利用蝴蝶制作的标本和艺术品,远销许多国家。

——节选自《中国的宝岛——台湾》

作品 57 号

中 国 的 牛

对于中国的牛,我有着一种特别尊敬的感情。

留给我印象最深的,要算在田垄上的一次"相遇"。

一群朋友郊游,我领头在狭窄的阡陌上走,怎料迎面来了几头耕牛,狭道容不下人和牛,终有一方要让路。它们还没有走近,我们已经预计斗不过畜生,恐怕难免踩到田地泥水里,弄得鞋袜又泥又湿了。正踟蹰的时候,带头的一头牛,在离我们不远的地方停下来,抬起头看看,稍迟疑一下,就自动走下田去,一队耕牛,全跟着它离开阡陌,从我们身边经过。

我们都呆了,回过头来,看着深褐色的牛队,在路的尽头消失,忽然觉得自己受了很大的恩惠。

中国的牛,永远沉默地为人做着沉重的工作。在大地上,在晨光或烈日下,它拖着沉重的犁,低头一步又一步,拖出了身后一列又一列松土,好让人们下种。等到满地金黄或农闲时候,它可能还得担当搬运负重的工作,或终日绕着石磨,朝同一方向,走不计程的路。

在它沉默的劳动中,人便得到应得的收成。

那时候,也许,它可以松一肩重担,站在树下,吃几口嫩草。偶尔摇摇尾巴,摆摆耳朵,赶走飞附身上的苍蝇,已经算是它最闲适的生活了。

中国的牛,没有成群奔跑的习惯,永远沉沉实实的,默默地工作,平心静气,这就是中国的牛。

——节选自小思《中国的牛》

作品 58 号

住 的 梦

不管我的梦想能否成为事实,说出来总是好玩儿的。

春天,我将要住在杭州。二十年前,旧历的二月初,在西湖我看见了嫩柳与菜花,碧浪与翠竹。由我看到的那点儿春光,已经可以断定,杭州的春天必定会教人整天生活在诗与图画之中。所以,春天我的家应当是在杭州。

夏天,我想青城山应当算作最理想的地方。在那里,我虽然只住过十天,可是它的幽静已拴住了我的心灵。在我所看见过的山水中,只有这里没有使我失望。到处都是绿,目之所及,那片淡而光润的绿色都在轻轻地颤动,仿佛要流入空中与心中似的。这个绿色会像音乐,涤清了心中的万虑。

秋天一定要住北平。天堂是什么样子,我不知道,但是从我的生活经验去判断,北平之秋便是天堂。论天气,不冷不热。论吃的,苹果、梨、柿子、枣儿、葡萄,都每样有若干种。论花草,菊花种类之多,花式之奇,可以甲天下。西山有红叶可见,北海可以划船——虽然荷花已残,荷叶可还有一片清香。衣、食、住、行,在北平的秋天,是没有一项不使人满意的。

冬天,我还没有打好主意,成都或者相当得合适,虽然并不怎样和暖,可是为了水仙,素心蜡梅,各色的茶花,仿佛就受一点儿寒冷,也颇值得去了。昆明的花也多,而且天气比成都好,可是旧书铺与精美而便宜的小吃远不及成都的那么多。好吧,就暂这么规定:冬天不住成都便住昆明吧。

在抗战中,我没能发国难财。我想,抗战胜利以后,我必能阔起来。那时候,假若飞机减价,一二百元就能买一架的话,我就自备一架,择黄道吉日慢慢地飞行。

——节选自老舍《住的梦》

作品 59 号

紫藤萝瀑布

我不由得停住了脚步。

从未见过开得这样盛的藤萝,只见一片辉煌的淡紫色,像一条瀑布,从空中垂下,不见其发端,也不见其终极,只是深深浅浅的紫,仿佛在流动,在欢笑,在不停地生长。紫色的大条幅上,泛着点点银光,就像迸溅的水花。仔细看时,才知那是每一朵紫花中的最浅谈的部分,在和阳光互相挑逗。

这里除了光彩,还有淡淡的芳香。香气似乎也是浅紫色的,梦幻一般轻轻地笼罩着我。忽然记起十多年前,家门外也曾有过一大株紫藤萝,它依傍一株枯槐爬得很高,但花朵从来都稀落,东一穗西一串伶仃地挂在树梢,好像在察言观色,试探什么。后来索性连那稀零的花串也没有了。园中别的紫藤花架也都拆掉,改种了果树。那时的说法是,花和生活腐化有着必然关系。我曾遗憾地想:这里再看不见藤萝花了。

过了这么多年,藤萝又开花了,而且开得这样盛,这样密,紫色的瀑布遮住了粗壮的盘虬卧龙般的枝干,不断地流着,流着,流向人的心底。

花和人都会遇到各种各样的不幸,但是生命的长河是无止境的。我抚摸了一下那小小的紫色的花舱,那里满装了生命的酒酿,它张满了帆,在这闪光的花的河流上航行。它是万花中的一朵,也正是由每一个一朵,组成了万花灿烂的流动的瀑布。

在这浅紫色的光辉和浅紫色的芳香中,我不觉加快了脚步。

——节选自宗璞《紫藤萝瀑布》

作品 60 号

最糟糕的发明

在一次名人访问中,被问及上个世纪最重要的发明是什么时,有人说是电脑,有人说是汽车,等等。但新加坡的一位知名人士却说是冷气机。他解释,如果没有冷气,热带地区如东南亚国家,就不可能有很高的生产力,就不可能达到今天的生活水准。他的回答实事求是,有理有据。

看了上述报道,我突发奇想:为什么没有记者问"二十世纪最糟糕的发明是什么?"其实,二〇〇二年十月中旬,英国的一家报纸就评出了"人类最糟糕的发明"。获此"殊荣"的,就是人们每天大量使用的塑料袋。

诞生于上个世纪三十年代的塑料袋,其家族包括用塑料制成的快餐饭盒、包装纸、餐用杯盘、饮料瓶、酸奶杯、雪糕杯,等等。这些废弃物形成的垃圾,数量多、体积大、重量轻、不降解,给治理工作带来很多技术难题和社会问题。

比如,散落在田间、路边及草丛中的塑料餐盒,一旦被牲畜吞食,就会危及健康甚至导致死亡。填埋废弃塑料袋、塑料餐盒的土地,不能生长庄稼和树木,造成土地板结。而焚烧处理这些塑料垃圾,则会释放出多种化学有毒气体,其中一种称为二噁英的化合物,毒性极大。

此外,在生产塑料袋、塑料餐盒的过程中使用的氟利昂,对人体免疫系统和生态环境造成的破坏也极为严重。

——节选自林光如《最糟糕的发明》

附录二 普通话水平测试用命题说话题目

1. 我的愿望（或理想）

2. 我的学习生活

3. 我尊敬的人

4. 我喜爱的动物（或植物）

5. 童年的记忆

6. 我喜爱的职业

7. 难忘的旅行

8. 我的朋友

9. 我喜爱的文学（或其他艺术形式）

10. 谈谈卫生与健康

11. 我的业余生活

12. 我喜欢的季节（或天气）

13. 学习普通话的体会

14. 谈谈服饰

15. 我的假日生活

16. 我的成长之路

17. 谈谈科技发展与社会生活

18. 我知道的风俗

19. 我和体育

20. 我的家乡（或熟悉的地方）

21. 谈谈美食

22. 我喜欢的节日

23. 我所在的集体（学校、机关、公司等）

24. 谈谈社会公德（或职业道德）

25. 谈谈个人修养

26. 我喜欢的明星（或其他知名人士）

27. 我喜爱的书刊

28. 谈谈对环境保护的认识

29. 我向往的地方

30. 购物（消费）的感受

附录三 普通话测试中难读易错词语

A. 挨近 āi　挨打 ái　癌 ái　矮 ǎi　隘口 ài　碍眼 ài　按捺 ànnà　肮脏 āngzāng　昂然 áng　盎然 àng　凹 āo　熬 áo　遨游 áoyóu　翱翔 áoxiáng　傲慢 ào　奥秘 ào　懊恼 àonǎo　拗口 àokǒu

B. 疤 bā　疤痕 bāhén　拔 bá　拨 bō　跋扈 báhù　把持 bǎchí　靶场 bǎchǎng　坝 bà　摆 bǎi　柏油 bǎiyóu　败兴 bàixìng　拜托 bàituō　搬 bān　斑竹 bānzhú　颁布 bānbù　板凳 bǎndèng　拌 bàn　瓣膜 bànmó　帮 bāng　绑 bǎng　棒 bàng　褒贬 bāobiǎn　包庇 bāobì　包扎 bāozā　胞 bāo　雹 báo　饱 bǎo　抱 bào　暴 bào　爆 bào　被褥 bèirù　贲门 bēnmén　本质 běnzhì　笨拙 bènzhuó　蹦 bèng　绷带 bēng　崩 bēng　绷脸 běngliǎn　鄙薄 bǐbó　匕首 bǐshǒu　庇护 bìhù　庇荫 bìyìn　边卡 biānqiǎ　鞭笞 biānchī　匾 biǎn　裱糊 biǎohú　憋 biē　病菌 bìngjūn　不讳 búhuì　不胫而走 bújìngérzǒu　捕捉 bǔzhuō　埠 bù

C. 擦拭 cāshì　猜忌 cāijì　惨 cǎn　苍劲 cāngjìng　嘈杂 cáozá　参差 cēncī　岔 chà　差遣 chāiqiǎn　缠绕 chánrào　谄媚 chǎnmèi　谄谀 chǎnyú　忏悔 chànhuǐ　颤抖 chàndǒu　偿 cháng　炒 chǎo　扯 chě　撤 chè　沉浸 chénjìn　沉着 chénzhuó　撑 chēng　瞠目 chēngmù　惩 chéng　驰 chí　逞强 chěngqiáng　抽搐 chōuchù　出差 chūchāi　处理 chǔlǐ　踹 chuài　揣度 chuǎiduó　喘 chuǎn　蠢 chǔn　辍学 chuòxué　刺激 cìjī　凑 còu　粗犷 cūguǎng　促膝 cùxī　簇拥 cùyōng　蹿红 cuān　攒动 cuándòng　窜 cuàn　篡改 cuàngǎi　摧残 cuīcán　脆 cuì　搓 cuō　痤疮 cuóchuāng　挫折 cuòzhé

D. 呆滞 dāizhì　贷 dài　逮捕 dàibǔ　荡 dàng　祷告 dǎogào　凳 dèng　堤岸 dī'àn　掂 diān　惦 diàn　垫 diàn　钓 diào　跌 diē　栋 dòng　跌宕 diēdàng

兜 dōu　堵塞 dǔsè　赌 dǔ　蠹虫 dùchóng　兑现 duìxiàn　蹲 dūn　敦促 dūncù　剁 duò　舵 duò　跺 duò

E. 讹诈 ézhà　恶劣 èliè　摁 èn

F. 发酵 fājiào　罚 fá　番 fān　范畴 fànchóu　菲薄 fěibó　肺 fèi　废黜 fèichù　氛围 fēnwéi　风驰电掣 fēngchídiànchè　肤浅 fūqiǎn　拂拭 fúshì　抚恤 fǔxù　斧 fǔ　附和 fùhè

G. 尴尬 gāngà　刚愎 gāngbì　戈 gē　隔阂 géhé　雇佣 gùyōng　拐 guǎi　罐 guàn　灌 guàn　逛 guàng　诡辩 guǐbiàn　刽 guì　跪 guì　裹 guǒ

H. 哈达 hǎdá　航 háng　号召 hàozhào　荷重 hèzhòng　鹤 hè　痕 hén　横行 héngxíng　横祸 hènghuò　烘焙 hōngbèi　弘 hóng　吼 hǒu　弧 hú　踝骨 huáigǔ　环绕 huánrào　患 huàn　豢养 huànyǎng　荒谬 huāngmiù　恍惚 huǎnghū　诙谐 huīxiè　茴香 huíxiāng　讳 huì

J. 稽查 jīchá　缉私 jīsī　即兴 jíxìng　棘手 jíshǒu　嫉妒 jídù　给予 jǐyǔ　脊髓 jǐsuǐ　忌讳 jì　缄默 jiānmò　捡 jiǎn　荐 jiàn　溅 jiàn　奖惩 jiǎngchéng　匠 jiàng　犟嘴 jiàngzuǐ　侥幸 jiǎoxìng　矫揉造作 jiǎoróuzàozuò　搅 jiǎo　校对 jiàoduì　酵母 jiàomǔ　秸秆 jiēgǎn　禁受 jīnshòu　尽管 jǐnguǎn　浸 jìn　禁锢 jìngù　茎 jīng　迥然 jiǒngrán　揪 jiū　疚 jiù　狙击 jūjī　咀嚼 jǔjué　矩形 jǔ　倔强 juéjiàng　掘 jué　菌 jūn

K. 勘 kān　糠 kāng　伉俪 kànglì　烤 kǎo　拷 kǎo　咳 ké　渴 kě　恪守 kèshǒu　恳 kěn　啃 kěn　铿锵 kēngqiāng　恐吓 kǒnghè　抠 kōu　寇 kòu　窟 kū　垮 kuǎ　挎 kuà　跨 kuà　脍炙人口 kuàizhìrénkǒu　匡谬 kuāngmiù　窥测 kuīcè　魁 kuí　馈赠 kuìzèng　愧疚 kuìjiù　捆 kǔn

L. 阑珊 lánshān　狼藉 lángjí　捞 lāo　涝 lào　勒令 lèlìng　垒 lěi　泪痕 lèihén

楞 lèng　瞿难 línàn　莅临 lìlín　俩 liǎ　涟漪 liányī　踉跄 liàngqiàng　缭绕 liáorào　劣 liè　淋漓 línlí　吝啬 lìnsè　篓 lǒu　掳掠 lǔlüè　虑 lǜ　略 lüè

M.抹布 mābù　锚 máo　迷惘 míwǎng　勉强 miǎnqiǎng　藐视 miǎoshì　蔑视 mièshì　蓦然 mòrán

N.捺 nà　赧然 nǎnrán　挠 náo　嫩 nèn　泥泞 nínìng　拟定 nǐdìng　拈 niān　捻 niǎn　撵 niǎn　碾 niǎn　黏 nián　袅绕 niǎorào　捏合 niēhé　镊 niè　您 nín　扭 niǔ　虐 nüè　懦弱 nuòruò

O.藕 ǒu　呕 ǒu　鸥 ōu　怄 òu

P.趴 pā　湃 pài　蹒跚 pánshān　畔 pàn　咆哮 páoxiào　癖好 pǐhào　媲美 pìměi　剽窃 piāoqiè　缥缈 piāomiǎo　瞟 piǎo　瞥 piē　撇嘴 piězuǐ　泼 pō　剖 pōu　匍匐 púfú　谱 pǔ　纰漏 pīlòu

Q.蹊跷 qīqiāo　颀长 qícháng　企盼 qǐpàn　绮丽 qǐlì　悭吝 qiānlìn　谦逊 qiānxùn　愆期 qiānqī　钳 qián　掮客 qiánkè　潜 qián　歉 qiàn　襁褓 qiǎngbǎo　戕害 qiānghài　戗风 qiāngfēng　翘首 qiáoshǒu　憔悴 qiáocuì　悄然 qiǎorán　俏丽 qiàolì　窍 qiào　切磋 qiēcuō　怯懦 qiènuò　惬意 qièyì　寝室 qǐnshì　沁 qìn　青睐 qīnglài　轻薄 qīngbó　轻佻 qīngtiāo　倾诉 qīngsù　倾轧 qīngyà　顷刻 qǐngkè　请帖 qǐngtiě　琼脂 qióngzhī　囚禁 qiújìn　泅渡 qiúdù　曲线 qūxiàn　驱逐 qūzhú　趋附 qūfù　曲调 qǔdiào　龋齿 qǔchǐ　诠释 quánshì　诠注 quánzhù　痊愈 quányù　蜷缩 quánsuō　确凿 quèzáo　鹊 què

R.染 rǎn　壤 rǎng　饶 ráo　绕 rào　惹 rě　荏苒 rěnrǎn　妊娠 rènshēn　扔 rēng　仍 réng　戎 róng　绒 róng　融 róng　冗长 rǒngcháng　揉 róu　茹 rú　儒 rú　褥 rù　蕊 ruǐ　睿智 ruìzhì　润 rùn

S. 飒爽 sàshuǎng　腮 sāi　赛 sài　桑梓 sāngzǐ　瑟缩 sèsuō　塞责 sèzé　砂 shā　煞尾 shāwěi　煞白 shàbái　霎时 shàshí　筛 shāi　删 shān　潸然 shānrán　讪笑 shànxiào　苫布 shànbù　汕 shàn　禅让 shànràng　禅位 shànwèi　擅 shàn　赡养 shànyǎng　晌 shǎng　勺 sháo　赊欠 shēqiàn　赊账 shēzhàng　折耗 shéhào　赦免 shèmiǎn　摄 shè　呻吟 shēnyín　肾 shèn　渗透 shèntòu　牲畜 shēngchù　矢口 shǐkǒu　驶 shǐ　饰 shì　室 shì　逝 shì　嗜好 shìhào　收缴 shōujiǎo　绶带 shòudài　瘦 shòu　枢纽 shūniǔ　赎罪 shúzuì　暑 shǔ　署 shǔ　鼠疫 shǔyì　戍边 shùbiān　漱 shù　墅 shù　刷 shuā　涮 shuàn　摔 shuāi　甩 shuǎi　闩 shuān　拴 shuān　吮吸 shǔnxī　朔 shuò　厮混 sīhùn　撕 sī　肆意 sìyì　耸 sǒng　悚然 sǒngrán　讼 sòng　艘 sōu　夙愿 sùyuàn　粟 sù　塑 sù　溯源 sùyuán　随意 suíyì　穗 suì　唆使 suōshǐ　缩短 suōduǎn　琐碎 suǒsuì

T. 塌 tā　榻 tà　滩 tān　弹劾 tánhé　潭 tán　忐忑 tǎntè　毯 tǎn　炭疽 tànjū　碳 tàn　搪塞 tángsè　塘 táng　烫 tàng　涛 tāo　滔 tāo　韬略 tāolüè　誊写 téngxiě　剔除 tīchú　蹄 tí　剃 tì　添 tiān　舔 tiǎn　贴 tiē　艇 tǐng　捅 tǒng　筒 tǒng　透 tòu　凸 tū　涂 tú　湍急 tuānjí　颓败 tuíbài　腿 tuǐ　褪色 tuìsè　囤积 túnjī　臀 tún　椭圆 tuǒyuán

W. 袜 wà　崴泥 wǎiní　蜿蜒 wānyán　纨绔 wánkù　惋惜 wǎnxī　妄 wàng　逶迤 wēiyí　偎依 wēiyī　违背 wéibèi　围绕 wéirào　帷幄 wéiwò　委婉 wěiwǎn　萎缩 wěisuō　卫冕 wèimiǎn　蔚然 wèirán　慰藉 wèijiè　温馨 wēnxīn　瘟疫 wēnyì　紊乱 wěnluàn　瓮 wèng　莴笋 wōsǔn　斡旋 wòxuán　龌龊 wòchuò　污垢 wūgòu　污秽 wūhuì　毋庸 wúyōng　梧桐 wútóng　忤逆 wǔnì　侮辱 wǔrǔ　晤面 wùmiàn

X. 檄文 xí　洗漱 xǐshù　戏谑 xìxuè　细菌 xìjūn　狎昵 xiánì　遐迩 xiá'ěr　瑕疵 xiácī　籼米 xiānmǐ　掀 xiān　舷窗 xiánchuāng　嫌疑 xiányí　相处 xiāngchǔ　镶嵌 xiāngqiàn　翔实 xiángshí　巷战 xiàngzhàn　枭雄 xiāoxióng　骁勇 xiāoyǒng　消耗 xiāohào　霄 xiāo　小憩 xiǎoqì　晓谕 xiǎoyù　哮喘

xiàochuǎn 笑靥 xiàoyè 啸 xiào 歇 xiē 挟持 xiéchí 谐调 xiétiáo 亵渎 xièdú 邂逅 xièhòu 懈怠 xièdài 兴奋 xīngfèn 惺忪 xīngsōng 省亲 xǐngqīn 省视 xǐngshì 兴趣 xìngqù 绣 xiù 酗酒 xùjiǔ 蓄意 xùyì 喧哗 xuānhuá 喧嚣 xuānxiāo 旋即 xuánjí 旋绕 xuánrào 癣 xuǎn 削弱 xuēruò 勋 xūn 旬 xún 寻衅 xúnxìn 汛期 xùnqī 逊 xùn 锈 xiù

Y. 赝品 yàn 殃 yāng 妖孽 yāoniè 要挟 yāoxié 摇曳 yáoyè 窈窕 yǎotiǎo 谒见 yè 依附 yīfù 贻害 yíhài 迤逦 yǐlǐ 肄业 yìyè 隐讳 yǐnhuì 瘾 yǐn 荫庇 yìnbì 罂粟 yīngsù 萦绕 yíngrào 痈疽 yōngjū 甬道 yǒng 佣金 yòng 邮 yóu 莜麦 yóu 友谊 yì 裕 yù 誉 yù 缘 yuán 苑 yuàn 陨落 yǔnluò 殒命 yǔnmìng 愠色 yùnsè 熨 yùn

Z. 载体 zàitǐ 载重 zàizhòng 暂时 zànshí 葬 zàng 遭 zāo 糟 zāo 澡 zǎo 造诣 zàoyì 泽 zé 憎恨 zēnghèn 锃亮 zèngliàng 札记 zhájì 辙 zhé 栈道 zhàndào 湛蓝 zhànlán 着迷 zháomí 召唤 zhàohuàn 召开 zhàokāi 照片 zhàopiàn 蛰居 zhéjū 褶皱 zhězhòu 针砭 zhēnbiān 缜密 zhěnmì 症结 zhēngjié 整饬 zhěngchì 诤言 zhèngyán 诤友 zhèngyǒu 症状 zhèngzhuàng 脂肪 zhīfáng 执拗 zhíniù 旨意 zhǐyì 咫尺 zhǐchǐ 质量 zhìliàng 炙热 zhìrè 栉比 zhìbǐ 桎梏 zhìgù 掷 zhì 窒息 zhìxī 稚嫩 zhìnèn 中枢 shū 周折 zhōuzhé 粥 zhōu 绉 zhòu 皱 zhòu 侏儒 zhūrú 诸位 zhūwèi 逐渐 zhújiàn 逐日 zhúrì 伫立 zhùlì 贮藏 zhùcáng 贮存 zhùcún 驻扎 zhùzhā 赚 zhuàn 撰 zhuàn 篆刻 zhuànkè 撞 zhuàng 追溯 zhuīsù 锥 zhuī 坠 zhuì 赘述 zhuìshù 拙 zhuō 拙劣 zhuōliè 灼热 zhuórè 卓见 zhuó 擢用 zhuóyòng 咨询 zīxún 辎重 zīzhòng 恣意 zìyì 棕榈 zōnglú 诅咒 zǔzhòu 阻挠 zǔnáo 昨 zuó 佐证 zuǒzhèng 作弊 zuòbì